J. Ethell / A. Price
Deutsche Düsenflugzeuge im Kampfeinsatz 1944/45

J. Ethell / A. Price

Deutsche Düsenflugzeuge im Kampfeinsatz 1944/45

Motorbuch Verlag Stuttgart

Einband und Schutzumschlag: Siegfried Horn

Copyright © J. Ethell und A. Price 1979
Die englische Ausgabe ist erschienen bei Jane's Publishing Company,
Macdonald and Jane's Publishing Group Limited, London
Unter dem Titel: „The German Jets in Combat"

Die Übertragung ins Deutsche besorgte:
Werner Girbig

ISBN 3-87943-787-4

1. Auflage 1981
Copyright © by Motorbuch Verlag, Postfach 1370, 7000 Stuttgart 1
Eine Abteilung des Buch- und Verlagshauses Paul Pietsch GmbH & Co. KG.
Sämtliche Rechte der Verbreitung in deutscher Sprache – in jeglicher Form und Technik – sind vorbehalten.
Satz und Druck: Todt-Druck GmbH, 7730 Villingen-Schwenningen.
Bindung: Großbuchbinderei E. Riethmüller, 7000 Stuttgart 1
Printed in Germany

Inhaltsübersicht

Vorwort 6

Einleitung 7

Messerschmitt Me 262 8

Arado Ar 234 88

Messerschmitt Me 163 122

Vorwort

Projektiert wurde dieses Buch während eines Tischgesprächs mit Bill Dean, dem Inhaber von Sky Books International in New York. Nach einer Diskussion über allgemeine Luftfahrtliteratur fragte man ihn, was seiner Meinung nach in jener Richtung in absehbarer Zeit als geeignetes Thema in Frage kommen könnte. »Warum eigentlich nicht einmal etwas über die deutschen Strahlflugzeuge?« erwiderte er. »Das Interesse daran ist ziemlich groß, und es gibt sicherlich noch Einiges mehr darüber zu berichten.« Aus der anschließenden Unterhaltung heraus entwickelte sich dann eine Idee, welche schließlich zu den Nachforschungen führte, die diesem Buch zugrunde liegen.

Bei der Zusammenstellung von Unterlagen haben uns etliche Piloten, welche deutsche Düsenflugzeuge geflogen haben, in großzügiger Weise Hilfestellung gegeben, und wir möchten deshalb unseren Dank abstatten an Hans-Georg Bätcher, Rudolf Glogner, Horst Götz, Walter Hagenah, Peter Kappus, Diether Lukesch, Rudolf Opitz, Rudolf Schnörrer, Erich Sommer, Günther Wegmann, Rudolf Zimmermann. Viele Historiker überließen uns freizügig Unterlagen und Fotos aus ihren Sammlungen, wobei wir insbesondere Arno Abendroth zu danken haben, der uns umfangreiche Angaben über Verluste von fliegendem Personal und Düsenmaschinen zur Verfügung stellte. Desgleichen statten die Autoren ihren Dank ab für die Mitwirkung von Walter Boyne und Jay Spenser vom Nationalen Luft-und Raumfahrtmuseum der Smithsonian Institution in Washington, Ken Bokleman, Eddie Creek, Günther Heise, Bill Hess, Hans Ring, Hanfried Schliephake und Richard Smith. David Irving erlaubte uns freundlicherweise, eine Passage aus seinem Buch »Der Aufstieg und Fall der Luftwaffe« zu zitieren. Ebenfalls erweisen die Autoren dem Public Record Office in London für wertvolle Unterstützung ihre Reverenz.

Jeffrey Ethell
Richmond
Virginia/USA

Alfred Price
Uppingham
Rutland/England

ANMERKUNG DER AUTOREN:

Im Zusammenhang mit der Auswertung von Unterlagen zu diesem Buch ergaben sich mitunter Differenzen bei der Gegenüberstellung amerikanischer, britischer und deutscher Gefechtsberichte. So stimmen Abschußmeldungen der einen Seite in Zeit und Ort mit den von der Gegenseite angegebenen Verlusten teilweise nicht überein. Aus diesem Grund enthält der Text vorwiegend nur Angaben über Abschüsse und Verluste, bei denen eine einwandfreie Übereinstimmung vorliegt. Wo das nicht der Fall war, blieben die entsprechenden Abschüsse größtenteils unberücksichtigt.

Einleitung

Obwohl der Gedanke keineswegs neu war, kam es erst gegen Ende der 30er Jahre – beginnend in Deutschland – zu einer ernsthaften Forschung und Entwicklung auf dem Gebiet der Gasturbinen und Raketenmotoren als Antrieb für Flugzeuge. Zwei Faktoren beeinflußten diese Entwicklung maßgeblich: Einmal die allgemeine Forderung nach Leistungsverbesserung von Militärflugzeugen, zumal das Deutsche Reich anstrebte, die stärkste Macht in Europa zu werden, und zum anderen war den Flugzeugkonstrukteuren bekannt, daß bei Geschwindigkeiten über 720 km/h die propellergetriebenen Flugzeuge sehr rasch an die Grenze ihrer Leistungsmöglichkeiten stießen.

Die Wirksamkeit einer Luftschraube als Mittel zur Umwandlung von Rotationsleistung in Schubkraft wird bei zunehmender Geschwindigkeit beträchtlich zurückgesetzt, und zwar von etwa 80 % bei 500 km/h auf nur 50 % bei 1000 km/h. Dagegen gibt eine Gasturbine oder ein Raketenmotor die Kraft als reinen Schub ab, so daß hierbei keine Umwandlungsverluste eintreten; im Falle der Gasturbine nimmt der Schub mit ansteigender Geschwindigkeit tatsächlich zu, hervorgerufen durch die besondere Stauwirkung der in den Verdichter eintretenden Luft.

Um auf irgend einem technischen Gebiet wesentliche Fortschritte erzielen zu können, sind dreierlei Bedingungen zu erfüllen: Zunächst muß die »Hintergrundtechnologie«, der Stand der Technik auf dem Gebiet der Metallurgie, des Maschinenbaus und anderer verwandten Bereiche, so weit bekannt sein, daß man mit dem eigentlichen Bau beginnen kann. Zweitens muß man gewisse Anforderungen für das Voranbringen des Projekts erkennen und in der Lage sein, notfalls auch auf andere Hilfsmittel zurückgreifen zu können. Und drittens müssen zur Verwirklichung des Programms die notwendigen Gelder und andere Hilfsquellen zur Verfügung stehen.

Ende der 30er Jahre waren in Deutschland die Notwendigkeit, die Mittel und die Gelder für die Entwicklung von Gasturbinen und Raketenmotoren für Flugzeuge vorhanden. Dieses Buch erzählt die Geschichte jener drei deutschen Strahlflugzeugbaumuster, welche als unmittelbares Ergebnis bahnbrechender Entwicklungsarbeiten während des Zweiten Weltkriegs zum Einsatz gelangten: Die Messerschmitt Me 262, die Arado Ar 234 und die Messerschmitt Me 163.

Messerschmitt Me 262

Kaum ein anderes Flugzeug hat in der Luftfahrtgeschichte so viele Streitfragen aufgeworfen wie die Me 262, deren Werdegang verschiedene Kommentatoren zum Anlaß genommen haben, die militärische Unfähigkeit Hitlers und anderer deutscher Führungskräfte zu demonstrieren. So heißt es, daß sie es versäumten, die Entwicklung mit dem notwendigen Nachdruck voranzutreiben oder die Maschine dem eigentlichen Verwendungszweck zuzuführen. Andere wieder waren der Meinung, daß die Me 262, richtig eingesetzt, den Verlauf des Krieges hätte ändern können. Solche schnellfertigen Behauptungen bedürfen einer sorgfältigen Analyse, und um diesbezügliche Untersuchungen anzustellen, werden wir uns nicht allein nur mit der technischen Entwicklung des Flugzeuges befassen, sondern auch die damit im Zusammenhang stehenden militärischen und politischen Aspekte beleuchten.

Die Me 262 resultierte aus dem Werksprojekt 1065, welches aufgrund einer 1938 vom Reichsluftfahrtministerium veranlaßten Ausschreibung für ein Forschungsflugzeug entworfen wurde. Dieses Flugzeug sollte mit zwei der bei BMW in Entwicklung befindlichen Gasturbinen P 3302 ausgerüstet werden, von denen man damals einen Schub von je 600 kp erwartete. BMW sagte zu, die beiden Turbinen Ende 1939 für die Flugerprobung bereitstellen zu können. Eine etwas optimistische Zusicherung.

Die von Dipl.-Ing. Woldemar Voigt und seinem

Der erste Prototyp der Messerschmitt Me 262 besaß noch keine Strahltriebwerke und war mit einem Kolbenmotor Jumo 210 ausgestattet. Am 18. April 1941 stieg Fritz Wendel mit dieser Maschine in Augsburg zu ihrem Erstflug auf. (via Schliephake)

Mitarbeiterstab entworfene Zelle entsprach einem einsitzigen Tiefdecker mit leicht nach hinten gepfeilten Tragflächen mit zwei Strahltriebwerken und mit dem konventionellen Spornrad. Schon von Anfang an versuchte man bei Messerschmitt, die Maschine als Abfangjäger zu entwerfen, obwohl dies in der Ausschreibung des Technischen Amtes nicht erwähnt war. Im März 1940 erhielt das Werk den Auftrag für den Bau von vier Musterflugzeugen mit der Bezeichnung Me 262. Drei sollten der Flugerprobung, das vierte statischen Untersuchungen dienen. BMW konnte jedoch die neuen Turbinen nicht termingerecht liefern. Erst Ende 1940, ein Jahr später als geplant, gelangten die ersten Prototypen auf den Prüfstand, und hierbei stellte es sich heraus, daß sie nur 260 kp Schub entwickelten. In der Zwischenzeit hatten auch die Heinkel-Werke eigene Forschungen auf dem Gebiet der Strahltriebwerke betrieben: Am 27. August, fünf Tage vor Kriegsausbruch, flog das eigens dafür gebaute Versuchsflugzeug Heinkel He 178 mit einer dort entwickelten und 500 kp Schub leistenden Strahlturbine.

Infolge der bei BMW aufgetretenen Schwierigkeiten war die Zelle der Me 262 lange vor dem Liefertermin der Triebwerke fertiggestellt. Um aber die Flugeigenschaften dieser Zelle erproben zu können, startete am 18. April 1940 der Prototyp zu seinem Erstflug, und zwar mit einem im Rumpfbug untergebrachten, 690 PS leistenden Junkers-Kolbenmotor Jumo 210. Einflieger Fritz Wendel hob mit der Maschine vom Werksflugplatz in Augsburg ab.

Das erste Paar flugtauglicher BMW 003, wie die P 3302 jetzt bezeichnet wurden, traf erst im November 1941 in Augsburg ein, um endlich in die Me 262 eingebaut zu werden. Am 25. März 1942 startete Fritz Wendel mit der jetzt mit zwei Turbinen bestückten Maschine, bei der man jedoch noch den Kolbenmotor beibehalten hatte: Zum Glück, denn kurz nach dem Abheben fielen die Turbinen nacheinander aus. Wendel gelang es nur mit großer Mühe, die Maschine mit dem jetzt viel zu schwachen Motor gerade wieder auf die Piste zurückzubringen.

Es zeigte sich, daß das Strahltriebwerk BMW 003 noch wesentlich verbessert werden mußte.

Am 18. Juli 1942 wurde auf dem Platz Leipheim der dritte Prototyp der Me 262 für den Erstflug vorbereitet. Es war die erste Me 262, die mit reinem Strahlantrieb vom Boden abhob. (Transit Films)

Fritz Wendel vor dem Start. (Transit Films)

Der dritte Prototyp während des Abhebens zum Jungfernflug. (Transit Films)

So hat man die Me 262 nun mit den neuen Junkers-Triebwerken Jumo 004 ausgerüstet, die Ende 1941 ihren Zehnstundenlauf abgeschlossen hatten. Sie entwickelten dabei eine Schubkraft von 1000 kp. Am 18. Juli startete Fritz Wendel erneut mit einer Me 262, diesmal mit reinem Turbinenantrieb. Der Flug verlief normal, abgesehen vom Start; solange das Leitwerk noch am Boden blieb, wurde die Höhenruderwirkung durch die Tragflächenlage beeinträchtigt. So mußte Wendel, nachdem er genügend Fahrt aufgenommen hatte, kurz die Bremsen betätigen, um das Leitwerk freizubekommen. Erst dann funktionierten die Ruder normal, und Wendel konnte abheben.

Obwohl mit der Me 262 schon bald eine Höchstgeschwindigkeit von 800 km erreicht werden konnte und sie in ihrer Steigleistung allen anderen im Einsatz befindlichen Jagdflugzeugen weit überlegen war, zeigte die Luftwaffe zunächst wenig Interesse an dieser Maschine. Im Sommer 1943 erwiesen sich die Fw 190 A und Bf 109 G jedem Einsatzbaumuster der Royal Air Force, der USAAF und der sowjetischen Luftstreitkräfte noch als ebenbürtig oder zum Teil als überlegen; Deutschland blieb noch von Tagesbombardements verschont, und das Kampfgeschehen spielte sich vorwiegend tief in Rußland und in Nordafrika ab. Die meisten der einfachen Frontflugplätze wären für ein vollkommen neu entwickeltes Flugzeug wie die Me 262 mit ihren kurzlebigen und noch nicht bewährten Turbinen, die obendrein sorgfältige Handhabung und spezielle Wartung verlangten, kaum geeignet gewesen. Gefordert wurden hingegen immer größere Stückzahlen konventioneller Jäger, mit denen man den Endsieg erringen wollte, und weniger eine solch temperamentvolle Neuentwicklung, auch wenn diese weit bessere Leistungseigenschaften aufwies. Dennoch, um mit

Nach dem Flug ließ sich Prof. Willi Messerschmitt von Fritz Wendel über dessen Eindrücke berichten. (Transit Films)

Ein Blick auf die leicht zugänglichen vier MK 108 im Rumpfbug einer Me 262 der Vorserie. (Transit Films)

Kabinenabdeckung der Me 262. Diese ließ sich in zwei Teilen absprengen, falls der Flugzeugführer in der Luft aussteigen mußte. (Transit Films)

der neuen Technologie Schritt zu halten, gab die Luftwaffe im Mai 1942 zunächst 15 Vorserienmaschinen der Me 262 in Auftrag, der im Oktober des gleichen Jahres auf 30 Stück erhöht wurde. Man trieb die Entwicklung des neuen Jagdflugzeuges so weit voran, daß es in Großserie gehen konnte, sobald dies erforderlich sein sollte.

Welchen Überlegungen man sich im Frühjahr 1943 hingab, spiegeln einige Passagen aus der am 31. März in Berlin unter dem Vorsitz von Generalfeldmarschall Erhard Milch abgehaltenen Rüstungskonferenz wider. Es wurde über die Me 209 diskutiert, die eine direkte Weiterentwicklung der Bf 109 darstellte. Falls die Me 262 in Großserie gehen sollte, mußte dies auf Kosten der Me 209 geschehen. Milch führte dazu aus: »Dinort (Oberst Oskar Dinort, einer der Offiziere im Stabe Milchs) hat den Vorschlag gemacht, daß man die Messerschmitt 209 fallen läßt und alles auf die 262 konzentriert. Wir haben darüber gesprochen und halten dies für verfrüht.« Generalmajor Adolf Galland, Inspek-

teur der Jagdwaffe, stimmte dem zu: »Das kann man nicht machen.« So lief die Produktion der Me 209 in Eile weiter; die Produktion könne später noch auf Me 262 umgestellt werden – falls der Krieg so lange anhalten sollte. Während der folgenden Wochen war jedoch ein beachtlicher Meinungsumschwung zugunsten der Me 262 festzustellen. Im Mai flog Galland während eines Besuchs in Lechfeld den vierten Prototyp, und er war so begeistert, daß er nach seiner Rückkehr in Berlin sich für eine so bald wie möglich zu erfolgende, vorrangige Aufnahme der Me 262 Produktion einsetzte. Milch stimmte Gallands Empfehlung zu, der Bau der Me 209 wurde gestoppt. Wenige Tage darauf, am 28. Mai, kam von anderer Seite eine weitere Forderung, die Produktion der Me 262 voranzutreiben, als Ing. Oberst Dietrich Schwenke, Chef der Abteilung für Auswertung der neuesten Beutegeräte, auf einem Treffen in Berlin die Aussage eines redseligen Kriegsgefangenen der RAF wiedergab, nach der dieser bei einem weihnachtlichen Besuch des Flugplatzes Farnborough ein propellerloses Flugzeug in etwa 300 m Höhe sehr schnell habe fliegen sehen: »Das wäre das erste Auftauchen eines Strahljägers . . .« Generalmajor Wolfgang Vorwald, Chef des Technischen Amtes, meinte dazu, daß eine solche Entwicklung des Gegners durchaus möglich sei.*)
Ein unheilverkündender Hinweis für die Zukunft, zu einer Zeit, da die Situation der Luftwaffe immer schwieriger wurde, weil die neuesten britischen, amerikanischen und russischen Jäger den besten Maschinen, welche die deutsche Luftwaffe aufbieten konnte, sich in unangenehmer Weise als ebenbürtig erwiesen. Nun stand es fest, daß es nur der Me 262 gelingen könnte, aufgrund ihrer Leistungseigenschaften der zahlenmäßigen Überlegenheit der feindlichen Jägerstreitmacht wirkungsvoll entgegenzutreten.
Auf einer weiteren, von Willi Messerschmitt einberufenen Rüstungskonferenz am 29. Juni in Berlin unterrichtete man Milch über den derzeitigen Stand der Me 262 Entwicklung: »Wir haben zugrunde gelegt, daß Augsburg die Flächen und die Endmontage macht und Regensburg die Fertigung für den gesamten Rumpf einschließlich Leitwerk übernimmt, und zwar ausgerüstet, soweit das jeweils möglich ist. Wir können dann bei Einsatz aller unserer Kräfte und Erfüllung gewisser Voraussetzungen die Lieferung des ersten Vorserien-Flugzeuges im Januar 1944 erreichen. Dann steigert die Vorserie im zweiten Monat auf 8, im dritten auf 21, im April auf 40 und im Mai auf 60 Flugzeuge. Mitte Mai erreichen wir die geforderte Stückzahl von 100, laufen aber dann mit 60 Maschinen weiter bis zum November 1944 . . .«
Für solche Aussagen bezüglich der Entwicklung technischen Fluggeräts für die Luftwaffe war es wohl nicht mehr der richtige Zeitpunkt, denn es kam anders. Schuld daran war Willi Messerschmitt, der voller Groll über die Ablehnung seiner Me 209 nun beschloß, dieses Muster parallel zur Me 262 weiterproduzieren zu lassen. Er versuchte deshalb, seinen Facharbeiterstab zu erweitern, um sein Vorhaben durchführen zu können. Aufgrund entsprechender Verbindungen zu führenden Parteileuten konnte es der hartnäckige Messerschmitt durchsetzen, daß die Me 209 etliche Monate nach den Urteilen Gallands und anderer hoher Luftwaffenoffiziere, daß dieses Muster nicht notwendig sei, noch im Fertigungsplan verblieb. Doch mit der Vermehrung des Fachpersonals, welches jetzt zwei Serienflugzeuge betreuen sollte, ging es nicht

---

*) Bei der erwähnten Maschine handelte es sich um die Gloster E 28/29, das erste englische düsengetriebene Flugzeug. Eine dieser Maschinen flog bereits im Winter 1942.

voran, und der Erfolg war, daß es bei beiden Produktionsprogrammen zu Verzögerungen kam. Erst im November 1943 wurde dann der Bau der Me 209 endgültig eingestellt. Jetzt konzentrierten sich die Messerschmitt-Werke auf die Me 262. In der Zwischenzeit hatten die Versuche mit der Me 262 Fortschritte gezeigt. Im Juli erfolgte der Erstflug des fünften Prototyps, der als erster mit einem starren Bugrad ausgestattet war. Ihm folgte im November der sechste Prototyp, die erste Vorserienmaschine mit einziehbarem Bugfahrwerk und leicht geänderten Turbineneinlässen.

Bis dahin war die Me 262 ausschließlich als »Pulkzerstörer« vorgesehen. Aber ähnlich wie bei anderen Jagdflugzeugen der Luftwaffe (und tatsächlich wie auch bei den Luftstreitkräften anderer Staaten) plante man, daß diese Maschine auch Bomben tragen und als Jagdbomber Verwendung finden sollte. In Anbetracht der häufigen Falschdarstellungen bezüglich der Rolle der Me 262 als Jagdbomber erscheint es notwendig, diese Angelegenheit einmal etwas eingehender zu untersuchen.

Während der großen Luftschlachten über dem Reichsgebiet im Sommer und Herbst 1943 haben die Abwehrmaßnahmen sich noch als erfolgreich herausgestellt. Die zur Verfügung stehenden Abwehrkräfte, besonders die schwerbewaffneten Zerstörer Bf 110 und Me 410 haben bewiesen, daß sie den ungeschützten amerikanischen Bomberpulks empfindliche Verluste zuzufügen vermochten. Zu jener Zeit waren nicht wenige Verbandsführer der Luftwaffe der Auffassung, daß man durch eine Verstärkung der konventionellen Jägerstreitmacht den bedrohlichen Tagesangriffen gänzlich Einhalt gebieten könnte.

Unterdessen herrschte aber wohl kein Zweifel mehr darüber, daß die westlichen Alliierten intensive Vorbereitungen für eine bedeutsame Invasion trafen, die im folgenden Jahr irgendwo im Nordwesten Europas stattfinden würde. Hitler erkannte klar, daß ein Kampf um die Landeköpfe für den weiteren Kriegsverlauf von entscheidender Bedeutung sein würde. Falls es den Deutschen gelänge, die Invasion abzuschlagen, dürften die nahezu mit Gewißheit hoch ausfallenden Verluste der Alliierten dazu führen, daß mit einem weiteren Landeversuch ein oder sogar erst zwei Jahre später wieder zu rechnen wäre. Inzwischen könnten jedoch starke Kräfte von der Ostfront abgezogen und bereitgestellt worden sein. Sollte aber die Verteidigung zusammenbrechen und es den Alliierten gelingen, ihre Brückenköpfe zu festigen, würde dies für Deutschland einen Zweifrontenkrieg bedeuten. Schon eine auf Gegenwehr stoßende Landung würde während der ersten kritischen Stunden erhebliche Schwierigkeiten und Verwirrung mit sich bringen. Wie viel gefährlicher aber würde es noch sein, wenn es den Deutschen möglich wäre, rund 100 Schnellbomber gegen die Landetruppen einzusetzen. Eine Verzögerung bei der Festigung der Landeköpfe um nur einige Stunden würde der Wehrmacht ausreichen, entsprechende Verteidigungslinien aufbauen zu können.

Hitlers Vorstellungen nahmen Formen an: Was man jetzt brauchte, war ein schnelles Schlachtflugzeug, das auch die gewaltige gegnerische Jagdabwehr über den Invasionstruppen zu durchbrechen vermochte. Seiner Meinung nach käme hierfür nur ein Flugzeug in Frage – die Messerschmitt Me 262.

Am 2. November stattete Göring in Begleitung von Milch und Vorwald den Messerschmitt-Werken in Augsburg einen Besuch ab, um Fragen zur Produktion der Me 262 zu erörtern. Im Anschluß daran erfolgte eine Werksbesichtigung. Der Reichsmarschall erwähnte dabei Hitlers Forderung nach einem überschnellen Jagdbomber und fragte, ob die Me 262 Bomben tragen könne. Messerschmitt erwiderte: »Herr Reichsmarschall, wir haben von Anfang an den Einbau zweier Bombenschlösser vorgesehen, damit man mit der Maschine Bomben abwerfen kann, und zwar eine Bombe zu 500 kg oder zwei zu je 250 kg.«*) Auf eine weitere Frage Görings führte er dann aus, daß eine solche Umrüstung innerhalb weniger Wochen abgeschlossen sein könnte.

Drei Wochen später wurde die Me 262 in Insterburg Hitler vorgeführt. Nachdem dieser den vierten und sechsten Prototyp inspiziert hatte, stelle er nun seinerseits die Frage: »Kann diese Maschine Bomben tragen?« Und Messerschmitt versicherte erneut: »Sie kann ohne Schwierigkeit eine 1000 kg Bombe mit sich führen.« Das war die Antwort, auf die Hitler gewartet hatte; hier stand der Blitzbomber seiner Vorstellungen. Von da ab stellte die Me 262 einen bedeutenden Faktor in Hitlers Plan zur Abwehr einer Invasion dar. Am 20. Dezember gab er während einer Lagebesprechung vor hohen Wehrmachtsoffizieren folgende vertrauliche Erklärung ab: »Von Monat zu Monat steigern sich die Aussichten, schließlich eine Gruppe Strahlflugzeuge bereitstehen zu haben. Das Wichtigste ist, daß sie (die Gegner) ein paar Bomben in dem Augenblick abbekommen, da sie zu landen versuchen. Dies wird sie in Dekkung zwingen, und dadurch werden sie Stunden an kostbarer Zeit verlieren. Einen halben Tag später werden unsere Reserven auf dem Vormarsch sein. Wenn wir den Feind auf diese Weise sechs oder acht Stunden an den Stränden festnageln können, werden Sie erleben, was das für uns bedeutet . . .«

Nach einigen Umrüstungen hätte die Me 262 tatsächlich so operieren können, wie Hitler es sich vorgestellt hatte. Es gibt keinen Beweis dafür, daß zu diesem Zeitpunkt auch nur ein Offizier der Luftwaffe Hitlers Meinung zu beeinflussen versucht hätte. Bezeichnenderweise machte Messerschmitt jedoch keine Anstalten, zumindest einen Prototyp einer bombentragenden Me 262 herzustellen. Diese zwischen den ausdrücklichen Wünschen Hitlers und dem tatsächlichen Verlauf der Me 262 Entwicklung bestehenden Divergenz sollte eine langsamwirkende Zeitbombe in Gang setzen, welche das gesamte Projekt zu erschüttern drohte.

Milch seinerseits sprach sich für die Notwendigkeit des Flugzeugs als Jagdbomber aus, aber er bemühte sich – Hitlers Wünschen teilweise ignorierend – um eine möglichst rasche Indienststellung der Me 262 als Abfangjäger. Daß die Maschine für diese Rolle geeignet war, bewies der Erstflug des achten Prototyps im Dezember 1943. Zum ersten Mal hatte man vier Bordkanonen MK 108 vom Kaliber 30 mm installiert, eine Waffe mit niedriger Schußfolge, deren hochbrisante Sprenggeschosse sich bei der Bomberbekämpfung als äußerst wirkungsvoll herausstellten. Für den Schlachtfliegereinsatz war die MK 108 jedoch weniger geeignet. Milchs Verhalten resultierte zweifelsohne aus den beunruhigenden Berichten der Abwehr über die neuen schweren Kampfflugzeugmuster der Amerikaner. Auf einer Rüstungskonferenz in Berlin am 19. Januar äußerte er sich zu den im Jahre 1944 zu erwartenden Neuentwicklungen des Gegners: »In diesem Jahr kommen die neuen Typen B-29 und B-32. Diese Maschinen greifen in 11 bis 12 km Höhe an. Es gibt kein Flakgeschütz, das in diese Höhe hinaufreicht. Wir

---

*) Ein anwesender Stenograf hatte diese Unterredung festgehalten. Eine Kopie davon ist noch vorhanden.

haben ein Gegenmittel nur beim Jägerprogramm. Wenn wir es nicht durchziehen, um überhaupt an diese Höhen heranzukommen – augenblicklich sind unsere Jäger nicht in der Lage, den Gegner in dieser Höhe zu bekämpfen...« Tatsächlich aber kamen weder die B-29 noch die B-32 gegen Deutschland zum Einsatz, schon gar nicht waren sie in der Lage, Angriffe aus elf oder zwölf Kilometer Höhe durchzuführen, wie Milch betonte. Jedenfalls vermittelt uns diese Konferenz den seltenen Einblick, welche (wenn auch falschen) Informationen es waren, auf die Milch reagierte. Im späteren Verlauf der Unterredung fragte Dr. Krome aus Speers Ministerium, was wichtiger sei, die Rakete V-2 oder die Me 262, worauf Milch bissig erwiderte: »Messerschmitt 262 brauchen wir vor allem anderen, vor U-Booten und Panzern, weil ohne diese Maschine eine Rüstungsproduktion nicht mehr möglich ist. Ich erkenne die Wichtigkeit als gleichwertig an; aber Sie können Deutschland nur mit dieser Maschine Nutzen bringen. Die anderen Objekte können zwar sehr helfen, aber bringen uns nicht dasselbe. Ich sehe dann keinen Panzer und kein U-Boot mehr zum Einsatz kommen.«

Ende Januar 1944 erfolgte der Start des neunten Prototyps der Me 262. Weitere 23 Zellen der Vorserie waren fertiggestellt, doch es fehlten die Triebwerke. Bei Junkers ergaben sich erhebliche Schwierigkeiten, bevor noch die Turbine 004 in Großserie gehen konnte. Dem Herstellerwerk war nicht nur durch den derzeitigen Stand der Technologie Grenzen gesetzt, sondern es fehlte vor allem an Stählen, die den hohen Temperaturen standhielten. An Chrom und Nickel herrschte 1944 in Deutschland akuter Mangel, und die wenigen Vorräte reichten für eine Massenproduktion von Triebwerken nicht aus. So war man bei Junkers gezwungen, ein funktionstüchtiges Triebwerk aus Ersatzmaterialien herzustellen. Die Brennkammer des Strahltriebwerks 004 bestand beispielsweise aus normalem Stahl, auf welchem unter Hitze eine Aluminiumschicht aufgetragen war. Das führte bei den ersten Baumustern, die anfänglich eine Betriebszeit von nur zehn Stunden aufwiesen, zu ständigen Versagern und zu Bränden. Fast sechs Monate sollten vergehen, bevor hier Abhilfe geschaffen werden konnte, so daß einigermaßen zuverlässig arbeitende Turbinen in größerer Anzahl das Werk verließen. Der Engpaß bei den Triebwerken trug mehr als alles andere dazu bei, daß die Me 262 bis Mitte 1944 nur in stark begrenzter Stückzahl hergestellt werden konnte.

So fand die Auslieferung an die Luftwaffe nicht vor April statt. In diesem Monat standen die ersten 16 »Turbinen« zur Verfügung, im Folgemonat waren es nur sieben. Schließlich standen genügend Me 262 für einen Versuchsverband bereit, und gegen Ende April 1944 erfolgte in Lechfeld unter Hptm. Werner Thierfelder die Aufstellung des Erprobungskommandos 262. Thierfelder sowie eine Reihe weiterer Piloten kamen von der III./ZG 26, welche mit der Bf 110 zur Bomberbekämpfung eingesetzt war. Oblt. Günther Wegmann, einer der ersten Flugzeugführer des Versuchsverbandes, erklärte später einmal, daß er die Me 262 für eine leicht zu fliegende Maschine hielt, nachdem er erst einmal das Problem mit der Gashandhabung bewältigt hatte. Bei den ersten Turbinen mußte man sehr vorsichtig beschleunigen, um eine Überhitzung und einen anschließenden Brand zu vermeiden. Hatte der Pilot andererseits in niedrigen Höhen den Gashebel zurückgenommen, war er unweigerlich gezwungen zu landen, denn falls er zum Durchstarten erneut beschleunigte, benötigten die Triebwerke zu viel Zeit, bis sie ihre Schub-

Der im Lufteinlaß befindliche Riedel-Starter, ein kleiner Zweitaktmotor, konnte entweder mittels einer Zugleine von außen oder elektrisch vom Führerraum aus betätigt werden.

Mit schrillem jaulenden Ton und einen Flammenstrahl ausstoßend sprang dann die Jumo-004 an. Dabei floß eine geringe Menge an Treibstoff auf den Boden und geriet in Brand – eine nicht unerhebliche Gefahr bei Starts von Asphaltbahnen, da diese ebenfalls leicht Feuer fingen. Deshalb wurden nach und nach die meisten der von Düsenmaschinen benutzten Flugplätze der Luftwaffe mit Betonbahnen versehen.

Die weiße »10« mit der Werknummer 170041, eine Me 262 aus der Anfangsserie, rollt zum Start. (via Bokleman)

kraft wieder erreicht hatten, so daß in diesem Fall wohl immer Absturzgefahr drohte. Wegmann selbst erinnert sich jedoch kaum an Schwierigkeiten beim Fliegen dieser Maschine. Dabei muß aber betont werden, daß er ein äußerst erfahrener Zerstörerpilot war und Blindflugausbildung besaß – ein Faktor, der später erst Bedeutung erlangen sollte. Für weniger erfahrene Flugzeugführer der einmotorigen Tagjagd bedeutete die überschnelle und in ihrer Reichweite begrenzte zweistrahlige Me 262 gewiß eine größere Umstellung.

Lt. »Quax« Schnörrer, ebenfalls einer der ersten Piloten auf der Me 262, berichtete, daß es üblich war, die Maschine vor jedem Flug zum Startausgangspunkt schleppen zu lassen: »Da wir nur Treibstoff für 40 bis 60 Minuten Flugzeit in den Tanks hatten, konnten wir nicht auch noch zehn Minuten damit vergeuden, am Boden zu rollen. Nach dem Anlassen der Triebwerke wurde bei abgebremstem Fahrwerk langsam Gas gegeben. Sobald die Turbinen 8400 Umdrehungen erreicht hatten, Bremsen lösen, und ab ging es. Sofort nach dem Start in 10 bis 20 Meter Höhe Fahrwerk und Klappen einziehen. Einmal in der Luft, beherrschte einen das wunderbare Gefühl, Geschwindigkeit und Kraft mühelos ausnützen zu können. Dafür aber erwies sich die Navigation als etwas problematisch, denn ehe man nach dem Start sich selbst einigermaßen wieder gefangen hatte, befand sich die Maschine bereits etliche Kilometer vom Platz entfernt.«

Nach und nach sammelten die Piloten des Erprobungskommandos ihre Erfahrungen mit dem neuen Jagdflugzeug und dessen eigenwilligen Turbinen und lernten die enormen Leistungsvorteile im Einsatz zu schätzen: Höchstgeschwindigkeit 865 km/h in 6000 m Höhe, Anfangssteigrate von 20 Metern pro Sekunde. Dazu vier MK 108, die bei drei Sekunden Dauerfeuer insgesamt 43 kg hochexplosive Munition verschossen und die der Me 262 eine Feuerkraft verliehen, welche weit größer war als bei allen anderen deutschen Standardjagdflugzeugen.

Auch schien die Me 262 gerade zur rechten Zeit herauszukommen, denn bereits im Frühjahr 1944 wurden die Bomberverbände nun von amerikanischen Langstreckenjägern bis tief ins Reich hinein eskortiert, und besonders die mit dem Merlin-Motor ausgerüstete P-51 Mustang war allen damaligen deutschen Jägern mit Kolbenmotor leistungsmäßig weit überlegen. Dies brachte die deutsche Jagdwaffe in arge Bedrängnis: Waren ihre Maschinen ausreichend bewaffnet, um die B-17 oder B-24 erfolgreich abwehren zu können, wurden sie gleichzeitig zu leichter Beute für die Begleitjäger der Amerikaner. Weniger stark armiert konnten die deutschen Jäger zwar Luftkämpfe mit der gegnerischen Eskorte führen, aber es fehlte dann, falls einmal der Durchbruch zu den Bombern gelang, einfach die Feuerkraft, um die Viermotorigen herunterzuholen. Nun wäre die Me 262 aufgrund ihrer überlegenen Geschwindigkeit und ihrer enormen Feuerkraft in der Lage, sowohl den Begleitjägern zu entkommen, als auch die Bomber wirkungsvoll zu bekämpfen.

Mittlerweile aber drohte die unter dem Projekt Me 262 tickende Zeitbombe hochzugehen. Am 23. Mai waren Göring, Milch, Galland und andere hohe Luftwaffenoffiziere sowie Albert Speer und Mitarbeiter seines Ministeriums nach Berchtesgaden befohlen worden, um den gegenwärtigen Stand der Jägerproduktion zu erörtern. Einen Einblick über den Verlauf dieser Besprechung verdanken die Autoren dem Historiker David Irving:*)

---

*) Veröffentlicht in: »The Rise and Fall of the Luftwaffe. The Life of Luftwaffe Marshal Erhard Milch«, Weidenfeld and Nicolson, London. Deutsche Ausgabe unter dem Titel »Die Tragödie der Deutschen Luftwaffe«, bei Ullstein.

Die Me 262 nach dem Abheben. Wegen der raschen Geschwindigkeitszunahme nach dem Start mußte das Fahrwerk so schnell wie möglich eingezogen werden, um eine Kopflastigkeit der Maschine zu vermeiden. (via Bokleman)

Landung mit voll ausgefahrenen Klappen. (via Bokleman)

Die Me 262 im Flug. Durch die Kurvenlage der Maschine erscheint bei dieser Aufnahme der Winkel der nach hinten gepfeilten Flächen etwas größer. (via Bokleman)

»Milch hatte sicherlich keine Ahnung von dem Damoklesschwert, das über ihm hing. Zusammen mit Oberst Petersen, dem Chef der Erprobungsstellen, betrat er einen großen ungeheizten Raum, vor dessen riesigen Fenster, welches einen weiten Blick über die Alpen freigab, Speer und Göring warteten. Geistesabwesend hörte sich Hitler die vorgebrachten Einzelheiten des Jägerprogramms an, starrte aus dem Fenster, bis das Projekt Me 262 zur Sprache kam. Sofort unterbrach er: ‚Ich nahm an, die Me 262 wird ein Schnellbomber? Wieviele der fertiggestellten 262 können Bomben tragen?' Darauf Milch: ‚Keine, mein Führer! Die Me 262 wird zur Zeit ausschließlich als Jagdflugzeug gebaut.' Peinliche Stille. Milch erklärte weiter, daß die Maschine ohne aufwendige Konstruktionsänderungen keine Bomben zu tragen vermöge, und wenn, dann nicht mehr als 500 kg.

Da verlor Hitler seine Beherrschung. Er mußte plötzlich erkennen, daß angesichts der jede Woche zu erwartenden Invasion der Alliierten in Frankreich das Wunderflugzeug, in das er seine größte Hoffnung gesetzt hatte, nicht rechtzeitig einsatzbereit sein würde. Aufgebracht unterbrach er Milch: ‚Das ist mir egal! Ich habe nur eine 250 kg Bombe gefordert.'

Er verlangte präzise Auskünfte über die Zuladung der Jägerversion, ihre Panzerung, Bewaffnung und Munition. ‚Wer befolgt eigentlich noch meine Anordnungen?' ereiferte er sich. ‚Ich habe einen unmißverständlichen Befehl erteilt und niemanden im Zweifel darüber gelassen, daß die Maschine als Jagdbomber auszurüsten sei!'«

Hitler zeigte sich bitter enttäuscht, nicht nur weil er eine seiner wichtigsten Waffen zur Abwehr der Invasion nicht zur Verfügung haben würde, sondern auch darüber, daß man ihn bezüglich der Fertigung der Me 262 als Jagdbomber ständig irregeführt hatte. Zum Schluß machte er Göring persönlich dafür verantwortlich, daß die Me 262 so schnell wie möglich als Jagdbomber zum Einsatz kam, ganz gleich, was aus der Produktion der Jägerversion werden würde.

Nach Abschluß des Treffens auf dem Berghof besprach Göring mit Stabsoffizieren der Luftwaffe notwendige Umrüstungsmaßnahmen, um die Me 262 als Jagdbomber einsetzen zu können. Man erklärte ihm, daß ein Großteil der bereits installierten Panzerplatten wieder entfernt, zusätzliche Treibstoffbehälter unter dem Pilotensitz eingebaut und Bombenträgerschlösser angebracht werden müßten. Umrüstungen also, die man bei noch herzustellenden Flugzeugen leicht berücksichtigen, jedoch an bereits fertigen Zellen nur mit einigen Schwierigkeiten vornehmen konnte.

Göring spürte, daß Hitler ihm die Schuld gab, daß die Maschine nicht als Jagdbomber gebaut wurde, und er versuchte nun, den Tadel weiterzugeben: »Der Führer muß einen merkwürdigen Eindruck von Ihnen bekommen haben. Alle, einschließlich Messerschmitt, haben ihn von Anfang an nicht im Zweifel darüber gelassen. Und in meiner Gegenwart (in Insterburg) hatte Messerschmitt dem Führer noch erklärt, daß sie von Anfang an als Jagdbomber gebaut werde. Nun soll das plötzlich unmöglich sein!«

Am 27. Mai betonte Göring in einem Telegramm an Milch: »Der Führer hat befohlen, daß die Me 262 ausschließlich als Schnellbomber in Dienst gestellt wird. Die Maschine ist bis auf weiteres nicht als Jäger in Betracht zu ziehen.« Während einer Besprechung wenige Tage darauf gab Hitler nach und stimmte einer Erprobung als Jagdmaschine zu, sofern dies nicht die Indienststellung der Jagdbomberversion beeinträchtigte. Vorerst aber dürften die Einsatzverbände nur die Bomberversion erhalten.

Start zweier Jagdbomber des Kommandos Schenk. Die Maschinen tragen je zwei Bomben SC-250 unter dem Rumpf. Die Einheit, der erste mit Strahlflugzeugen operierende Frontverband, gelangte ab Ende Juli 1944 von Juvincourt in Frankreich aus zum Einsatz. (via Dierich)

Milch selbst wurde das erste Opfer im Streit um die Me 262. Hitler hatte kein Vertrauen mehr zu dem Manne, den er beschuldigte, ihn falsch informiert zu haben. In den folgenden Wochen wurde Milch seiner verschiedenen Ämter enthoben; heute erscheint es bemerkenswert, daß Hitler nicht noch weitere Schritte gegen ihn unternommen hat.

Wie Hitler, Milch, Göring oder Messerschmitt bis zu diesem Zeitpunkt auch immer gehandelt oder nicht gehandelt haben mochten: Tatsache bleibt, daß die Serienfertigung der Me 262 sowohl als Jagdbomber als auch als Jäger nur von den Stückzahlen der Strahltriebwerke Jumo 004 abhängig war. Hier sollte die Produktion aber erst noch anlaufen. So kam es, daß am 6. Juni, als die Invasion an der französischen Kanalküste begann – rund zehn Tage nach der stürmischen Besprechung in Berchtesgaden – die Luftwaffe noch nicht einmal 30 Me 262 erhalten hatte. Und weder Flugzeuge noch Piloten waren einsatzbereit. Die äußerst günstige Gelegenheit, mit dem Blitzbomber die Ereignisse zu beeinflussen, falls dies tatsächlich möglich gewesen wäre, konnte nicht genutzt werden.

Viel zu spät begann man nun mit der Umrüstung der Me 262 zum Jagdbomber. Der zehnte Prototyp wurde mit Trägern unter dem Bug für zwei 250 kg Bomben versehen. Die den Piloten schützenden Panzerplatten verschwanden, von den vier Kanonen im Rumpfbug blieben nur noch zwei. Eigenartigerweise verzichtete man jedoch nicht auf die Verwendung der schweren MK 108 als Standardbewaffnung. Um den Aktionsradius zu erweitern, erhielt die Maschine einen zusätzlichen, im hinteren Rumpf untergebrachten 600 l Tank, der aber fast so viel wog,

Der Forderung Hitlers entsprechend, die Me 262 für den Einsatz als Jagdbomber vorzubereiten, diente der zehnte Prototyp als Erprobungsträger für die verschiedensten Rüstzustände. Hier trägt die Maschine unter der linken Rumpfunterseite eine einzelne 250 kg Bombe sowie unter dem hinteren Rumpf zwei Feststoffraketen als Starthilfe. (via Schliephake)

wie die beiden 250 kg Bomben unter dem Bug. Zudem befand sich der Tank gleich hinter dem Schwerpunkt der Maschine, was bedeutete, daß der Treibstoff während des Einsatzfluges so rasch wie möglich verbraucht werden mußte. Würden nämlich die Bomben noch bei vollem Tank ausgelöst, hätte dies eine gefährliche Schwanzlastigkeit zur Folge gehabt. Aber es tauchten noch weitere Probleme auf: Infolge der glatten Oberflächen kam es beim Sturzflug zu überhöhten Geschwindigkeiten, so daß die Me 262 für einen steil angesetzten Tiefangriff sich als unbrauchbar erwies. Und da dem Flugzeugführer für einen Bombenzielwurf die unmittelbare Sicht nach unten und nach vorn fehlte, waren horizontal durchgeführte Angriffe aus mittleren oder großen Höhen viel zu ungenau. Dagegen konnte die Me 262 in niedrigen Höhen oder im Bahnneigungsflug wirksam operieren.

Trotz aller ihrer Einschränkungen konnte die Me 262 nun Hitlers Wünschen als Hochleistungsjagdbomber zur Abwehr der Invasion gerecht werden. Ihr Einsatz sollte jedoch nur eine vorübergehende Notlösung darstellen, bis dann der kampffähigere Bomber vom Typ Arado Ar 234 zur Verfügung stand. Eine Bestätigung fand dies auf der Konferenz Hitlers am 25. Juni, nach der Albert Speer folgendes festhielt: »Der Führer brachte in einem Gespräch mit dem Reichsmarschall erneut seine unveränderte Forderung vor, die sofortige Produktion von Düsenbombern aufzunehmen. Bis zum gesicherten Baubeginn der Ar 234 soll die Serienfertigung der 262 mit allen Mitteln vorangetrieben werden . . .«

Zur gleichen Zeit war in Lechfeld unter der Führung des erfolgreichen Bomberpiloten Major Wolfgang Schenk der erste mit Me 262 ausgerüstete Jaboverband, das Erprobungskommando

Schenk, aufgestellt worden. Nominell unterstand der Verband dem KG 51, von dem auch die Mehrzahl der Flugzeugführer kam. Die Umschulung auf den neuen Maschinentyp dauerte fast genau einen Monat, und am 20. Juli verlegte das Kommando mit neun Maschinen nach Chateaudun bei Orléans in Frankreich – bereit, den ersten Strahlbombereinsatz der Welt zu fliegen.

Alles konzentrierte sich weiterhin auf die Jagdbomberversion der Me 262, doch so lange nach Festigung der Brückenköpfe in der Normandie durch die Alliierten schien es dann, als ob Hitlers erklärtes Ziel, das Flugzeug im ersten Stadium der Invasion einzusetzen, nicht mehr zu erreichen sei. Dabei bleibt zu bedenken, daß die deutsche Führung in ihrer Mehrheit die Landung in der Normandie immer noch für ein Täuschungsmanöver hielt, welches die Wehrmacht zu einer Entblößung des Raumes am Kanal zwingen sollte, da dort die Hauptinvasion stattfinden würde. Zahlreiche großangelegte Ablenkungsoperationen des Gegners ließen dann auch die Deutschen in diesem Glauben. Wenn die eigentliche Landung erfolgen würde, stünde ja das Erprobungskommando Schenk zur Abwehr bereit. Zwar flogen Schenks Piloten Jaboeinsätze gegen die Bodentruppen der Alliierten, aber um die Flugzeuge für die zu erwartende Hauptinvasion nicht unnötig aufs Spiel zu setzen, erging die strikte Anweisung, die Angriffe nicht unter 4000 m Höhe durchzuführen. Und da man bei der Me 262 mit dem Bombenzielwurf noch nicht zurechtkam, war die Treffergenauigkeit aus größerer Höhe zu gering – die Angriffe zeigten keinerlei Wirkung. Als die Deutschen Mitte August in Frankreich immer mehr zurückwichen, verlegte am 15. August auch das jetzt in I./KG 51 umbenannte Erprobungskommando nach Creil bei Paris. Am 22. kam die Gruppe nach Juvincourt bei Reims und schließlich am 28. nach Chièvres in Belgien.

An diesem letzten Tag der Verlegung meldeten alliierte Jäger zum ersten Mal Feindberührung mit den überschnellen Jagdbombern. Am späten Nachmittag des 28. August eskortierte Major Joseph Myers mit einem Schwarm Thunderbolt der 78th Fighter Group einen weiteren, gegen Erdziele angesetzten Jagdverband von der gleichen Einheit. Später berichtete er:

Einsatzhorste deutscher Strahlflugzeuge in Belgien und Frankreich

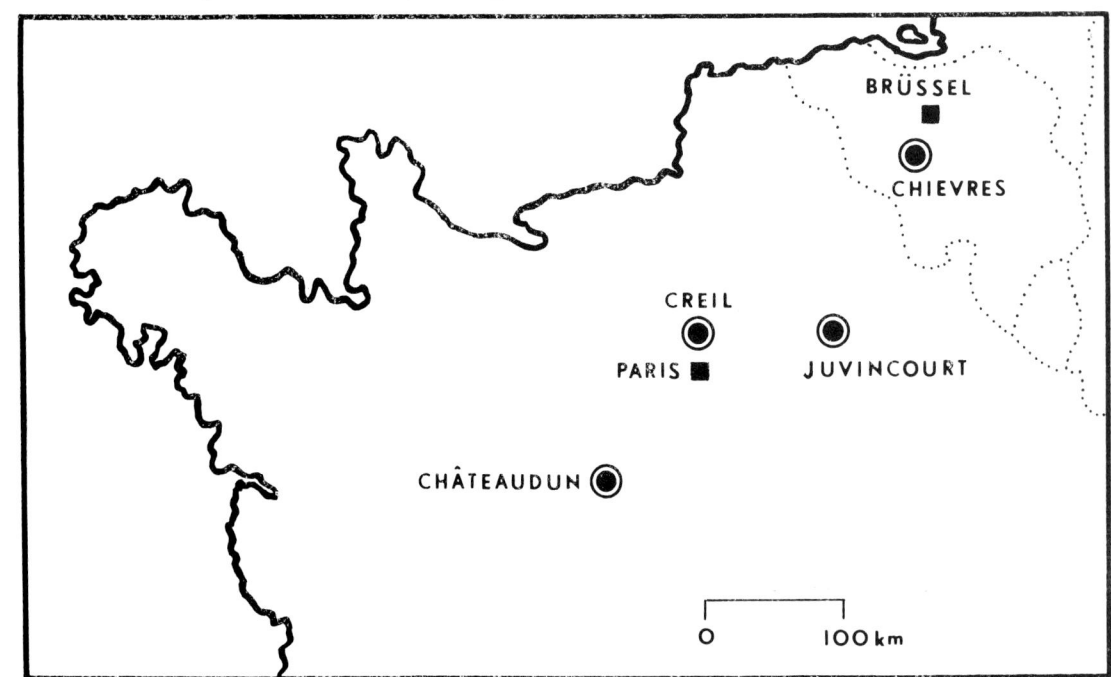

Bei der hier zur Überprüfung der Fahrwerkfunktion aufgebockten Me 262 handelt es sich um einen Jagdbomber, wie die beiden Bombenträger und die Schußkanäle für nur zwei MK 108 ausweisen. Auf der Rumpfseite unmittelbar vor der Kabine das Edelweiß-Emblem des KG 51. Beide Aufnahmen stammen aus einem Lehrfilm.
(via Bokleman)

»Wir befanden uns im Westen von Brüssel in etwa 3300 m Höhe, als ich eine Maschine sichtete, die in etwa 150 Meter Höhe sehr rasch nach Süden flog und die ich für eine B-26 hielt. Sofort stieß ich hinab, um mich zu vergewissern, doch obwohl meine Geschwindigkeit rund 720 km/h betrug, konnte ich mit dem unbekannten Flugzeug kaum mithalten. Als ich mich dann etwa 1500 m über der Maschine befand, erkannte ich, daß es keine B-26 war, wenn sie auch eine gewisse Ähnlichkeit mit der Marauder aufwies.

Das Flugzeug hatte einen schiefergrauen Abstrich, einen länglichen runden Bug, aber ich konnte keine Bewaffnung erkennen, da es in diesem Augenblick mit geringer Änderung der Flugrichtung abdrehte und eine sehr weitgezogene Kurve flog. Immer noch stürzte ich mit etwa 720 km/h, doch ich hatte Mühe, der Maschine den Weg abzuschneiden, um sie zu erneuter Kursänderung zu zwingen. Sie machte keine Anstalten zu steigen oder enger als 90 Grad zu kurven. Ich kam bis auf 600 m heran und

Abbildungen links und rechts:
Auch dieser Jagdbomber mit der Werknummer 130179 gehörte dem KG 51 an. Die Maschine trägt als taktische Kennung den Buchstaben F. (Transit Films)

Major Joseph Myers (rechts) zwang am 18. August 1944 bei Chièvres in Belgien eine Me 262 des KG 51 zur Bruchlandung und war damit der erste Flugzeugführer der Alliierten, der den Abschuß einer solchen Maschine verbuchte. (USAF)

Einer früheren Produktionsserie entstammen diese Maschinen des Erprobungskommandos 262 auf dem Platz Lechfeld. Die Aufnahme entstand vermutlich im Juli 1944. Der Verband war eigens zur Einsatzerprobung der Me 262 als Jagdflugzeug aufgestellt worden.

mußte im steilen Sturzflug Vollgas geben, um noch näher zu kommen. Jetzt sah ich aber, daß die Maschine dem in unseren Erkennungsblättern als Me 262 bezeichneten Typ gleichkam. Mit Höchstgeschwindigkeit und unter Ausnutzung des Höhenvorteils hielt ich auf die Feindmaschine zu, saß dann nicht mehr als 50 Meter hinter ihr und wollte gerade das Feuer eröffnen, als der Gegner seine Fahrt abrupt wegnahm und auf einem Acker bruchlandete. Er berührte den Boden im gleichen Augenblick, da ich zu schießen begann. Ich beobachtete etliche Treffer in der Kabinenregion und in den Triebwerken. Danach sprang die Maschine noch über mehrere Felder hinweg, bevor sie liegen blieb und Feuer fing. Der Pilot kletterte eiligst heraus und rannte davon.«

Es handelte sich hierbei um Ofw. »Ronnie« Lauer von der I./KG 51, dem es gelang, sich in Sicherheit zu bringen.

Damit endete auch schon die erste Phase des Einsatzes des Jagdbombers Me 262. Länger als zu erwarten war, gelang es der deutschen Luftwaffe, die Existenz dieses neuen Flugzeuges mit Erfolg geheimzuhalten. So findet man weder in den Einsatzberichten der Alliierten noch in den Meldungen der Abwehr irgendeinen Hinweis auf eine Beteiligung der Me 262 an den Kämpfen in

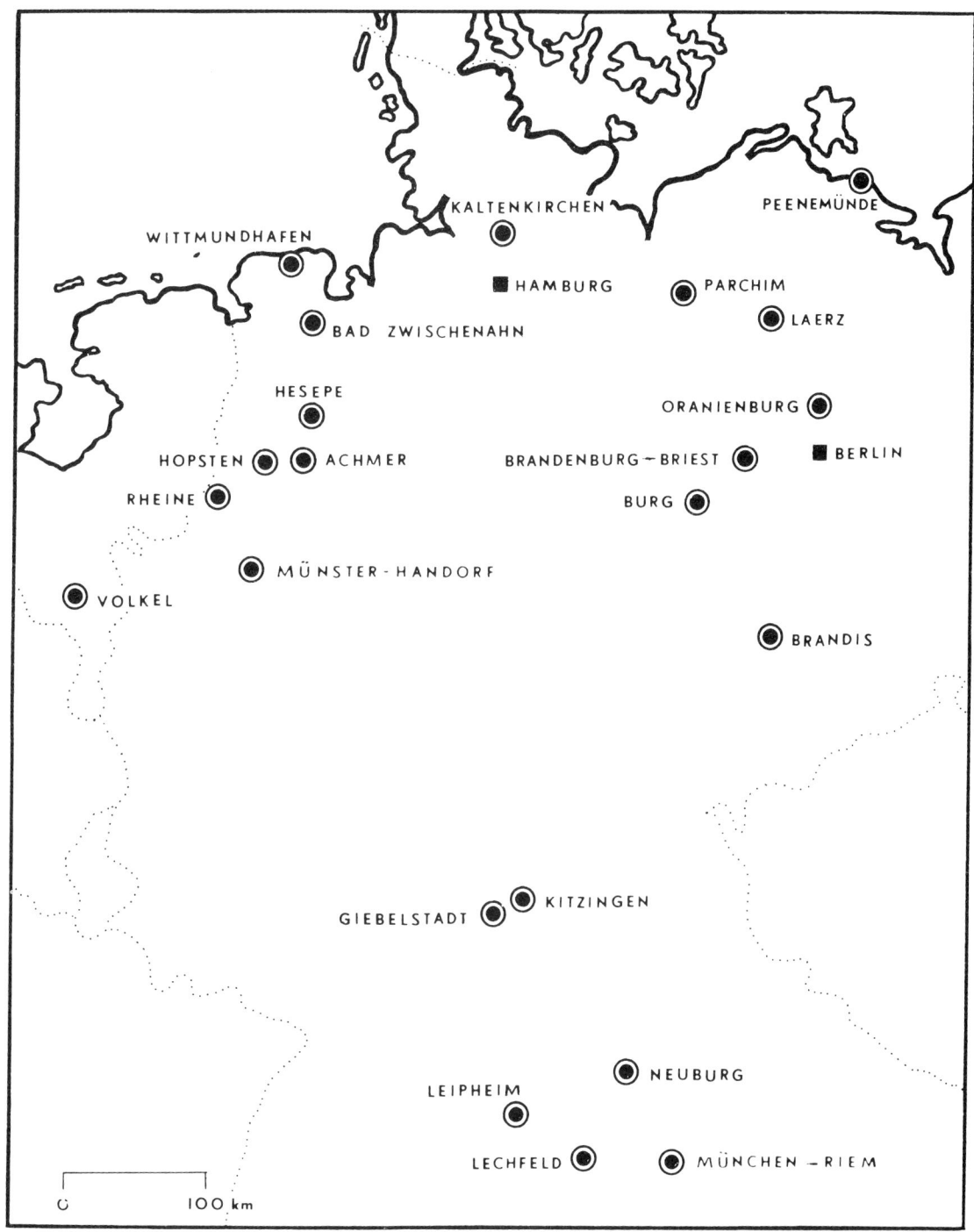

Einsatzhorste deutscher Strahlflugzeuge in Holland und im Reichsgebiet

Lt. »Quax« Schnörrer, einer der ersten Flugzeugführer des Ekdo 262, erzielte mit der Me 262 insgesamt 11 Luftsiege, bevor er am 21. März 1945 selbst abgeschossen und dabei schwer verwundet wurde. (Schnörrer)

Frankreich. Ohne Zweifel trugen auch die wirkungslosen Bombenangriffe dazu bei, daß man der Maschine keine Beachtung schenkte.

Unterdessen begann in Bayern das Erprobungskommando 262 mit der Einsatzerprobung der Maschine als Jagdflugzeug. Als Ziel dienten einzeln fliegende alliierte Aufklärer, welche sich in der Nähe des Horstes Lechfeld blicken ließen. Am 18. Juli kam der Kommandeur des Kommandos, Hptm. Werner Thierfelder, während eines solchen Einsatzes aus noch nicht genau geklärten Umständen ums Leben. Deutschen Berichten nach wurde seine Maschine im Luftkampf abgeschossen und stürzte mit dem Piloten bei Landsberg ab. Eine eingehende Auswertung britischer und amerikanischer Einsatzberichte ergaben jedoch keinen Hinweis auf eine Begegnung, die mit dem genannten Verlust in Zusammenhang gebracht hätte werden können. Außerdem waren die alliierten Langstreckenaufklärer in jedem Fall unbewaffnet. Als möglichen Grund für den Absturz wird vermutet, daß Thierfelder bei der Verfolgung eines der Aufklärungsflugzeuge die Kontrolle über seine Maschine verloren hat. Bei voller Leistung und einem Sturzwinkel von etwa 20 Grad aus 8000 m Höhe konnte die Me 262 ohne weiteres mehr als Mach 0,8 erreichen, bevor sie bis auf 2000 m hinuntergestoßen war. Mit jeder weiteren, danach erfolgenden Geschwindigkeitszunahme wurde der Sturzwinkel kleiner, wobei es infolge zu hohen Steuerdrucks nur noch mit äußerster Anstrengung möglich war, einen Absturz zu vermeiden. Es hatte keinen Zweck, in diesem Stadium den Schub wegzunehmen, da die glattflächige Maschine beim Sturz auch ohne Antrieb schneller wurde. »Quax« Schnörrer erinnerte sich an einen Vorfall, bei dem er einen Aufklärer zu verfolgen versuchte und dabei in eine ähnliche Situation geriet: »Ich zog den Knüppel mit aller Kraft an, doch die Me 262 wollte nicht abfangen. Es war entsetzlich. In voller Verzweiflung sprengte ich mein Kabinendach ab, was sich sofort auf die Trimmung auswirkte, so daß die Maschine von selbst aus dem Sturzflug herauskam. Ohne Kabinenabdeckung, die Beplankung der Tragflächen gewellt, landete ich. Die Me 262 mußte abgeschrieben werden.« Zahlreiche

Die zur Standardbewaffnung gehörende, von Rheinmetall-Borsig hergestellte 30 mm Maschinenkanone MK 108 konnte Minen- und Brandgeschosse zu je 330 g mit einer Feuergeschwindigkeit von 660 Schuß pro Minute verschießen.

deutsche Piloten waren im Einsatz mit der Me 262 auf ähnliche Weise mit knapper Not davongekommen. Andere hatten weniger Glück und stürzten scheinbar ohne ersichtlichen Grund ab. So dürfte auch Werner Thierfelder, der Welt erster Kommandeur eines Düsenjagdverbandes, unter den genannten Umständen ums Leben gekommen sein.

Für Trauer um den Verlust des verunglückten Kommandeurs blieb nicht viel Zeit, und schon bald nach Thierfelders Tod traf sein Nachfolger in Lechfeld ein: Major Walter Nowotny, einer der bekanntesten jungen Jagdflieger mit 255 Luftsiegen an der Ostfront. Unter Nowotnys Führung ging die Einsatzerprobung der Me 262 unverzüglich weiter.

Die erste Meldung über den Angriff einer Me 262 erfolgte am 25. Juli, eine Woche nach Thierfelders Absturz. Flight Lieutenant A. Wall von der RAF, der an diesem Tag mit einer Mosquito der

Wie wirkungsvoll die MK 108 war, beweisen die während eines Schießversuchs durch einen einzigen Treffer an einer Spitfire verursachten Beschädigungen. Dagegen erwies sich die Waffe wegen der niedrigen Mündungsgeschwindigkeit von nur 540 Meter pro Sekunde für Tiefeinsätze als ungeeignet.

544. Squadron Aufklärung flog, hatte soeben aus etwa 9000 m Höhe über München Aufnahmen gemacht, als die Düsenmaschine keine 400 m hinter ihm gesichtet wurde. Wall beschleunigte rasch, drückte die Mosquito, um noch mehr Fahrt herauszuholen. Gleichzeitig kurvte er nach links ein. Innerhalb der nächsten 15 Minuten griff die Me 262 dreimal an und nahm den Aufklärer unter Beschuß. Wall stellte fest, daß ihn das Strahlflugzeug mühelos einholte. Indessen gelang es ihm aber ohne große Mühe, seinen Verfolger durch Gegenkurven auszumanövrieren. Nach dreimaliger Wendung brachte Wall sich hinter die Me 262, und er hätte sie nun seinerseits angreifen können, wenn seine Maschine bewaffnet gewesen wäre. Gegen Ende der Kurbelei vernahm die Mosquito-Besatzung plötzlich zwei dumpfe Schläge,

worauf der Navigator den Notausstieg zu öffnen versuchte, um abspringen zu können. Unter großen Anstrengungen entfernte er die Innenklappe und sah dann, daß die Außentür fehlte; sie war nahe der Aufhängevorrichtung abgebrochen. Wall entkam in den Wolken und landete auf dem Platz Fermo bei Ancona in Italien. Hier ergab sich, daß die Maschine keine Bordwaffentreffer aufwies, jedoch war die Spitze des linken Höhenleitwerks vermutlich durch Aufprall der abgerissenen Außentür beschädigt worden. Deshalb auch die beiden Schläge, welche man vernommen hatte. War die Mosquito dem Angriff auch entkommen, so bedeutete dieser Vorfall klar, daß es mit einem bislang nahezu ungestörten Einsatz alliierter Aufklärer über Deutschland zu Ende ging.

Während des folgenden Monats verbuchten Nowotnys Piloten fünf Luftsiege: Eine Mosquito durch Lt. Weber am 8., eine einzelne B-17 durch Fw. Lennartz am 16., eine Lightning durch Ofw. Baudach am 24., eine Spitfire durch Lt. Schreiber sowie eine Mosquito durch Ofw. Recker am 26. August.

Im Juli waren schwere Luftangriffe auf diejenigen Werke erfolgt, in welchen Teile der Me 262 produziert wurden. So bombardierten die Amerikaner am 19. Leipheim und am 21. Regensburg. Aufgrund unzureichend fertiggestellter Zellen und aus Mangel an entsprechenden Triebwerken sank die an die Luftwaffe ausgelieferte Stückzahl von 59 Maschinen im Juli auf 20 im August.

Aus den Unterlagen der Messerschmitt-Werke wissen wir, daß bis zum 10. August insgesamt zehn Prototypen sowie 112 Serienmaschinen gebaut wurden. Von den Prototypen hatte man den 1., 2., 4., 5., 6. und 7. entweder abgeschrieben oder aus anderen Gründen aus der Erprobung herausgenommen. Durch Luftangriffe auf die Werke wurden 21 Me 262 zerstört, elf weitere gingen durch Unfall oder im Einsatz verloren. Die verbliebenen 84 Maschinen teilten sich wie folgt auf:

I./KG 51 (Jagdbomber)	33
Erpr. Kdo. 262 (Jäger)	15
Erprobungsstelle Rechlin	14
zur Flugerprobung bei Messerschmitt	11
zur Triebwerkserprobung bei Junkers	1
zur Umrüstung auf Zweisitzer bei Blohm & Voß	10

Als Anfang September die Fronten im Westen sich stabilisiert hatten, war die I./KG 51 soweit, um von den im Reich liegenden Plätzen Rheine und Hopsten aus nadelstichartige Angriffe gegen alliierte Stellungen durchzuführen. Ein typisches Beispiel hierfür war der Angriff am 2. Oktober gegen den Feldflugplatz Grave, auf dem die kanadische 421. Squadron lag: »Der Angriff begann um 11.00 Uhr, als ein Düsenflugzeug aus etwa 900 m Höhe den Platz mit Splitterbomben belegte. Drei Piloten erlitten dabei Verwundungen, ein Offizier sowie sechs weitere Flieger kamen mit leichten Verletzungen davon. Zelte wurden durchsiebt, die Ausrüstung etlicher Mannschaften in Mitleidenschaft gezogen. Es wurden Splittergräben ausgehoben, und auch die Stahlhelme kamen plötzlich wieder in Mode. Am Nachmittag erfolgte ein weiterer Angriff, der jedoch weiter ablag. Der dritte forderte dann zahlreiche Tote unter dem auf der Seite des Platzes untergebrachten RAF-Personal. Desgleichen erlitten auch einige holländische Zivilisten aus der näheren Umgebung erhebliche Verletzungen.«*)

Drei Tage später gelang es den kanadischen Piloten der 401. Squadron sich zu revanchieren.

---

*) Aus dem offiziellen Geschichtswerk: "The RCAF Overseas, the sixth Year".

Sie flogen die Spitfire IX, und es kam zu einem in typischer Freier Jagd durchgeführten Gefecht, wie es sich dann auch bei allen in den folgenden Monaten stattfindenden Begegnungen mit deutschen Düsenjägern abspielen sollte. Sqn. Ldr. Roy Smith, der die kanadische Patrouille anführte, berichtete später:

»Ich flog an der Spitze der 401. Squadron etwa 4000 m über dem Raum Nimwegen, und wir befanden uns rund acht Kilometer nordostwärts der Brücke. Wir flogen Nordostkurs, als ich eine Me 262 sichtete, die uns 150 m tiefer entgegenkam. Sie stieg nach links, ich kurvte mit anderen Spitfire rechts auf sie ein, und wir verfolgten sie. Dann stürzte sie mit einigen Drehungen und mit hoher Geschwindigkeit auf die Brücke zu und flog danach mit Rollbewegungen quer über Nimwegen hinweg. Ich beobachtete, wie eine Spitfire Treffer anbrachte, worauf die Me 262 eine vom rechten Tragflächenansatz ausgehende weiße Rauchfahne hinter sich herzog. Sie war immer noch sehr schnell, doch es gelang mir, hinter sie zu kommen. Ich feuerte aus 250 bis 180 m Entfernung zweimal drei Sekunden. Danach stieg sie hoch, und ich beobachtete Treffer in beiden Triebwerksgondeln...«

Flight Lieutenant Hedley Everard, der die Maschine gleichzeitig angriff, sagte aus:

»... Mit halber Rolle näherte ich mich der Me 262, die daraufhin in flacher Spirale nach unten ging. Aus gut 800 m Entfernung schoß ich zum ersten Mal, dabei sie immer weiter verfolgend. In 1500 m Höhe fing sie ab und drehte nach Süden ein. Gas zurücknehmend, um sie nicht zu überholen, beschoß ich sie aus nur 140 m Entfernung nun mit den Maschinengewehren. Eine weiße Rauchfahne wurde sichtbar, ehe sie rasch beschleunigte und davonflog...«

Dann übernahm Flight Officer John Mac Kay die Jagd nach der Maschine:

»Ich flog die Me 262 von hinten an, verfolgte sie bis in Bodennähe hinunter und beschoß sie jedes Mal, wenn ich sie im Visier hatte. Ich erkannte Treffer im Rumpfende sowie in den beiden Triebwerksansätzen. Das Flugzeug zeigte sich äußerst manövrierfähig. Der Pilot mußte ein toller Kerl gewesen sein, denn er beherrschte seine Maschine mit allen Tricks...«

Auch Flight Officer Gus Sinclair konnte Treffer anbringen, bevor ihn zwei von oben herabstoßende Spitfire abdrängten. Danach führte Flight Lieutenant Tex Davenport die Entscheidung herbei:

»Ich näherte mich schließlich von hinten bis auf 240 Meter und schoß innerhalb von zehn oder zwölf Sekunden meine Waffen leer. Ich beobachtete, wie die Garben in Triebwerken und Rumpf einschlugen. Das Flugzeug brannte bereits. Der Pilot schien unverletzt zu sein und schlug sich wacker, doch als er die Aussichtslosigkeit des Kampfes erkannte, versuchte er beim Niedergehen die Rote 1 (Smith) zu rammen, bevor seine Maschine mit Aufschlagbrand zerschellte...«

Der deutsche Pilot, es war Hptm. Hans Christoph Buttmann von der I./KG 51, hatte sich in der Tat als hervorragender Flieger erwiesen, bevor er bei diesem Absturz ums Leben kam. Seine fliegerische Aktion hatte gleichzeitig verdeutlicht, in welchem Maße eine Luftüberlegenheit notwendig war, die Me 262 Gefahr zu bannen.

Obgleich die Kolbenmotorjäger der Alliierten in Bezug auf Höchstgeschwindigkeit und Steigvermögen mit der Me 262 nicht Schritt halten konnten, gab es oftmals Gelegenheiten zu Angriffen von oben herab, da es hierbei unter Ausnutzung des Höhenvorteils möglich war, sich der Geschwindigkeit der Strahljäger anzugleichen. Ein weiterer Vorteil, den die alliierten Jägerpiloten bald sehr zu schätzen lernten, ergab sich durch die Einführung des neuen Kreiselvisiers, das automatisch anzeige, aus welcher Entfernung man das Feuer auf einen kurvenden oder auf einen die Flugbahn kreuzenden Gegner eröffnen mußte. Das von der RAF als Mark II und bei der USAAf als K-14 bekannte Visier ermöglichte es, auch schnell bewegliche Ziele zu treffen; es steigerte die Erfolgsaussichten im Luftduell ganz erheblich. Auch während des Gefechts am 5. Oktober hatte sich ein Großteil der kanadischen Flugzeugführer dieses Visiers bedient. Das Gerät sollte im weiteren Verlauf des Krieges sich zu einem wesentlichen Faktor bei der erfolgreichen Bekämpfung deutscher Strahljäger herausstellen.

Meldungen alliierter Flakeinheiten beinhalten, daß es sich bei den im Oktober über dem Frontgebiet in Holland beobachteten ohnehin geringen Luftaktivitäten des Gegners in den meisten Fällen um Me 262 Einsätze handelte: »Hatte die Maschine den Auftrag, Bomben zu werfen, so machte sie einen Gleitflug und löste ihre meist aus Splitterbomben bestehende Last ziellos aus. Dies – sofern am Tage durchgeführt – forderte mitunter etliche personelle Einbußen, doch richtete es kaum materiellen Schaden an. Gewöhnlich lag ihre Geschwindigkeit bei 480 bis 560 km/h, und kaum einmal flog sie mit Höchstgeschwindigkeit von 800 km/h, bevor nicht die Bomben abgeworfen waren. Bislang lagen keine Berichte vor, nach denen Me 262 (Erd-)Ziele unter Bordwaffenbeschuß genommen hätten. Falls aber die Bewaffnung, wie im Augenblick angenommen, aus vier 30 mm Kanonen besteht, dann würde man sie sicherlich auch benutzen ...«

Der 13. Oktober brachte einem der Flugzeugführer des I./KG 51 unwahrscheinliches Glück im Unglück, als Uffz. Edmund Delatowski in der Nähe von Volkel auf eine Tempest der RAF traf, die von Pilot Officer Robert Cole, 3. Squadron, geflogen wurde. Cole geriet in die Turbinenböen der Messerschmitt und mußte abdrehen. Weit hinter der Düsenmaschine wendete er, gab Vollgas und ging in einen flachen Sturzflug über. Seine Geschwindigkeit betrug dabei 770 km/h, doch sogar jetzt noch zog die Me 262 mit Leichtigkeit davon. Die Jagd ging nach Osten über Holland hinweg, bis Delatowski nach 65 Kilometern glaubte, seinen Verfolger abgeschüttelt zu haben. Deshalb verlangsamte er seine Geschwindigkeit etwas. Und dies war die Gelegenheit, auf die Cole gewartet hatte. Er näherte sich bis auf Schußentfernung und gab einige kurze Garben aus seinen Kanonen ab:

»Die Messerschmitt explodierte wie eine fliegende Bombe. Unzählige Teile flogen durch die Luft, und der Pilot hing am Fallschirm. Die Maschine ging in flachen Spiralen nach unten, zerschellte am Boden mit Aufschlagbrand.«

Leicht an Kopf und linkem Arm verletzt kam Delatowski in der Nähe von Deventer mit seinem Fallschirm herunter.

Nach Abschluß der Kämpfe in Frankreich und nachdem Hitler nicht mehr darauf bestand, die Me 262 ausschließlich als Jagdbomber zu verwenden, war nun der Weg frei für den Einsatz der Maschine bei einem reinen Jagdverband. Endlich ging im September auch die Jumo Turbine 004 in Großserie, so daß in diesem Monat insgesamt 91 Me 262 an die Truppe ausgeliefert werden konnten.

Das Kommando Nowotny, wie das Erprobungskommando 262 jetzt bezeichnet wurde, erreichte bald Gruppenstärke; die Einheit besaß am 30. September 23 Me 262. Vier Tage darauf verlegte der Verband auf die Plätze Achmer und Hesepe bei Osnabrück. Vordringliches Ziel sollte die Abwehr amerikanischer Begleitjäger sein, und wenn man diese dazu zwingen könnte, ihre Zusatztanks vorzeitig abzuwerfen, wären sie nicht mehr in der Lage, die Bomber bis weit ins Reich hinein zu eskortieren. Dadurch hätte man aber die Bomberpulks noch wirksamer durch deutsche Kolbenmotorjäger bekämpfen können. Doch gleich zu Beginn stellten sich Probleme ein. Einmal hatten die neuen Jäger immer noch ihre Kinderkrankheiten, besonders in Bezug auf die nach wie vor unzuverlässigen Turbinen, und zum anderen fanden die Alliierten sehr rasch heraus, von welchen Horsten aus diese Maschinen operierten, und sie begannen die genannten Basen nun ständig zu überwachen. Die Plätze geheimzuhalten erwies sich als unmöglich: Die Standardflugplätze der Luftwaffe besaßen Asphaltpisten, deren Belag aber beim Einsatz strahlgetriebener Flugzeuge unter Umständen Feuer fangen konnte. Aus diesem Grund erhielten die Düsenjägerplätze Betonbahnen. Für die allgegenwärtigen Aufklärer der Alliierten jedoch war dies ein sicherer Beweis für einen von Düsenmaschinen benutzten Horst. Hatte man diese Plätze erst einmal lokalisiert, dauerte es nicht lange, bis auch die Archillesferse der Düsenflugzeuge erkannt war, nämlich die Verwundbarkeit beim Langsamflug während des Starts oder bei der Landung.

Am 7. Oktober starteten mehrere Maschinen des Kommandos Nowotny zum ersten Abwehreinsatz, als amerikanische Kampfverbände Pölitz, Ruhland, Magdeburg, Kassel und Zwikkau angriffen. 1st Lieutenant Urban Drew, Mustang-Pilot der 361st Fighter Group, der einen soeben an Achmer vorbeifliegenden Bomberpulk begleitete, sichtete zwei gerade an den Start rollende Me 262:

»Die vordere Maschine stand auf der Ost-West-Piste startbereit, die zweite schwenkte daneben ein. Ich wartete, bis beide zusammen abgehoben hatten, ehe ich aus rund 4600 m Höhe mit meinem Schwarm zum Angriff einkurvte. Ich holte die zweite Maschine ein, als diese sich etwa 300 m über dem Boden befand. Meine Geschwindigkeit betrug rund 700 km/h, während die Düsenmaschine nicht schneller als 300 km/h fliegen mochte. Aus 360 m Entfernung und mit einem Vorhalt von 30 Grad eröffnete ich das Feuer. Beim Näherkommen beobachtete ich Treffer in den Tragflächen und im Rumpf, und als ich gerade über sie hinwegflog, sah ich aus dem rechten Tragflächenansatz Flammen hervortreten. Ich blickte zurück und sah eine gewaltige Explosion, die eine rotorangefarbene weite Flammenwand hinter sich ließ. Die andere Maschine befand sich etwa 460 m vor mir und ging soeben mit einer Linkswendung steil nach oben. Immer noch fast 720 km/h schnell, mußte ich den Knüppel ziehen, um dranzubleiben. Ich schoß mit einem Vorhalt von etwa 60 Grad aus 270 m Entfernung; die Garben lagen genau im Leitwerk der Feindmaschine. Ich zog immer noch und sah, wie die Geschosse jetzt weiter nach vorn auf die Kanzel zu wanderten. In diesem Augenblick flog das Kabinendach in zwei Teilen davon, die Maschine drehte sich auf die Seite und ging in eine flache Spirale über, bevor sie in Rückenlage mit einem Winkel von nahezu 60 Grad auf dem Boden aufschlug.«

Lt. Gerhard Kobert, einer der deutschen Piloten, fiel in diesem kurzen Gefecht. Der andere, Oblt. Paul Bley, sprang mit dem Fallschirm ab und entkam unversehrt.

Unterdessen waren weitere Me 262 des Kommandos Nowotny zur Abwehr der Kampfverbände aufgestiegen. Nowotny selbst, Ofhr. Heinz Russel und Fw. Heinz Lennartz verbuchten jeweils den Abschuß einer B-24. Nach seinem Luftsieg aber wurde Russel von zwei P-47

Me 262 des Kommandos Nowotny. Die beiden Aufnahmen sind höchstwahrscheinlich im Herbst 1944 auf dem Platz Lechfeld entstanden, wo der Verband auf den Fronteinsatz vorbereitet wurde. Auf jedem anderen Flugplatz im Westen des Reiches hätte eine solche Paradeaufstellung der Maschinen die Gefahr der umgehenden Vernichtung durch alliierte Jabo geradezu heraufbeschworen. Als Schleppfahrzeug für die Flugzeuge fand das Kettenkrad überall bei der Luftwaffe Verwendung. (via Bokleman)

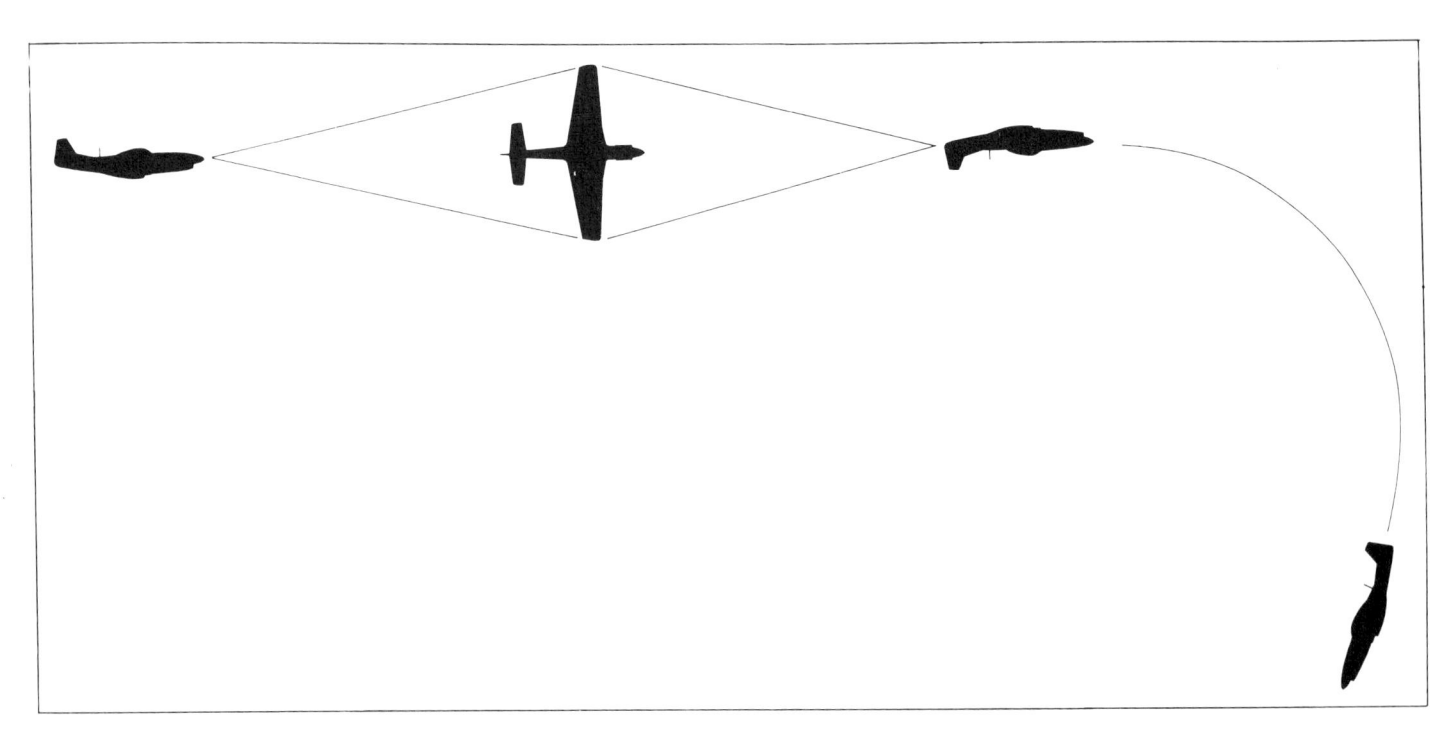

Der Abschwung aus der Rückenlage ermöglichte den Jägern die rasche Annäherung an einen tieferfliegenden Gegner. Vornehmlich die P-51 versuchten auf diese Weise die deutschen Strahlmaschinen abzufangen und anzugreifen.

der 479th Fighter Group angegriffen und abgeschossen. Die beiden amerikanischen Piloten waren Colonel Hubert Zemke und Lieutenant Norman Benolt. Auch Russel konnte unversehrt abspringen.

In diesem ersten scharfen Einsatz verlor das Kommando Nowotny bei gleichzeitigem Abschuß von drei amerikanischen Bombern drei Me 262 und einen Flugzeugführer. Ein nicht gerade eindrucksvolles Verhältnis, das sich aber immer wieder einstellen sollte, wenn deutsche Strahljäger auf zahlenmäßig weit überlegene Feindkräfte stießen.

Zwischen Anfang Oktober und Ende der ersten Novemberwoche 1944 verbuchte das Kommando Nowotny den Abschuß von vier B-24, zwölf P-47 und P-51 sowie drei Aufklärern. Im gleichen Zeitabschnitt büßte der Verband sechs Me 262 im Einsatz ein, sieben weitere waren zerstört, und acht Maschinen wurden bei Unfällen beschädigt.

Am 4. Oktober stürzte Oblt. Alfred Teumer tödlich ab, als er mit nur einer laufenden Turbine zu landen versuchte, und am 28. erlitt Oblt. Paul Bley schwere Verletzungen, als seine Me 262 kurz nach dem Start mit einem Vogelschwarm kollidierte und beide Turbinen ausfielen. Zwei weitere Maschinen gingen bei Einturbinenlandungen zu Bruch, drei bei Start- oder Landeunfällen. Notlandungen infolge Brennstoffmangel führten ebenfalls zu einem Bruch und zu vier Beschädigungen. Zwei Maschinen wurden beschädigt, nachdem sich das Fahrwerk gar nicht oder nur teilweise hatte ausfahren lassen. Schließlich wurde noch ein Flugzeug beschädigt, doch es geht nirgendwo hervor aus welchem Grund. Am 29. Oktober stieß Lt. Alfred Schreiber bei der Verfolgung eines Spitfire-Aufklärers mit diesem zusammen, beide Maschinen stürzten ab, doch Schreiber gelang der Fallschirmabsprung.

Bei einem Einsatz am 1. November kam Ofw. Willi Banzaff gerade noch mit dem Leben davon. Während des Rückfluges amerikanischer Viermot-Verbände, die Gelsenkirchen und Rüdesheim bombardiert hatten, griff er allein einige P-51 der 20th Fighter Group an und erzielte dabei einen Abschuß. Dann hielt Banzaff auf die Fortress-Formation zu, wobei er von weiteren Mustang der 20th und 352nd Fighter Group sowie von Thunderbolt der 56th Fighter Group verfolgt wurde. Plötzlich schien der Himmel voller amerikanischer Jäger zu sein, die allesamt danach trachteten, das einzelne Düsenflugzeug ins Visier zu bekommen. Banzaff ging sehr rasch bis auf 3000 m hinunter und drehte mit hoher Geschwindigkeit nach Norden ab, um seinen Verfolgern zu entkommen. Beim Kurven aber bot er einigen Amerikanern die Möglichkeit, ihm den Weg abzuschneiden. Aus weiter Entfernung eröffneten die P-47 und P-51 das Feuer; ihre Garben lagen im Rumpf und in der linken Tragfläche. Durch die Bord/Bord-Verständigung rief Lieutenant Walter Groce von der 56th Fighter Group den anderen zu: »Ausschwärmen! Wir bekommen ihn, wenn er weiterkurvt!« So geschah es dann auch, und in dem Gefechtsbericht der 56th Group findet man darüber in knappen Worten folgende Eintragung: »Nach wiederholten Treffern begann das Düsenflugzeug zu qualmen. Pilot warf die Kabinenhaube ab und stieg aus; Höhe 2400 Meter. Zwei P-51 einer nicht identifizierten Einheit, die in der Nähe waren, beschossen den Piloten am Schirm.« Den Abschuß der Me 262 bekamen Groce und Lieutenant William Gerbe von der 352nd Fighter Group zugesprochen. Trotz des unritterlichen Verhaltens zweier seiner Feinde gelangte Banzaff unverletzt am Boden an.

Drei Tage darauf, am 4. November, war Banzaff erneut im Einsatz. Diesmal aber ereilte ihn das Schicksal. Deutschen Berichten nach wurde er im Luftkampf mit Feindjägern abgeschossen, aber eine genaue Überprüfung alliierter Unterlagen ergab keine Bestätigung für einen Luftsieg, der den genannten Absturz zur Folge gehabt hätte.

Der ursprüngliche Bestand an Flugzeugführern des Erprobungskommandos 262 umfaßte ausschließlich erfahrene, meist von den Zerstörerverbänden abgestellte Flieger, die auch eine volle Blindflugausbildung absolviert hatten. Dagegen kamen etliche Piloten des Kommandos Nowotny von der einmot-Tagjagd; sie besaßen eine weniger gründliche Instrumentenflugausbildung (das normale Ausbildungsprogramm für deutsche Jägerpiloten beschränkte sich hierbei nur auf gewisse Grundkenntnisse). Für diese Männer war die Me 262 mit ihrer hohen Geschwindigkeit, kurzen Reichweite und der Vielzahl von Problemen beim raschen Abschwung nicht leicht zu handhaben. Dazu kam die ständige Bedrohung durch alliierte Jäger, welche nahezu pausenlos die Plätze überwachten. Ferner mußte der Pilot das beim Landen der Maschine notwendige Feingefühl besitzen, weil die Turbinen auf die Gashebelbetätigung sehr schlecht ansprachen. Es gab also eine ganze Reihe von Überraschungen, welche einen weniger erfahrenen Piloten erwarteten. Aus diesen Gründen stellte sich der Einsatz des ersten Monats trotz aller Erwartungen, die man in die Me 262 als Jäger gesetzt hatte, als enttäuschend heraus: Für Nowotnys Kommando blieb der Erfolg nur in verlockender Nähe.

Dann aber traf den Düsenjagdverband am 8. November ein schwerer Schlag. Mehrere Me 262 waren zum Abwehreinsatz gegen eine größere Kampfformation der Amerikaner gestartet, die sich auf dem Rückflug von einem Angriff auf den Mittelland-Kanal befand. Lt. Franz Schall meldete dabei den Luftsieg über drei P-51, Oblt. Günther Wegmann schoß eine weitere Mustang ab. Kurz nach Schalls letztem Abschuß konnte sich Lieutenant James Kenney von der 357th Fighter Group in Schußposition setzen, und er traf die Messerschmitt mit einer wohlgezielten Garbe, welche den Ausfall beider Turbinen verursachte. Schall mußte abspringen. Gleich darauf geriet Nowotny in Bedrängnis. Lieutenant Edward Haydon, ebenfalls von der 357th Fighter Group, kehrte gerade von einem Tiefangriff bei Hannover zurück, als er südlich des Dümmer-Sees eine tiefergehende Me 262 sichtete:

»Mit Höchstgeschwindigkeit nahm ich die Verfolgung auf. Als ich mich der 262 langsam näherte, holten mich ein paar Maschinen der 20th Fighter Group ein. Mittlerweile führte uns die Me 262 über einen Flugplatz im Süden des Dümmer-Sees hinweg, und von dorther erhielten wir plötzlich aus allen Rohren Flakfeuer. Die Me 262 zog hoch, ging in Rückenlage und stürzte nur etwa 30 m vor mir ab. Ich selbst befand mich dabei rund 15 m über dem Boden. Ich sah keinen Fallschirmabsprung.«

Bei dem »Flugplatz südlich des Dümmer-Sees« handelte es sich sicherlich um Achmer. Die voranfliegende P-51 der 20th Fighter Group wurde von Captain Ernest Fiebelkorn gesteuert. Nowotnys letzter Ruf an die Bodenstation war: »Ich bin getroffen«, wobei nicht geklärt ist, ob er damit sich selbst oder seine Maschine meinte. Kurz darauf stürzte Nowotnys Me 262 etwa sechs Kilometer nördlich von Achmer in den Boden. Die Position des Aufschlags stimmt mit der Ortsangabe in Haydons Gefechtsbericht überein. Während des genannten Einsatzes gingen zwei Me 262 verloren – die von Schall und von Nowotny. Kein anderer Verband verzeichnete an diesem Tage den Verlust einer Me 262. Es ist klar erwiesen, daß die von Haydon und Fiebelkorn verfolgte Me 262 die Maschine Nowotnys gewesen ist. Bleibt jedoch die Frage: Wer feuerte den entscheidenden Schuß ab? Keinem der amerikanischen Piloten war es gelungen in Schußposition zu kommen, und kein anderer alliierter Pilot hatte einen vergleichbaren Luftkampf gemeldet. So bleibt als magerer Beweis nur die Annahme, daß das deutsche Jagdflieger-As irrtümlicherweise von der Platzflak auf Achmer abgeschossen worden war.

Generalmajor Galland, der sich am gleichen Tag zur Inspektion auf Achmer befand, mußte erkennen, daß Nowotny mit der ihm gestellten Aufgabe überfordert gewesen war, und zwar, einen völlig neuen Jagdflugzeugtyp mit ungewöhnlichen Besonderheiten von rasch und ungenügend umgeschulten Flugzeugführern zum Einsatz zu bringen. Und dies vor allem von frontnahen Plätzen aus in einem Gebiet, welches ständig von einem zahlenmäßig überlegenen Gegner beherrscht wurde. Deshalb verfügte Galland sofort, den Verband zwecks einer weiterführenden Einsatzausbildung nach Lechfeld zurückzuverlegen.

Neuer Kommandeur des Kommando Nowotny wurde Major Erich Hohagen; die Einheit selbst wurde ab 24. November in III./JG 7 umbenannt. Ursprünglich trug das neue Jagdgeschwader den vom kürzlich aufgelösten Kampfgeschwader 1 übernommenen Traditionsnamen »Hindenburg«. Bald darauf erhielt das JG 7 zu Ehren des gefallenen Verbandsführers die Bezeichnung »Jagdgeschwader Nowotny«.

Nach Rückkehr der III./JG 7 nach Bayern begann man damit, nun auch den weniger erfahrenen Flugzeugführern ein wesentlich ver-

Links: **1st Lieutenant Urban Drew** von der 361st Fighter Group schoß am 7. Oktober 1944 zwei Me 262 des Kommandos Nowotny kurz nach ihrem Start vom Platz Achmer ab. (USAF via Hess)

Major Walter Nowotny, Kommandeur des ersten fronttauglichen Düsenjagdverbandes, kam am 8. November 1944 während eines Einsatzes unter nicht restlos geklärten Umständen ums Leben. Vermutlich wurde er irrtümlicherweise von der Platzflak auf Achmer abgeschossen. (Schnörrer)

Links unten: **Captain Ernest Fiebelkorn** von der 20th Fighter Group war einer der beiden amerikanischen Piloten, die Nowotnys Me 262 verfolgten, bevor diese plötzlich abstürzte. (Fiebelkorn via Hess) besseres Ausbildungsprogramm zu vermitteln. Es gab genug Gelegenheiten, praktisches Können im Einsatz gegen alliierte Aufklärungsflugzeuge unter Beweis zu stellen.

Ein typischer Einsatz dieser Art fand am 26. November statt. Major Rudolf Sinner startete, um einen Lightning-Aufklärer sowie drei ihn begleitende P-38 abzufangen, die in großer Höhe über München einen Fotoeinsatz durchführten. Gerade hatte der Aufklärer-Pilot, Lieutenant Renne, sein Zielgebiet abgeflogen, als er die rasche Annäherung von Sinners Me 262 bemerkte. Sofort rief Renne die Begleitjäger zu Hilfe, warf seine Zusatztanks ab, gab Vollgas und drehte auf den Verfolger ein, um diesem ein Vorhalten zu erschweren. Beide Maschinen jagten fast frontal aneinander vorbei, ohne daß es Sinner gelungen war, das Feuer zu eröffnen. Danach vollführte Renne eine enge Kehrtwendung nach rechts mit dem Bestreben, das gleiche Manöver zu wiederholen.

Inzwischen aber stürzten sich die anderen P-38 auf Sinner und zwangen ihn zum Abdrehen. Dabei drückte er seine Me 262 zu steil nach unten und stellte mit Schrecken fest, daß ihm die Maschine außer Kontrolle geriet: In der Eile zu entkommen hatte er die für das Flugzeug geltende Kompressibilitätsgrenze überschritten. Nach etlichen aufreibenden Sekunden Kampf mit dem Steuerknüppel gelang es Sinner schließlich, die Me 262 durch Trimmen des Leitwerks aus dem Sturzflug herauszubekommen. Dann sah er sich nach seinen Verfolgern um und entdeckte sie weit im Norden hoch über sich, beobachtete wie sie aufschlossen und mit langen Kondensstreifen den Rückflug nach Süden zu ihren italienischen Basen antraten. Man kann es angesichts des soeben Erlebten nur als mutigen Entschluß Sinners bezeichnen, wenn er jetzt selbst die Verfolgung aufnahm. Mit voller Leistung stieg er wieder in den Himmel und gelangte unbemerkt hinter einen der Lightning-Begleitjäger.

»Die Garbe meiner vier 3 cm traf sein Leitwerk und die rechte Tragfläche, und er stürzte – ohne zu brennen – in einer abschwungähnlichen Linkskurve ab, während ich an ihm vorbeiging und nach links unten auf Heimatkurs kurvte, um Lechfeld trotz Kraftstoffmangel noch zu erreichen.«

Der amerikanische Pilot, Lieutenant Julius Thomas, sprang mit dem Fallschirm ab; er kam in der Nähe von Kitzbühel nieder, wo er anschließend in Gefangenschaft geriet.

Aufgrund der beim Kommando Nowotny infolge zu rascher Umschulung der Piloten auf die Me 262 aufgetretenen Schwierigkeiten führte man gegen Ende November ein neugestaltetes Trainingsprogramm ein. In Lechfeld kam es zur Neuaufstellung der III. Gruppe des Ergänzungsjagdgeschwaders 2, in der unter dem Jagdflieger-As Oberstlt. Heinz Bär neue Piloten auf den Einsatz mit der Me 262 vorbereitet werden sollten. Die Umschulung begann mit 20 Flugstunden auf konventionellen Jagdflugzeugmustern mit feststellbaren Gashebeln, um so die Piloten an die Schwierigkeiten zu gewöhnen, die bei einem Flugzeug in großer Höhe auftraten, wenn das Gas nicht mehr zu regulieren war (hätte man dies in einer Me 262 versucht, so bestand die Gefahr des Turbinenausfalls). Danach erhielten sämtliche Flugzeugführer eine dreitägige theoretische Unterweisung in der Funktion und Handhabung von Düsentriebwerken. Piloten ohne Erfahrungen mit zweimotorigen Maschinen wurden anschließend nach Landsberg abkommandiert, wo sie fünf Flugstunden mit der Bf 110 und der Siebel Si 204 absolvieren mußten, um die Probleme des asymmetrischen Fluges kennenzulernen. Nach einer eintägigen Vorbereitung auf die Me 262 erhielten die zukünftigen Düsenjägerpiloten dann rund zehn Stunden Flug- und Schießausbildung auf dieser Maschine. Fertig ausgebildet wurden die Flugzeugführer jetzt zu den Einsatzverbänden versetzt. Trotz allem bedeutete es aber doch nur eine mehr oder weniger oberflächliche Ausbildung, zumal nicht wenige Piloten direkt von den Flugzeugführerschulen kamen und noch nie bei einem Frontverband geflogen waren; sie war jedenfalls besser als jede zuvor erfolgte Umschulung, und wenn man sich die verzweifelte Lage vor Augen führt, in der Deutschland sich zu diesem Zeitpunkt befand, so stellte dies sicherlich das bestmögliche Training dar.

Ein weiteres Problem, was dem Oberkommando der Luftwaffe nun zu schaffen machte, war die Ausbildung der Me 262 Piloten im Instrumentenflug. Die mit Radar ausgerüsteten schweren Kampfflugzeuge der Amerikaner konnten ihre Flugroute vom Einsatzhorst bis hin zu den Zielen auch bei geschlossener Wolkendecke einhalten und den Angriff durchführen. Für die deutschen Jäger bedeutete dies oft, daß sie in der Lage sein mußten, diese Wolkenschichten zu durchstoßen, wenn ein Abwehreinsatz zum Erfolg führen sollte.

Wie schon erwähnt, wurden den deutschen Flugzeugführern der einmotorigen Tagjagd bei der normalen Einsatzausbildung nur Grundzüge des Instrumentenfluges vermittelt (obwohl einige Piloten später hierin eine volle Ausbildung erhielten). Ein rasches Durchstoßen der Wolken in der Me 262 bedeutete nun aber für einen Flugzeugführer ohne Instrumentenflugerfahrung ein mit manchen Schwierigkeiten behaftetes Unterfangen. Vor allem war da das gefürchtete Phänomen der Kompressibilität, welches stets unerwartet auftrat. Offensichtlich hätten Pilotenneuzugänge, falls die Zeit dazu ausreichte, eine notwendige Ergänzungsausbildung im Instrumentenflug erhalten können, aber sowohl die Zeit als auch der Treibstoff waren knapp.

Gegen Ende des Jahres verfügte die deutsche Luftwaffe allerdings über einen entsprechend ausgebildeten großen Flugzeugführerbestand, darunter die ehemaligen Kampfflugzeugpiloten, deren Einheiten im Sommer des Vorjahres wegen Treibstoffmangel aufgelöst werden mußten. Jene Männer sollten nun die Me 262 fliegen

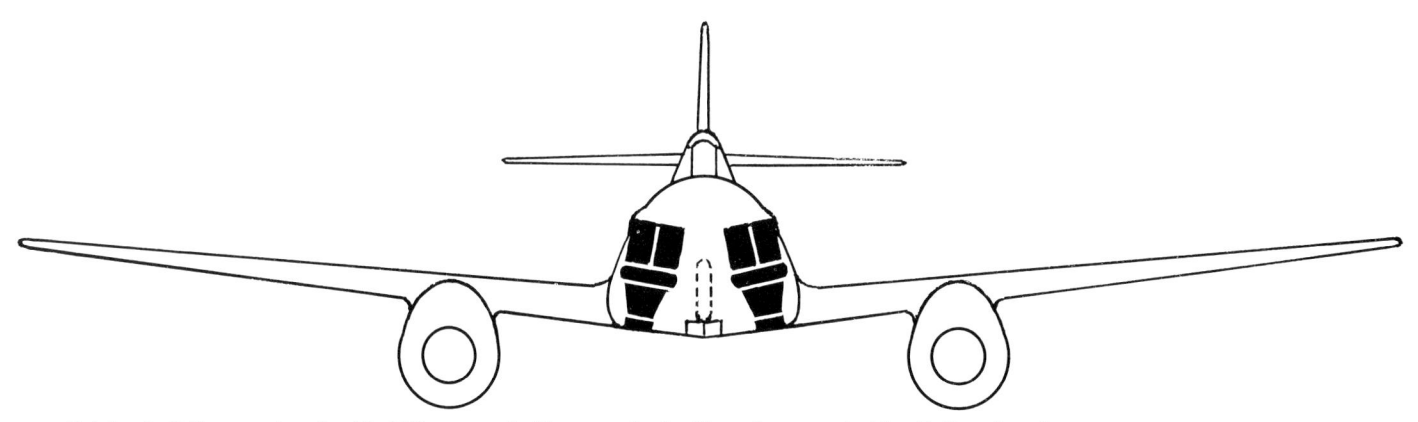

Bei der Aufklärerversion der Me 262 waren die Kameras in der Rumpfnase zu beiden Seiten des eingezogenen Bugrads angeordnet.

– und zwar als Jäger. Man glaubte, daß die einstigen Kampfflieger, sowohl im Instrumentenflug als auch auf zweimotorigen Maschinen ausgebildet, mit der Me 262 bei schlechten Witterungsverhältnissen besser zurecht kämen als die weniger instrumentenflugkundigen Piloten von den Tagjägerverbänden.

Daß es den Bomberpiloten andererseits an Luftkampferfahrungen fehlte, wurde nicht als ausschlaggebender Nachteil in Kauf genommen, denn die Me 262 sollten ja keine Kurvenkämpfe mit den Feindjägern ausführen, sondern vielmehr zu den gegnerischen Viermotorigen durchbrechen und sie angreifen. Unterstützung fand dieser Plan in Oberst Gordon Gollob, Oberst Dietrich Peltz und, noch wesentlicher, in General Koller, dem Generalstabschef der Luftwaffe sowie auch in Göring selbst. Generalmajor Adolf Galland und eine ganze Reihe seiner Verbandsführer wehrten sich erbittert gegen diesen Gedanken; in ihren Augen war es ein schwerwiegender Fehler, die Me 262 im Jagdeinsatz unerfahrenen Flugzeugführern in die Hand zu geben. In einigen späteren Darstellungen hat man diese Auseinandersetzung mit Hitlers früherem Befehl, die Me 262 ausschließlich als Jagdbomber einzusetzen, verknüpft. Es handelt sich hier jedoch um zwei völlig verschiedene Begebenheiten. Bezüglich des Einsatzes von Kampffliegern auf der Me 262 haben die Autoren eingehende Untersuchungen angestellt, und sie sind der Meinung, daß auf beiden Seiten überzeugende Argumente zu finden sind.

In der Agonie des Dritten Reiches, während die feindlichen Armeen im Osten, Westen und Süden zum letzten Vorstoß nach Deutschland hinein aufmarschierten, entfachte die Frage, welche Piloten nun die Me 262 zum Einsatz bringen sollten, innerhalb der Luftwaffenführung einen offenen Widerstreit. Aufgrund dieser und anderer Meinungsverschiedenheiten mit Göring erfolgte die Absetzung von Generalmajor Galland als Inspekteur der Jagdflieger.

Die Umrüstung etlicher ehemaliger Kampfverbände auf die Me 262 ging inzwischen voran, und als erste Einheit begann damit Ende November das KG(J) 54 in Giebelstadt. Weitere Kampfverbände, das KG 6, KG 27 und KG 55, sollten die Me 262 Anfang 1945 erhalten.

Während der letzten drei Monate des Jahres 1944 wurden insgesamt 342 Me 262 gebaut; genügend Maschinen, um sie auch für andere Einsatzzwecke zu verwenden. Im November entstand unter Oblt. Kurt Welter das Kommando Welter, eine in Burg bei Magdeburg liegende Nachtjagdeinheit. Zunächst besaß der Verband nur zwei einsitzige Me 262, von denen eine mit dem FuG 218 Neptun ausgerüstet war. Aufgabe dieser ersten Düsennachtjagdeinheit war es, die in großen Höhen operierenden Mosquito-Schnellbomber der RAF zu bekämpfen, welche ihre Angriffe bis dahin ohne nennenswerte Gegenwehr durchführen konnten. Zur gleichen Zeit erfolgte auch die Aufstellung eines Nahaufklärungsverbandes unter Hptm. Brauegg, des Kommandos Brauegg. Zu diesem Zwecke erhielt die Me 262 einen modifizierten Rumpfbug, in dem anstelle der Bordwaffen zwei Reihenbildkameras Rb 50/30 installiert waren. Eine zusätzlich im Rumpfboden ausgeschnittene Fensteröffnung erlaubte dem Piloten die genaue Kameraeinstellung für Senkrechtaufnahmen.

Ende 1944 wurden aber immer noch fast sämtliche Me 262 Einsätze von den Jagdbombern des KG 51 unternommen. Während die I. Gruppe von Rheine und Hopsten aus operierte, benutzte die erst kurz vorher auf die Me 262 umgerüstete und jetzt einsatzbereite II. Gruppe den Platz Hesepe. Am 16. Dezember begann in den Ardennen die letzte große Offensive des

Ein soeben gestarteter, vermutlich dem Kommando Brauegg angehörender Aufklärer.

Mit Radargerät »Neptun« und Bugantennen ausgerüstete einsitzige Me 262 wurden gegen Ende 1944 von Oblt. Kurt Welter im Einsatz erprobt. (via Creek)

Eine Me 262 nach Bugradbruch auf dem Platz Lechfeld. Es existieren tatsächlich nur ganz wenige Aufnahmen von Maschinen mit deutschen Markierungen, auf denen die für den Kameraeinbau notwendig gewordenen Rumpfausbuchtungen ersichtlich sind. Die abgebildete Me 262 gehörte höchstwahrscheinlich zum Kommando Brauegg.

deutschen Westheeres, wobei auch die Me 262 wiederholt Truppenansammlungen und Nachschubdepots der Alliierten angriffen. Aus diesem Grund überwachten die gegnerischen Jagdstreitkräfte ständig den Luftraum über dem gesamten Kampfgebiet. Es gibt kaum Beweise dafür, daß auch nur einer der von den Me 262 durchgeführten Einsätze größere Schäden verursacht hätte. Der einzige Erfolg, welchen das KG 51 für sich verbuchen konnte, war die Tatsache, daß durch Bindung feindlicher Jäger dieselben am Einsatz gegen die deutschen Truppen verhindert wurden. In den letzten harten Monaten des Krieges war dies noch die einzige Art von Luftunterstützung, die die angeschlagene Wehrmacht erwarten konnte.

Am Neujahrstag 1945 hatte die Luftwaffe nahezu die gesamte Jagdstreitmacht im Westen versammelt, um mit rund 1000 Maschinen einen Großeinsatz gegen alliierte Flugplätze in Frankreich, Holland und Belgien durchzuführen. An diesem Angriff nahmen auch etwa

Ein Jagdbomber des KG 51 auf dem Platz Rheine, Spätherbst 1944. (Götz)

20 Me 262 des KG 51 teil. Ihre Ziele waren die Plätze Eindhoven und Heesch in Holland. Der zusammen mit den Bf 109 und Fw 190 des JG 3 unternommene Angriff auf Eindhoven war der erfolgreichste der gesamten Operation und führte zur Vernichtung oder Beschädigung von über 50 Spitfire und Typhoon der auf dem Platz liegenden drei Wings. Dagegen erwies sich der mit dem JG 6 geflogene Angriff auf Heesch als wirkungslos. Insgesamt gingen beim Einsatz des 1. Januar zwei Me 262 verloren, darunter eine Maschine bei Heesch durch Bodenabwehr. Gemeinsam mit den Arado Ar 234 des KG 76 befand sich das KG 51 in den ersten Wochen des Jahres 1945 bei jeder günstigen Wetterlage im Einsatz, so am 10. Januar mit 22 Maschinen im Raum Straßburg und am Folgetag im gleichen Raum mit über 30 Flugzeugen.

Mit Jahresbeginn hatte die Luftwaffe insgesamt 564 Me 262 erhalten, die damalige Produktion belief sich auf 36 Maschinen pro Woche. Bei den Frontverbänden befanden sich laut Statistik des

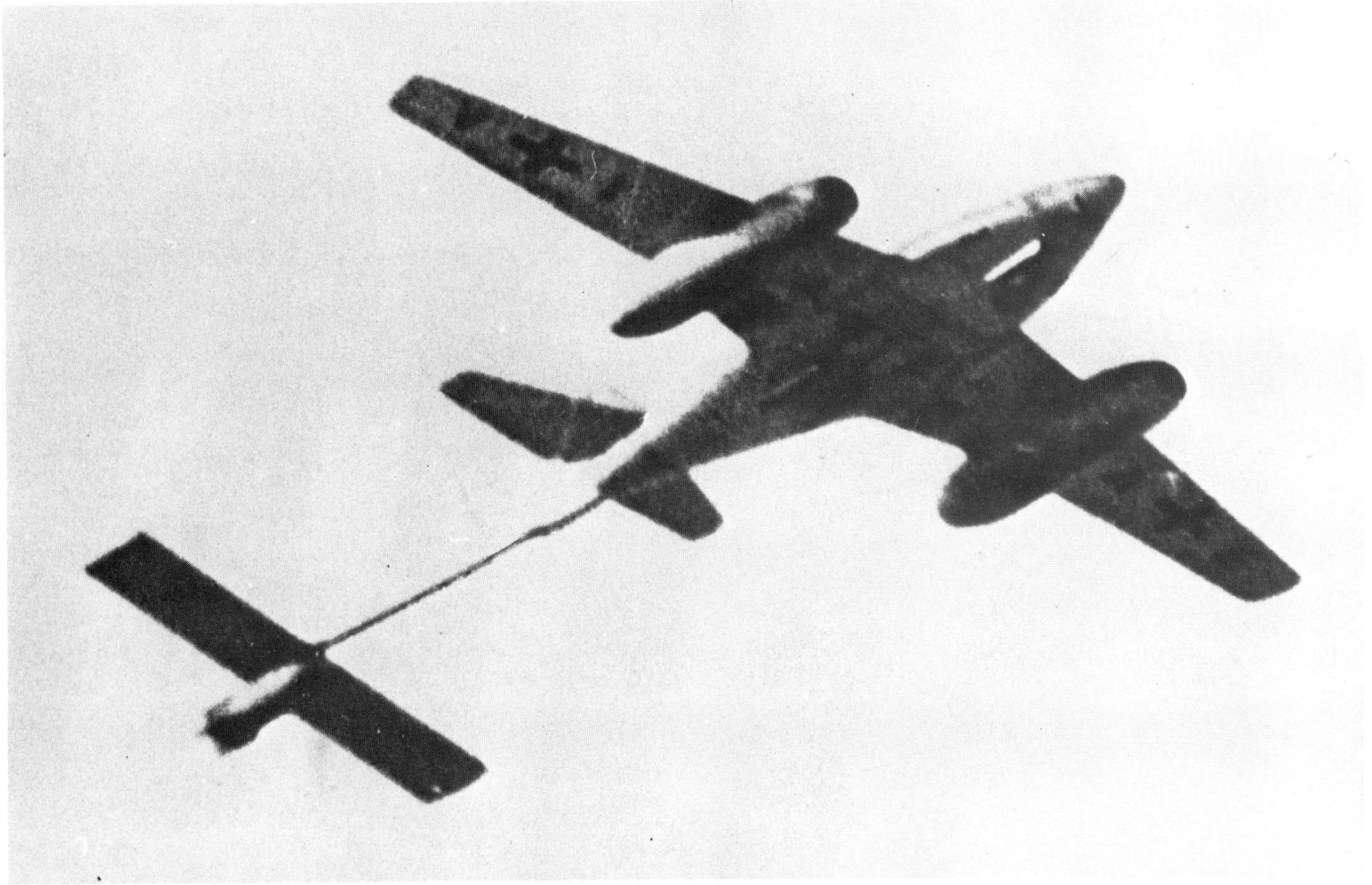

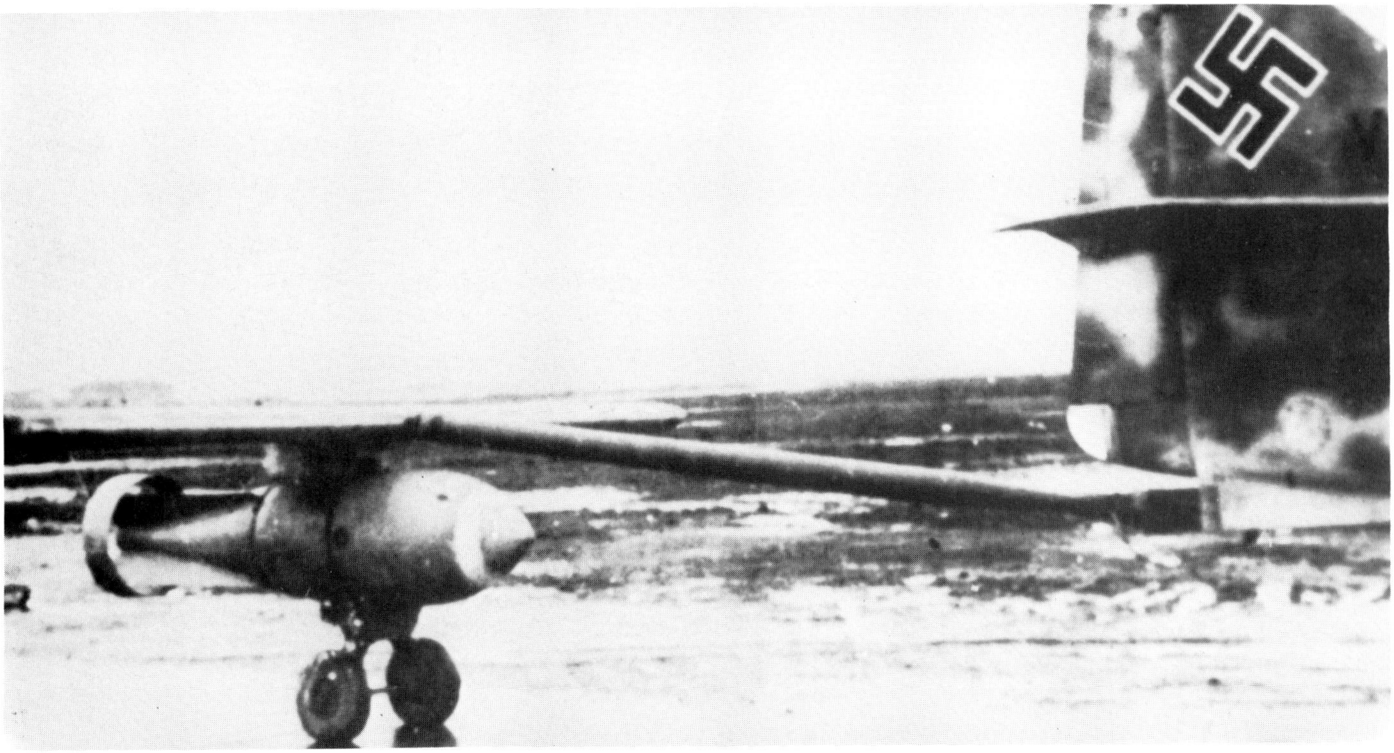

Oben: **Der Höhenbomber im Schlepp eines Tankwagens.** (via Creek)

Rechts: **Die Me 262 als Höhenbomber.** Zwei Maschinen wurden zu diesem Zweck umgebaut, indem man die Bordwaffen entfernte und den Rumpfbug mit einer eigens dafür konstruierten Plexiglaskanzel versah, in welcher ein auf dem Bauch liegender Bombenschütze das ebenfalls installierte Bombenzielgerät (Lotfe) bediente. Die Bombenzuladung von je zwei SC 250 blieb die gleiche wie bei der normalen Jagdbomberversion. Scheinbar aber waren die mit dem Höhenbomber unternommenen Versuche weniger erfolgreich ausgefallen, so daß es nur bei diesen beiden Umrüstungen blieb. (via Heise)

Seite 48, oben und unten: **Mit dem zehnten Prototyp durchgeführte Starrschleppversuche** dienten dazu, die normale Bombenladung einer Me 262 heraufzusetzen. Die Tragflächen des Schleppgeräts stammten von einer »V-1«, die Länge der Zugstange betrug sechs Meter, ein am Heck der Me 262 angebrachter Drehring ermöglichte, daß das Gerät während des Fluges sich nach oben und unten sowie nach beiden Seiten hin bewegen konnte. Mittels eingebauter elektrischer Vorrichtungen vermochte der Pilot nach dem Start das Fahrgestell abzusprengen, die Bombe über dem Ziel auszulösen und das Schleppgerät selbst auszuklinken. Bei Versuchsflügen mit einer 1000 kg Bombe kam es oft zu gefährlichen Situationen, wenn zu starke Auf- und Abbewegungen des Schleppgeräts sich über die Zugstange auf das Führungsflugzeug übertrugen. Auf diese Weise verlor Testpilot Gerd Lindner die Kontrolle über seine Me 262 und mußte abspringen. Während eines anderen Versuchs brach infolge einer starken Drehung des Schleppgeräts die Zugstange am Rumpfheck der Me 262 ab. Dann wieder versagte die Absprengvorrichtung, aber der flugerfahrene Lindner landete diesmal die Me 262 sicher – mit Schleppgerät und mit noch eingehängter Bombe. Schließlich gab man weitere Versuche dieser Art auf; das ganze Verfahren wurde als zu gewagt und unbefriedigend bezeichnet. (via Schliephake)

Generalquartiermeisters der Luftwaffe vom 10. Januar 1945 jedoch nur 61 Flugzeuge, und zwar wie folgt verteilt:

I. und II./KG(J) 51   Jagdbomber   52
10./NJG 11   Nachtjäger etwa 4
Kommando Brauegg   Nahaufklärer   5

Wahrscheinlich mehr als dreimal soviel Maschinen befanden sich bei Verbänden, die kurz darauf operativ werden sollten oder die Piloten ausbildeten, so bei den drei Gruppen des JG 7, dem KG(J) 54, der III./EJG 2 und den verschiedensten Erprobungsstellen. Bis zu diesem Zeitpunkt waren schätzungsweise 150 Me 262 durch Feindeinwirkung in der Luft und am Boden oder durch Unfälle zerstört worden. Zusammen ergibt das etwa 400 Me 262, wobei die Zahlenangaben eher zu hoch gegriffen sind. Da die deutsche Luftwaffe aber rund 600 Maschinen von den Herstellerwerken erhalten hatte, wäre es interessant, etwas über den Verbleib der restlichen 200 Me 262 – ein Drittel der gesamten Lieferung – zu erfahren. Ohne Zweifel befand sich ein Großteil dieser Maschinen auf dem Schienentransport; die Mehrzahl aller Me 262 wurde nach dem Abnahmeflug zerlegt und per Bahn den Einsatzverbänden zugeführt. Da aber zu jenem Zeitpunkt die Bomberflotten der Alliierten zur systematischen Zerschlagung des deutschen Verkehrsnetzes übergegangen waren, gingen die meisten Me 262 wohl auf dem Transportwege verloren.

Interessant ist, daß die Aufstellung des Generalquartiermeisters vom 10. Januar keine Jägerversion der Me 262 bei den Frontverbänden ausweist, und das vier Monate nachdem Hitler die Maschine als Jagdflugzeug freigegeben hatte. Die III./JG 7, obwohl immer noch in Aufstellung, hatte längst ihre volle Einsatzstärke erreicht: Je eine Staffel der Gruppe lag in Brandenburg-Briest, Oranienburg und Parchim, alle Plätze im Großraum Berlin. Ferner entstanden unter Major Desdorffer in Kaltenkirchen bei Hamburg die I./JG 7 und unter Major Erich Rudorffer in Briest die II./JG 7. Zur gleichen Zeit wurde in Giebelstadt bei Würzburg auch die I./KG(J) 54 in Eile auf Me 262 umgerüstet.

Die letztgenannte Einheit war der erste einsatzbereite Me 262 Jagdverband, und am 9. Februar 1945 starteten etwa zehn Maschinen der Gruppe zum Abwehreinsatz. An diesem Tag griffen die Amerikaner mit über 1500 Kampfflugzeugen Magdeburg, Weimar, Lützkendorf, Bielefeld, Paderborn, Arnsberg und Dülmen an. Der Einsatz endete mit einer völligen Niederlage des deutschen Düsenjagdverbandes, dessen ehemalige Kampfflugzeugpiloten nur oberflächlich im Luftkampf ausgebildet und ohne Schießpraxis auf der Me 262 in die Luft geschickt worden waren. Die Mustang der 78th, 357th und 359th Fighter Group meldeten den Abschuß von fünf Me 262, während nur eine B-17 mit Beschädigungen davonkam. Tatsächlich verlor die I.KG(J) 54 an diesem Tag sechs Me 262, aber nur einer der Ausfälle stimmt mit den Angaben eines amerikanischen Gefechtsberichtes mit Sicherheit überein. Lieutenant John Carter von der 357th Fighter Group meldete später, daß er im Raum Fulda in 7400 m Höhe Bomberbegleitschutz flog, als seine Staffel Feindberührung mit Me 262 hatte:

»Der Führer der Cement Blue Flight warf sofort die Zusatztanks ab und griff die vier Me 262 an, welche sich links unter uns befanden. Die Me 262 gingen auseinander, je zwei nach rechts und nach links. Der Anführer der Flight hielt auf eine der nach rechts abgedrehten Me 262 zu und ich auf die zweite. Etwa zehn bis fünfzehn Minuten lang verfolgte ich die Düsenmaschine, gab einige Feuerstöße ab, doch sie befand sich außer Reichweite und vergrößerte die Distanz zu mir ständig. Die Maschine immer noch verfolgend sichtete ich etwa 3500 bis 4500 Meter unter mir eine weitere Me 262, die sich anscheinend in einem Gleitflug befand. So ließ ich von der ersten Maschine ab, legte mich auf die Seite und machte einen Abschwung in Richtung der Maschine unter mir. Ich näherte mich sehr rasch und feuerte einige Garben ab. Noch war ich nicht nah genug heran, doch ich konnte ein paar Treffer beobachten. Beim Näherkommen sah ich, wie der Pilot mit dem Fallschirm absprang.« Diese Aktion deckt sich mit dem Verlust der von Major Ottfried Sehrt gesteuerten Me 262. Sehrt, Kommandeur der I./KG(J) 54, hatte einen Schuß durch die Wade erhalten und stieg im Norden von Frankfurt mit dem Fallschirm aus. Seine Verwundung erwies sich als nicht sehr schwer, so daß er knapp eine Woche später wieder zu seiner Einheit zurückkehrte. Weniger Glück hatte der Geschwaderkommodore und Eichenlaubträger Oberstlt. Volprecht Riedesel Frh. zu Eisenbach, der in diesem Einsatz abgeschossen wurde und mit seiner Me 262 bei Limburg abstürzte.

Nur rund zwei Wochen darauf hatte das KG(J) 54 einen weiteren schwarzen Tag zu verzeichnen, und diesmal traf es die neu aufgestellte II. Gruppe. Am Morgen des 25. Februar befanden sich vier Me 262 der Gruppe zu einem Übungsflug in der Luft, als sie von Mustang der 55th Fighter Group entdeckt wurden. Captain Don Penn, der mit seinen P-51 in diesem Raum einen Jagdvorstoß unternahm, berichtete anschließend, wie er die Düsenmaschinen beim Start in Giebelstadt beobachtet hatte:

»Wir flogen in 3900 m Höhe, und ich gab den Befehl zum Abwerfen der Zusatzbehälter, damit wir die Feindmaschinen angreifen konnten. Mit rund 1,7 ata Ladedruck und 3000 Umdrehungen stürzte ich auf eines der Düsenflugzeuge zu. In 300 m Höhe machte es eine Linkswendung und hielt wieder auf den Platz zu, so daß ich etwa 2700 m hinter ihm abfing und den Motor auf volle Leistung brachte. Mein Fahrtmesser zeigte rund 800 km/h, und ich nahm an, daß der Gegner mit Höchstgeschwindigkeit zu entkommen versuchte. Jedoch näherte ich mich sehr rasch und schoß auf ihn aus 900 m Entfernung. Auf 460 Meter heran sah ich, daß die 262 das Fahrwerk ausfuhr. Meine Geschwindigkeit drosselnd eröffnete ich aus 270 m Entfernung erneut das Feuer und traf das rechte Triebwerk. Ich ging bis auf 45 m heran, um dann scharf über das Düsenflugzeug hinwegzuziehen, dabei beobachtend, wie es auf den Rücken ging, geradeaus weiterflog und dann explodierte.«

Andere Piloten aus Penns Squadron hatten die langsamfliegenden Düsenmaschinen ebenfalls angegriffen und zwei von ihnen abgeschossen: Lt. Hans Knobel, Lt. Josef Lackner und Fw. Heinz Klausner waren in dem nur kurz andauernden Gefecht gefallen. Insgesamt büßte das KG(J) 54 an diesem Tag zwölf Maschinen ein, davon sechs im Luftkampf, zwei infolge technischer Mängel sowie vier am Boden während eines Bordwaffenangriffes.

Der Nachfolger von Riedesel Frh. zu Eisenbach als Kommodore des KG(J) 54 wurde Major Hans-Georg Bätcher, ein bewährter Kampfflieger, der vorher beim KG 76 den Düsenbomber Arado Ar 234 geflogen hatte. Bei Übernahme des Geschwaders verfügten die auf den Plätzen Giebelstadt, Kitzingen und Neuburg/Donau liegenden drei Gruppen zusammen über etwa 20 Me 262. »Die Meldung der Einsatzbereitschaft des Geschwaders kam verfrüht,« meinte Bätcher später. »Als erstes ordnete ich die Weiterführung der Ausbildung an, denn das Hauptproblem war immer noch, die einstigen Kampfflieger an die weit höheren Geschwindigkeiten zu

Oberstlt. Volprecht Riedesel Frh. zu Eisenbach, Kommodore des KG(J) 54, fiel am 9. Februar 1945 im Luftkampf mit amerikanischen Jägern. (via Rehm)

gewöhnen – die Marschgeschwindigkeit der Me 262 lag um das Zwei- bis Dreifache über der der Ju 88 oder He 111, welche die Piloten vorher geflogen hatten. Auch besaßen wir nur einsitzige Me 262 und keine Zweisitzer. Andererseits verfügten die Flugzeugführer des Verbandes über genügend Flugpraxis, welche es ihnen ermöglichte, kritische Situationen eher zu meistern als ein weniger erfahrener Pilot.«

Trotz der Schwierigkeiten, denen sich die ehemaligen Kampfflieger bei ihren ersten Einsätzen gegenübersahen, ist Bätcher immer noch der Meinung, daß unter den obwaltenden Umständen die Entscheidung, Me 262 Piloten im Blindflug auszubilden, richtig war, zumal besonders während der Winterzeit der wolkenverhangene Himmel den Einsatz anderer Düsenjagdeinheiten verhinderte. »Der größte Fehler war es«, so glaubt Bätcher, »daß die deutschen Jagdflieger nicht von vorn herein im Blindflug ausgebildet worden waren.«

Erst in der dritten Februarwoche sollte die III./JG 7 erneut einsatzbereit gemeldet werden; nach genügend langer Zeit eines umfangreichen Pilotentrainings war aus der Gruppe nun ein schlagkräftiger Verband entstanden. Als die Mustang der 479th Fighter Group am 21. Februar im Raum Berlin auf etwa 15 Me 262 stießen, konnte man feststellen, daß diese sich völlig anders verhielten, als man es von früheren Begegnungen her gewohnt war:

»Der plötzliche Angriff richtete sich gegen die Red Flight, als die Squadron aus ostwärtiger Richtung her zu einer flachen Linkswendung ansetzte. Angriff aus 3 Uhr in gleicher Höhe von Me 262 in üblicher amerikanischer Formationsanordnung; sie sahen wie P-51 mit Zusatztanks aus. Unsere Red Flight kurvte auf die Düsenmaschinen ein, doch diese flogen quer vor unserer Flight vorbei und davon. Anschließend griff uns ein weiterer Schwarm Me 262 in amerikanischer Kampfformation aus 6 Uhr von hinten oben an. Wir kurvten nun auf diese Me 262 ein, worauf die Gegner den Anflug abbrachen und hochzogen. Zur gleichen Zeit näherte sich uns der erste Schwarm Me 262 wieder, ebenfalls von hinten oben. Es entwickelte sich eine Kurbelei, bei der es weder uns noch den Deutschen gelang, zum Schuß zu kommen. Jedes Mal wenn wir sie angreifen wollten, zogen sie steil nach oben und ließen uns hinter sich. Die Nummer 4 des deutschen Schwarms blieb dabei stets etwas zurück, so daß wir auf diese Maschine beson-

Diese schon mehrfach veröffentlichte und mit den unterschiedlichsten Begleittexten versehene Aufnahme zeigt Me 262 des KG(J) 54 im Frühjahr 1945 auf dem Platz Giebelstadt. Der ungewöhnliche Tarnanstrich und nur ein Schußkanal auf jeder Seite des Rumpfbugs der Maschine links im Bild läßt vermuten, daß es sich hier höchstwahrscheinlich um einen ehemaligen Jagdbomber handelt, obwohl die Bombenträger entfernt worden sind. (Bätcher)

ders achten mußten, daß sie uns nicht plötzlich im Nacken saß, wenn unsere Flight den anderen nachjagte.«

Die amerikanischen Piloten stellten fest, daß die deutschen Flugzeugführer sich sehr angriffslustig und erfahren zeigten. »Beim Wenden waren sie nicht zu kriegen, und falls doch einmal, dann begannen sie zu pendeln, zogen steil hoch und verschwanden. Es war unmöglich, sie einzuholen oder ihnen nachzusteigen.« Scheinbar war es in diesem ergebnislosen Gefecht das Ziel der deutschen Piloten, die Mustang zum Abwerfen ihrer Außentanks und damit zur vorzeitigen Rückkehr zu zwingen. Das Vorhaben gelang jedoch nicht, denn die Amerikaner hatten in ihren Tragflächentanks genügend Treibstoff für weitere Kampfaktionen. Der Bericht aber spiegelt sehr deutlich ein Luftduell wider, das einfach deshalb ergebnislos verlief, weil hervorragend geführte Me 262 auf ebenso hervorragend geflogene Mustang trafen. Für letztere war die Me 262 keine wirkliche Bedrohung, aber es bestand kein Zweifel, daß die Me 262 zu einer beträchtlichen Gefahr für die amerikanischen Bomber wurde, denn aufgrund ihrer Schnelligkeit konnte sie den Abwehrschirm der Mustang-Begleitjäger mit Leichtigkeit durchbrechen.

Der erfolgreichste Düsenjägerpilot des Monats war Lt. Rudolf Rademacher von der III./JG 7. Nachdem er am 1. Februar bei Braunschweig einen Spitfire-Aufklärer abgeschossen hatte, holte er am 4. eine B-17 herunter und schickte am 8. zwei weitere Fortress zu Boden. Am 14. schoß er wieder eine B-17 ab, am 16. eine P-51, am 23. eine B-17 und am 25. eine Liberator. Damit hatte er im Februar allein acht Luftsiege erzielt.

Gegen Ende Februar entstand unter der Führung des als Inspekteur der Jagdflieger abgesetzten Generalmajors Galland eine weitere kampfkräftige Me 262 Einheit, der Jagdverband 44. Hier der Wortlaut des offiziellen Aufstellungsbefehls vom 24. Februar: »JV 44 in Brandenburg-Briest Rückgriff auf Personal der 16./JG 54, der Industrieselbstschutzschwärme 1 + 2 und Personal der III./Erg. JG 2. Der Führer dieses Verbandes erhält Disziplinarbefugnisse eines Div. Kommandeurs gem. Lw. Dienstverordnung 3/9§ 17. Ist in jeder Hinsicht der Luftflotte Reich unterstellt und gehört zum Luftgaukommando III (Berlin). Einsatzverband ‚Galland' (Gen.Lt.) umfaßt eine vorläufige Stärke von 16 Frontflugzeugen Me 262 + 15 Flugzeugführer«

gez. Generalleutnant Karl Koller
Chef des Generalstabs der Luftwaffe

Hinter diesem bündigen Befehl verbarg sich die Gründung eines der bemerkenswertesten Jagdverbände, die jemals aufgestellt worden waren. Daß er von einem General angeführt werden sollte, war nur eines der einzigartigen Merkmale, welche diesen Verband charakterisierten. Jetzt, da die mit Standardjägern ausgerüsteten deutschen Jagdeinheiten wegen Spritmangel immer seltener zum Einsatz gelangten, war Galland in der Lage, die erfahrensten und erfolgreichsten Flugzeugführer in den JV 44 zu holen. Später schrieb er einmal: »Das Ritterkreuz war sozusagen unser Staffelabzeichen.« Zu dem Verband zählten neben Galland folgende, diese begehrte Auszeichnung tragenden Flieger: Oberst Johannes Steinhoff, Oberst Günther Lützow, Oberstlt. Heinz Bär, Maj. Gerhard Barkhorn, Maj. Erich Hohagen, Maj. Karl-Heinz Schnell, Maj. Willi Herget, Hptm. Walter Krupinski, Oblt. Hans Grünberg, Lt. Klaus Neumann und Lt. Heinz Sachsenberg. Aber auch ein solcher Expertenverband brauchte im letzten Chaos des Dritten Reiches seine Zeit sich zu entwickeln, so daß der JV 44 nicht vor Ende März fronttauglich wurde.

In der Zwischenzeit hatte das KG(J) 51 mit seinen Jagdbombern im Februar mehr Einsätze hinter sich gebracht als alle anderen Me 262 Einheiten zusammen. Eines der härtesten Unternehmen fand am 14. Februar statt, als 55 Düsenmaschinen an einem Angriff auf die bei Kleve vorstoßenden britischen Truppen teilnahmen. Drei Me 262 wurden von umherstreifenden Jägern der 2nd Tactical Air Force abgefangen und abgeschossen, zwei davon auf dem Hinflug durch Typhoon der kanadischen 439. Squadron. Mit Bomben beladen waren die Me 262 erheblich langsamer, so daß sie von den gegnerischen Kolbenmotorjägern eingeholt werden konnten. Flight Lieutenant L. Shaver berichtete später über dieses Gefecht:

»Ich führte einen Schwarm der 439. Squadron zu einer Gewaltaufklärung in den Raum Coesfeld-Enschede. Während wir Westkurs flogen, sichtete ich rund 30 Kilometer vor Coesfeld in 2100 m Höhe zwei nebeneinander fliegende Me 262. Ich machte die anderen Piloten darauf aufmerksam und stürzte zum Angriff hinunter. Ich gelangte von hinten und etwas tiefer sitzend an die Feindmaschinen heran und gab aus 90 m Entfernung einen kurzen Feuerstoß ab. Es waren keine Treffer zu erkennen. So stellte ich mein Visier etwas an, ging bis auf 45 m heran und feuerte erneut etwa zwei Sekunden lang. Das Feindflugzeug explodierte daraufhin in der

Unter den Flächen der Me 262 angebrachte Holzroste konnten je zwölf Raketen R4M vom Kaliber 55 mm aufnehmen. Die Flugbahn der Bordraketen verlief ähnlich der der 30 mm Geschosse der MK 108, so daß für beide Waffen zum Zielen das normale Reflexvisier ohne gesonderte Justierung verwendet werden konnte. Das aus acht Stabilisierungsflossen bestehende Leitwerk fuhr nach Abschuß der Rakete aus.

Mit acht bzw. sechs Luftsiegen auf der Me 262 gehörten Oblt. Günther Wegmann (weiße Jacke) und Lt. Joachim Weber (Mitte) zu den erfolgreichen Flugzeugführern des JG 7. Wegmann wurde am 18. März 1945 schwer verwundet, Weber fiel drei Tage darauf im Luftkampf. Die beiden anderen Luftwaffenangehörigen, Oblt. Fred Leitner (links) und Fw. Hans Zeller (ganz rechts), gehörten zum Jägerleitpersonal des Geschwaders. (Wegmann)

Luft. Durch die Druckwelle hinduchfliegend sah ich, wie die zweite Me 262 nach links wegkurvte. Ich schoß von der Seite her zweimal zwei Sekunden lang, doch wieder konnte ich keine Treffer beobachten. Dann sah ich Red 3 (Flight Lieutenant Fraser) diese Maschine von hinten oben angreifen und beide Maschinen verschwanden unter mir in den Wolken. Danach sah ich einen schwarzen Rauchpilz aufsteigen.«

Fraser war dem Gegner durch die Wolken hindurch gefolgt, und er konnte erkennen, wie die Me 262 am Boden aufschlug. Die deutschen Piloten Oblt. Hans-Georg Richter und Fw. Werner Witzmann, beide von der II./KG(J) 51, fielen in diesem Luftkampf.

Anfang März unternahmen die Me 262 Jagdverbände den ersten gezielten Versuch, amerikanische Bomberformationen anzugreifen. Am 3. wurden 29 Me 262, die vorwiegend der III./JG 7 angehörten, zur Abwehr eines gegen Magdeburg, Braunschweig, Hannover, Chemnitz und andere Ziele gerichteten Großangriffs der USAAF eingesetzt. Zwanzig Piloten meldeten Feindberührung und verbuchten dabei den

Abschuß von sechs Bombern und zwei Jägern. Hptm. Heinz Gutmann, III./JG 7, wurde im Luftkampf tödlich abgeschossen. Die Unterlagen der USAAF weisen für diesen Tag jedoch nur drei Bomber- und sechs Jägerverluste aus; desgleichen fehlt die Meldung über den Abschuß einer Me 262.

Dem genannten Großeinsatz folgten über zwei Wochen mit geringerer Einsatztätigkeit, bis dann am 18. März wieder 37 Me 262 starteten, als die Amerikaner mit 1221 Kampfflugzeugen und 632 Begleitjägern diesmal einen schweren Angriff auf die Reichshauptstadt flogen. In dem sich entwickelnden Luftkampf wurden zum ersten Mal die neuen Luft/Luft-Raketen R4M eingesetzt. Je zwölf dieser 55 mm dicken und mit Aufschlagzündern versehenen Projektile hingen an Holzrosten unter den Tragflächen der Me 262; zusammen also 24 Raketen zusätzlich zu den vier 30 mm Bordkanonen. Sechs so ausgerüstete Me 262 wurden von Oblt. Günther Wegmann an einen Bomberverband herangeführt; aus etwa 900 m Entfernung schossen die deutschen Piloten ihre R4M auf die B-17 ab.

Das Opfer war die 100th Bomb Group (The Bloody Hundredth), deren Fortress-Pulks weit auseinandergesprengt worden waren. Zwei der schweren Viermotorigen gingen senkrecht in die Tiefe, eine andere wies erhebliche Beschädigungen auf. Bei einer weiteren Schußfolge wurde einer B-17 das komplette Leitwerk abgeschossen, so daß der bereits beim ersten Angriff getroffene Bomber nun endgültig abstürzte. Jetzt aber mußten die Düsenmaschinen den Kampf abbrechen, da inzwischen die Mustang des Begleitschutzes auf den Plan traten.

Auf dem Rückflug zum Platz Parchim sichtete Günther Wegmann einen anderen Fortress-Verband und hielt auf ihn zu, um mit seinen Kanonen anzugreifen. Er feuerte auf den rechts außen fliegenden Bomber und beobachtete Treffer in dessen rechter Tragfläche. Doch dann schlug ihm gezieltes Abwehrfeuer entgegen, wobei seine Me 262 mehrmals getroffen wurde. Er verspürte einen heftigen Schlag gegen das rechte Bein, im gleichen Augenblick verwandelte ein aufprallendes gegnerisches Geschoß die Frontpanzerscheibe in ein undurchsichtiges Mosaik, während ein folgender Treffer das Instrumentenbrett zerschlug. Wegmann drehte sofort ab und vergewisserte sich erst einmal seiner Lage. Er befühlte sein Bein, um mit Schrekken festzustellen, daß eines der 12,7 mm Geschosse glatt hindurchgegangen war und ein faustgroßes Loch hinterlassen hatte. Eigenartigerweise verspürte er keine Schmerzen. Zuerst wollte er versuchen, die zerschossene Maschine nach Parchim durchzubringen, doch da die meisten Instrumente zerstört waren, hätte er, wie man so schön sagt, das Flugzeug »mit dem Hosenboden« und die Triebwerke nach Gehör steuern müssen. Nachdem er langsam unter 4000 m abgesunken war, stand plötzlich die rechte Turbine in Flammen. Nun konnte er den Platz Parchim auf keinen Fall mehr erreichen: Er mußte aussteigen, bevor die Flammen bis zu den Treibstofftanks vorgedrungen waren. Wegmann warf das Kabinendach ab, löste die Sitzgurte, riß den Helm und das Kehlkopfmikrofon herunter und stieß den Steuerknüppel kräftig nach vorn. Durch die Ziehkräfte wurde er wie ein Korken emporgehoben.

Der verwundete Flugzeugführer kam mit dem Fallschirm bei Wittenberge herunter, und unter den ersten eintreffenden Helfern befand sich glücklicherweise auch eine Rote-Kreuz-Schwester, welche ihm sofort einen provisorischen Druckverband anlegen konnte, um die Arterienblutung zu stoppen. Diese Behandlung erhielt ihn am Leben, jedoch gab es keine Möglichkeit mehr, sein Bein zu retten; es mußte wenige Stunden darauf in einem nahegelegenen Krankenhaus amputiert werden.

Während des Luftkampfes am 18. März hatten 28 deutsche Düsenjägerpiloten Feindberührung gemeldet. Sie beanspruchten dabei die Vernichtung von zwölf Bombern und einem Jäger (alle Luftsiege, außer zwei Bomberabschüssen, wurden vom JG 7 verbucht). Tatsächlich fielen aber vermutlich nur acht Bomber den Me 262 zum Opfer. Neben Wegmanns Maschine ging noch eine Me 262 der III./JG 7 verloren: Man hatte noch beobachten können, wie Oblt. Karlheinz Seeler einen Bomberpulk anflog, ehe er spurlos verschwand. Die in Kaltenkirchen bei Hamburg stationierte I. Gruppe büßte gleichfalls zwei Me 262 ein, und zwar durch Kollision während des Alarmstarts. Hierbei kamen der Eichenlaubträger Oblt. Hans Waldmann und Ofhr. Günther Schrey ums Leben.

Einen Tag später, am 19. März, stiegen 45 Me 262 der einzelnen Jagdverbände auf, von denen 28 Feindberührung hatten. Bei einem Verlust von zwei Maschinen und deren Piloten wurden sechs Kampfflugzeuge als abgeschossen gemeldet. Von 29 am 20. März gestarteten Düsenmaschinen gelangten 24 an den Gegner und holten neun Bomber vom Himmel; vier Me 262 gingen verloren.

Am 21. März bombardierten über 1000 Viermotorige der Amerikaner die Flugplätze Handorf, Hesepe, Rheine, Vörden, Zwischenahn, Marx, Wittmundhafen, Ahlhorn, Achmer, Hopsten und Essen-Mülheim. Etliche der genannten Plätze wurden von Strahljägern benutzt. Von den 31 an diesem Tag zum Abwehreinsatz aufgestiegenen Me 262 Piloten meldeten 25 Feindkontakt, darunter Lt. Fritz Müller von der III./JG 7, welcher anschließend den Einsatz beschrieb:

»Am 21.3.45 startete ich um 09.05 Uhr als Schwarmführer gegen große Einflüge im Raum Leipzig-Dresden. Ich sah den Bomberstrom in 7.500 m Höhe mit Ostkurs nordwestlich Dresden und etwa 10 km südlich davon in gleicher Höhe mit gleichem Kurs eine Boeing mit 4 Mustang als Jagdschutz. Aus geringer Überhöhung von links hinten kommend, griff ich die Boeing sofort an, gab auf 300–150 m Entfernung einen kurzen Feuerstoß ab und beobachtete etwa 10 Treffer im Rumpf und an der rechten Fläche. Das rechte Flächenende montierte sofort ab, und die Boeing ging ins Steiltrudeln über. Nach etwa 2000 m senkrechtem Sturz zerbrach der Bomber brennend. Den Aufschlag, der südlich von Dresden erfolgt sein muß, konnte ich nicht beobachten, da ich mich von 4 mir folgenden Mustangs absetzen mußte. Fallschirmabsprung beobachtete ich keinen.«

Bis zum Zeitpunkt des Absturzes hatte Müller erhebliche Funkstörungen im Gerät. Aber sie waren vorüber, als der Bomber explodierte. Was bei Müller die Vermutung aufkommen ließ, die Boeing habe einen Funkstör-Einsatz geflogen. Was auch immer der Auftrag dieser B-17 gewesen sein mag: Mit der Funkstörung hatte es sicherlich nichts zu tun. Die amerikanische 8. Luftflotte besaß für derartige Zwecke nur einen einzigen Verband und zwar die mit B-24 ausgerüstete 36. Bombardment Squadron. Drei B-24 der genannten Einheit waren am 21. März zur Störung des deutschen Jägerfunksprechverkehrs eingesetzt gewesen und alle drei kehrten unbeschädigt zurück. Die plötzliche Beendigung der Funkstörung resultierte höchstwahrscheinlich aus der Tatsache, daß die von der 36. Bombardment Squadron mitgeführten Störsender immer dann abgeschaltet werden mußten, wenn in der Nähe befindliche Kampfflugzeuge ihrerseits ihre Radargeräte für den Bombenabwurf benutzten, anderenfalls die Bombenzielwurfeinrichtungen gestört worden wären.

Nach Auswertung der Unterlagen dürften in diesem Einsatz fünf viermotorige Bomber von Me 262 abgeschossen worden sein, wogegen die Deutschen 13 Abschüsse meldeten. Die amerikanischen Jäger verbuchten die Vernichtung von neun Me 262, doch das JG 7 verlor am genannten Tag nur zwei und die I.KG(J) 54 einen ihrer Piloten.

Nur einer der amerikanischen Gefechtsberichte, und zwar der von Lieutenant Harry Chapman (361st Fighter Group), läßt sich in seinen Angaben ganz bestimmten deutschen Verlusten zuordnen. Chapman flog an diesem Tag eine P-51 D mit dem bewährten Visier K-14:

»Am 21. März flog ich als Yorkshire Blue 3 gegen 9.55 Uhr in etwa 6100 m Höhe im Raum Dresden Begleitschutz für B-17, als der von uns eskortierte Pulk von vier Me 262 angegriffen wurde. Nach dem Durchgang jagten sie geradewegs auf meinen Schwarm zu. Wir spalteten ihre Formation auf, und mein Schwarmführer bestätigte ihre Identität. Die Nummer 4 des feindlichen Schwarms kurvte immer weiter und flog dann frontal auf mich zu. Das K-14 auf 730 m eingestellt, visierte ich seine Kanzel an und feuerte mit einer Seitenabweichung von 10 bis 20 Grad ein bis eineinhalb Sekunden lang. Ich beobachtete Treffer im Bug der Feindmaschine und einen entstehenden Brand auf der linken Seite ab Flügelvorderkante, ehe der Gegner links an mir vorbeiflog. Andere Piloten der Squadron sahen sie dann qualmend und spiralförmig in die Tiefe gehen. Ein Flugzeugführer des Yorkshire-Yellow-Schwarms konnte erkennen, wie sie am Boden aufschlug und explodierte.«

Hier dürfte es sich um eine der beiden zur angegebenen Zeit im Raum Dresden abgestürzten Me 262 des JG 7 handeln. Beide Flugzeugführer, Lt. Joachim Wehr und Uffz. Kurt Kolbe, fielen in diesem Einsatz.

Auch die deutsche Luftwaffe verfügte zu der Zeit über eine dem K-14 gleichzusetzende Zielvorrichtung, das von Askania hergestellte Visier EZ-42. Da aber sein Rechenmechanismus nicht zuverlässig arbeitete, schloß man das Gerät in der Me 262 deshalb so an, daß seine Wirkungsweise wieder der des alten Revi gleichkam.

Als wichtigste Abänderung seit Indienststellung der Me 262 fast ein Jahr vorher galt der Einbau verbesserter Triebwerke der Jumo 004 B-Serie, welche eine etwas längere Lebensdauer aufwiesen (angegeben war eine Laufzeit von 25 Stunden) und die auch ohne Gefahr eines Brandes besser auf die Spritzufuhr reagierten. Ferner erhielt die Me 262 eine von den Piloten gern akzeptierte neue Steuersäule, die sich bei schnellem Flug zur Erreichung einer größeren Hebelwirkung verlängern ließ.

Bis zum 25. März kam es täglich zu größeren Gefechten zwischen Me 262 und amerikanischen Verbänden, dann folgte eine Pause von vier Tagen, ehe der nächste große Einsatz stattfand. Als am 30. März die amerikanische 8. Luftflotte zu einem Großangriff auf Hamburg, Bremen und Wilhelmshaven ausholte, schickte die deutsche Luftwaffe 31 Düsenmaschinen zur Abwehr in die Luft. Unter den deutschen Flugzeugführern befand sich auch Lt. »Quax« Schnörrer von der III./JG 7, der gemeinsam mit seinem Rottenflieger, Ofhr. Viktor Petermann, bei Hamburg Feindberührung mit einem Fortress-Verband hatte. Beide griffen die Bomber wirkungsvoll an, doch dabei wurde auch Schnörrers Me 262 von den Garben der Bomberbordschützen getroffen. Seine linke Turbine fiel aus, und er mußte abdrehen. Tiefergehend kurvte Schnörrer nach Südosten, während er sich nach einem geeigneten Flugplatz umsah, auf dem er seine beschädigte Maschine herunterbringen konnte. In diesem Augenblick entdeckte ihn ein Schwarm Mustang, welcher sich sofort auf ihn stürzte. Ohne Möglichkeit eines Kampfes oder einer Flucht legte Schnörrer die Me 262 auf den Rücken, sprengte das Kabinendach ab, löste die Gurte und ließ sich herausfallen. Unglücklicherweise schlug er dabei mit dem rechten Bein an das Leitwerk der Maschine. Der Fallschirm öffnete sich zwar normal, die Landung selbst überstand Schnörrer jedoch nur unter äußerst heftigen Schmerzen, denn durch den Aufprall am Leitwerk war das Bein mehrfach gebrochen worden. Zivilisten bargen den Schwerverwundeten und fuhren ihn in das nahegelegene Krankenhaus von Uelzen.

Immer wieder stellte sich die Verwundbarkeit der deutschen Strahljäger bei Start und Landung heraus. Captain Robert Sargent, Führer einer Mustang-Rotte, die am gleichen Tag Begleitschutz für die auf Hamburg angesetzten Bomber flog, berichtete:

»Ich sah zwei Feindmaschinen vom Platz Kaltenkirchen aufsteigen. Nach meinem Warnruf stürzten wir uns sofort auf sie. Wegen ihrer Tarnfarbe verloren wir sie zunächst für einen Augenblick aus den Augen, doch als wir bis auf ihre Höhe hinuntergekommen waren, hatte ich eine der Maschinen direkt vor mir. Ab da ging alles sehr rasch. Meine Geschwindigkeit betrug etwa 690 km/h, während ich die der Me 262 auf etwa 370 km/h schätzte. Beim Näherkommen gab ich einen langen Feuerstoß ab, und ich stellte gleichzeitig die Einschläge fest. Aus der linken Turbine drang weißer Rauch hervor, Teile der Kabinenabdeckung flogen davon. Dann sprang der Pilot ab. Wir befanden uns in diesem Augenblick 90 m hoch. Das Feindflugzeug stürzte in den Boden und zerschellte mit gewaltigem Aufschlagbrand. Der Fallschirm des Piloten hatte sich nicht voll entfaltet; wir sahen ihn dann unweit der Maschine am Boden, der Fallschirm sich immer noch aufblähend.«

Bei der von Sargent abgeschossenen Maschine handelte es sich um die Me 262 von Lt. Erich Schulte (I./JG 7), der in diesem Einsatz ums Leben kam.

Hauptgegner der Me 262 waren die B-17 und B-24 der amerikanischen 8. Luftflotte, aber es blieben nicht die einzigen. In den letzten Kriegsmonaten griff nun auch die Royal Air Force in verstärktem Maße Ziele in Deutschland bei Tage an. Am 31. März starteten 460 Lancaster und Halifax zu einem Großeinsatz gegen die U-Bootwerften bei Hamburg. Vorgesehen war, daß die Bomber über Holland von zwölf Mustang-Squadrons der RAF aufgenommen werden sollten. Aus irgendeinem Grund erreichte aber die dritte Angriffswelle, die aus der kanadischen 6. Group bestand, den Treffpunkt zu spät und verfehlte den Jagdschutz. Über dem Zielgebiet selbst konnten die Mustang mehrere Angriffe der Me 262 auf die ersten beiden Wellen abwehren, während die ohne Eskorte fliegende dritte Welle dem Gegner völlig ausgeliefert war. Neunzehn Bomber mußten den Angriff über sich ergehen

Abschußmarkierungen am Leitwerk der Me 262 von Ofw. Heinz Arnold, III./JG 7. Sieben von insgesamt 49 Luftsiegen hatte Arnold mit der Me 262 erzielt. Am 17. April 1945 startete er mit einer anderen Maschine und wurde bei diesem Einsatz tödlich abgeschossen.

lassen, und in kurzer Folge stürzten drei Halifax und vier Lancaster in die Tiefe. Die III./JG 7 meldete im Verlauf des Kampfes den Abschuß von zehn Lancaster, die englischen Bordschützen verbuchten vier Strahlflugzeuge als vernichtet, sowie drei weitere als beschädigt. Tatsächlich aber ging in diesem Gefecht keine einzige Me 262 verloren. Für die meisten Bomberbesatzungen der RAF war die rasche Angriffsfolge der Düsenjäger, wie auch aus folgendem Bericht hervorgeht, etwas völlig Neues:

»Gewöhnlich machten die Düsenflugzeuge ihren Anflug aus leichter Überhöhung von hinten oder von schräg seitlich, eröffneten aus 800 bis 700 m Entfernung das Feuer und kamen rasch bis dicht an den Gegner heran. Kampfberichten nach waren diese Jäger dabei so schnell, daß sie häufig nicht mehr als einen einzigen Feuerstoß abgeben konnten. Nicht nur ein Heckschütze sagte aus, daß er, obwohl er bei einer Entfernung von 800 bis 900 m zum Gegner zu schießen begonnen hatte, nur 200 Schuß herausbrachte, bevor der Jäger drei oder vier Sekunden darauf 20 bis 40 m vor ihm abdrehte. Einer berichtete sogar, daß er seinen Waffenstand gar nicht schnell genug mitschwenken konnte, um aus dieser Nähe überhaupt Treffer anzubringen, wenn er auch bei 800 m Distanz das Feuer eröffnet hatte...«

Die Bemerkung zur »Feuereröffnung aus 700 bis 800 m« bezog sich höchstwahrscheinlich auf einen Angriff mit Raketen R4M, der aus solcher Entfernung durchgeführt wurde. Im Gegensatz zu den dicht aufgeschlossenen Pulks der Amerikaner flogen die Bomber der RAF in aufgelockerter und in Kettenkeilen angeordneter Formation. Erfolgte ein Jägerangriff, so begannen die Bomberpiloten den sogenannten »Korkenzieher« zu fliegen, eine bis dahin den Flugzeugführern der Me 262 unbekannte Abwehrreaktion, mit der es vermutlich auch erheblich größere Bomberverluste zu verhindern gelang.

Insgesamt waren 38 deutsche Düsenjäger am 31. März im Einsatz gewesen. Sie meldeten den Abschuß von 17 Bombern und einem Jäger bei einem eigenen Ausfall von vier Me 262. Gleichzeitig mit dem Angriff der RAF auf Hamburg bombardierten über 1000 amerikanische Viermotorige Brandenburg, Braunschweig, Halle und Zeitz. Mustang des Begleitschutzes verbuchten hier den Abschuß von zwei Me 262.

Gegen Ende März 1945 hatten nun auch die bislang unerreichbar gewesenen Mosquito-Schnellbomber der Royal Air Force bei ihren nächtlichen Angriffen auf Berlin in der Me 262 einen ernsthaften Gegner gefunden. So entstand aus dem Kommando Welter jetzt die 10. Staffel des Nachtjagdgeschwaders 11, welche zunächst von Burg bei Magdeburg aus operierte. Nachdem der Platz durch einen Bombenangriff unbrauchbar geworden war, benutzte die Staffel als Start- und Landepiste ein gerades Stück der nahegelegenen Autobahn. Bis zum 24. Januar hatten Welters Piloten zwei viermotorige Kampfflugzeuge sowie zwei Mosquito abgeschossen, was durchaus die Tauglichkeit der Me 262 als Nachtjäger bestätigte. Ende Januar trafen die ersten doppelsitzigen Me 262 B in Staaken bei Berlin ein, um speziell für die Nachtjagd umgerüstet zu werden. Die Maschinen waren mit dem FuG 218 Neptun ausgestattet, dessen Bedienungs- und Anzeigeinstrumente sich vor dem Beobachter, der hinter dem Piloten saß, befanden. Obwohl das Flugzeug durch die am Rumpfbug angebrachten starren Radarantennen rund 60 km/h an Geschwindigkeit einbüßte, war sie der Mosquito an Schnelligkeit immer noch überlegen. Die ersten zweisitzigen Nachtjäger gelangten im Februar zum Einsatz; mit der Umrüstung ging es jedoch nur langsam voran, so daß die meisten Nachtoperationen mit der einsitzigen und ohne Radar ausgerüsteten Me 262 durchgeführt wurden, wobei die Piloten bei der Zielsuche auf die Hilfe von Bodenscheinwerfern angewiesen waren. Die meisten, wenn nicht sogar alle Mosquito, welche in den ersten drei Monaten 1945 während der Nachtangriffe auf Berlin abgeschossen worden waren, gingen auf das Konto von Welters Me 262 Staffel. Welter selbst wurden 20 Nachtluftsiege auf der Me 262 zugesprochen. Auch andere Piloten erwiesen sich als erfolgreich, darunter Fw. Karl-Heinz Becker, der zwischen dem 21. und 30. März den Abschuß von fünf Mosquito verbuchte. Diese Verluste stimmen auch mit britischen Angaben überein. Auch Becker flog eine einsitzige Me 262 ohne Radarausrüstung.

Der April 1945 brachte dann den Höhepunkt der Aktionen zwischen den Me 262 und den amerikanischen Angriffsverbänden, als neben dem JG 7 und dem KG(J) 54 nun auch Gallands JV 44 von München-Riem aus sich an den Abwehreinsätzen beteiligte. Der erste große Luftkampf des Monats fand am 4. statt, als über 1000 Viermotorige die Flugplätze Parchim, Perleberg, Wesendorf, Faßberg, Hoya, Dedelsdorf und Eggebek sowie U-Bootwerften bei Kiel angriffen. Inzwischen hatte das System der amerikanischen Jagdpiloten, die deutschen Düsenjäger beim Start oder Steigflug abzufangen, eine gewisse Perfektion erreicht; noch vor dem Eintreffen der Bomber waren die Mustang bereits über den gegnerischen Plätzen.

Major Rudolf Sinner startete mit sieben Me 262 von Parchim aus und stieg durch ein Wolkenloch nach oben, um an die Kampfflugzeuge heranzukommen. Plötzlich entdeckte er Mustang, die aus der Sonne heraus auf seinen Verband zuhielten. Noch waren die Me 262 nicht schnell genug, um entkommen zu können, so daß die Formation auseinander ging und wieder nach unten stürzte – in den Bereich der schützenden Platzflak. Bei Sinners Verfolgern handelte es sich um P-51 der 339th Fighter Group. Captain Kirke Everson berichtete anschließend darüber: »Gegen 9.15 Uhr stieß Red Flight zur Erkundung des Flugplatzes bei Parchim durch eine Wolkenöffnung hindurch, während die restlichen Schwärme in 3000 m Höhe kreisten. Da zogen etliche Me 262 durch die Wolken nach oben, und unsere Squadron kurvte sofort auf sie ein. Lieutenant Crocker und ich griffen die uns am nächsten fliegende Maschine an, worauf diese unter starken Abwehrbewegungen wieder in die Wolken eintauchte. Wir jagten hinterher, und als wir aus den Wolken herauskamen, war die Feindmaschine etwa 500 m vor uns und rund 600 m über dem Boden. Wir gaben weitere Feuerstöße ab, und das rechte Triebwerk des Gegners begann zu brennen. Wieder verschwand die Me 262 in den Wolken und wieder kam sie hervor, doch sie konnte uns nicht abschütteln.«

Sinner befand sich jetzt in einer fast aussichtslosen Lage. Die Mustang waren weit schneller als er, und so tief über dem Boden war auch kein Sturzflug mehr möglich, um Fahrt aufzuholen. Er zählte acht Mustang, die ihm den endgültigen Todesstoß versetzen wollten. Als er in die Wolken hineinzutauchen versuchte, erhielt er die ersten Treffer. Sinners Gashebel war am Anschlag, doch die Mustang holten ihn langsam aber sicher ein. Um den Luftwiderstand zu verringern und dadurch eine Geschwindigkeitszunahme zu erhalten, betätigte der deutsche Pilot den Waffenknopf für die Raketen R4M. Doch der Mechanismus versagte; die Projektile blieben in den Rosten. Dann wurde die Maschine erneut getroffen. Diesmal fing sie zu brennen an, und die Kabine füllte sich rasch mit Qualm. Sinner sprengte daraufhin die Kabinenhaube seiner jetzt mit rund 700 km/h dahinfliegenden Messerschmitt ab und stieg aus. Er hatte unwahrscheinliches Glück, denn er fiel ganz dicht am Leitwerk vorbei. Sein Fallschirm öffnete sich erst kurz vor dem Aufkommen am Boden. Mit Verbrennungen an Kopf und Händen wurde Sinner in ein Krankenhaus eingeliefert. Auch Lt. Franz Schall, der mit Sinner von Parchim aus aufgestiegen war, unterlag den Mustang, aber er konnte unversehrt mit dem Fallschirm abspringen.

Vom Gegner unbehelligt blieben dagegen die von anderen Plätzen aufgestiegenen Maschinen, und erst einmal auf Kampfhöhe wurde die Me 262 zu einer nach wie vor vernichtenden Abwehrwaffe. Etwa zur gleichen Zeit, da die Mustang bei Parchim Sinners Messerschmitt beschossen, starteten in Lärz mehrere Me 262 unter der Führung von Lt. Fritz Müller. Ohne Mühe entgingen sie einem den Bombern vorausfliegenden Verband Thunderbolt und sichteten anschließend südostwärts Bremen einen Liberator-Pulk, dem sie sich mit einem Abschwung nach rechts schnell näherten:

»Aus einer Entfernung von etwa 600 m schoß ich alle 24 R4M mit etwa 50 m Vorhalt auf die erste Liberator ab und erzielte einen Treffer in Rumpf- und Flächenmittelstück einer in der Mitte des Verbandes fliegenden Liberator. Es montierten große Teile ab, das Flugzeug blieb sofort zurück und gab seine Höhe auf. Nach etwa 2 Minuten ging die Liberator auf Gegenkurs, und ich setzte zum zweiten Angriff an. Bevor ich aber auf Schußentfernung war, ließ die Liberator die rechte Fläche hängen, darauf die linke und ging in weiten Linkskurven tiefer. Ich beobachtete dabei 6 Fallschirmabsprünge. Darauf stellte sich die Liberator auf den Kopf und verschwand senkrecht stürzend im Raum Bremen in 2000 m Höhe in einer Wolkendecke.«

Es besteht kaum Zweifel, daß Müllers Staffel an die 448th Bomb Group geraten war, welche in kurzer Folge durch Düsenjägerangriff drei B-24 verlor.

Deutschen Unterlagen nach waren 47 »Turbos« am 4. April zum Abwehreinsatz gestartet. Von ihnen meldeten 44 Feindberührung, wobei sieben Bomber und zwei Jäger sicher sowie drei Bomber wahrscheinlich abgeschossen wurden. Acht eigene Maschinen kehrten nicht zurück, fünf weitere wurden beschädigt. Fünf Flugzeugführer fielen oder blieben vermißt und drei erlitten Verwundungen.

Die noch im März und April 1945 auf Me 262 umschulenden Flugzeugführer fühlten sich in diesen letzten chaotischen Wochen des Krieges in eine aussichtslose Lage gedrängt, denn für eine vorschriftsmäßige Ausbildung blieb gar keine Zeit mehr. Einer jener Flieger war Lt. Walther Hagenah, ein erfahrener Jagdpilot mit etlichen Luftsiegen auf der Bf 109 und Fw 190. An die oberflächliche Vorbereitung auf die Me 262 nach seiner Versetzung zur III./JG 7 kann er sich noch gut erinnern:

»Unsere ›Grundausbildung‹ dauerte nur einen Nachmittag lang. Man erzählte uns etwas über die Eigenschaften und Besonderheiten der Turbinen, die Gefahr ihres Aussetzens in großer Höhe sowie über die unzureichende Beschleunigung bei geringerer Geschwindigkeit. Das Allerwichtigste, auf das immer wieder mit Nachdruck hingewiesen wurde, war die vorsichtige Handhabung der Gashebel, damit die Turbinen nicht in Brand gerieten. Jedoch war uns kein Blick hinter die Triebwerksabdeckung erlaubt – man erklärte uns, daß die Turbine streng geheim sei und daß wir darüber sonst nichts zu wissen brauchten!«

Eine Me 262 vor der gut getarnten Endmontagehalle in Leipheim bei Ulm. Noch im Frühjahr 1945 waren zahlreiche Maschinen von der Luftwaffe übernommen worden, doch nur ein Bruchteil davon gelangte zu den Frontverbänden. (Selinger)

Der »Rennende Fuchs« war das Emblem des JG 7. Hingegen trägt die hier abgebildete Me 262 einen äußerst ungewöhnlichen Waffenrüstsatz: Zwei an den Bombenträgern angebrachte Abschußrohre für 21 cm Raketen. Keiner der befragten Flugzeugführer des JG 7 konnte sich an eine solche Zusatzbewaffnung erinnern, so daß es sich vermutlich um eine einmalige Versuchsanordnung gehandelt haben mag. (via Girbig)

Lt. Walther Hagenah hatte als ehemaliger Flugzeugführer der IV. Sturm/JG 3 Ende März 1945 eine Schnellausbildung auf der Me 262 erhalten und startete nach nicht mehr als sechs Flugstunden zu seinem ersten Einsatz. (Hagenah)

Gegen Ende März absolvierte Hagenah einen Zweimannflug auf dem Trainer Me 262 B sowie einen Alleinflug auf einer normalen Me 262, und damit erklärte man ihn zum fertigen Düsenjägerpiloten. Danach flog er jedoch nur, falls eine nicht gerade für den Einsatz vorgesehene Maschine zur Verfügung stand. Und es gab noch weitere Probleme: »Zur Zeit meines Eintreffens bei der III./JG 7 fehlte es an Ersatzteilen oder Ersatzturbinen, und manchmal war sogar der Treibstoff J-2 knapp. Ich bin sicher, daß von jedem genügend vorhanden war, daß alle diese Dinge in ausreichender Menge hergestellt wurden, aber zu diesem Zeitpunkt des Krieges befand sich das Transportsystem in einem so desolaten Zustand, daß vieles die Frontverbände gar nicht mehr erreichte.«

Als erfahrenem Flugzeugführer mit ausreichender Instrumentenflugausbildung fiel es Hagenah nicht allzu schwer, sich auf die Me 262 umzustellen, während die anderen, weniger erfahrenen Piloten in dieser Beziehung weit größere Schwierigkeiten hatten: »In unserem Verband gab es einige Flugzeugführer mit insgesamt nicht mehr als etwa 100 Flugstunden. Sie konnten starten und landen, aber für den Einsatz waren sie meiner festen Überzeugung nach kaum tauglich. Es war schon fast ein Verbrechen, sie so ungenügend ausgebildet in den Kampf zu schicken. Die jungen Männer gaben ihr bestes, doch sie mußten ihre Unerfahrenheit teuer bezahlen.«

Bis Ende der ersten Aprilwoche 1945 waren über 1200 Me 262 an die Luftwaffe ausgeliefert worden; nur rund 200 davon oder ein Sechstel befanden sich am 9. April bei den Frontverbänden.

Stab/JG 7	Jäger	5
I./JG 7	Jäger	41
III./JG 7	Jäger	30
JV 44	Jäger	etwa 50
I./KG(J) 51	Jagdbomber	15
II./KG(J) 51	Jagdbomber	6
I./KG(J) 54	Jäger	37
10./NJG 11	Nachtjäger	etwa 9
NAG 6 (ex. Kdo. Brauegg)	Aufklärer	7

Diese Zahl von rund 200 im Einsatz stehenden Me 262 ist wahrscheinlich nie überschritten worden. Von den restlichen 1000 Maschinen ging vermutlich die Hälfte durch Feindeinwirkung in der Luft und am Boden sowie durch

Unfälle verloren. Rund 100 Flugzeuge befanden sich bei nicht operativen Einheiten, die übrigen saßen unbenutzt auf den Abstellgleisen der Reichsbahn sowie bei den verschiedenen Flugzeugsammelstellen fest. Es lag also nicht an der Luftwaffe, daß es in den letzten Kriegsmonaten infolge der vernichtenden Luftangriffe auf die deutschen Flugplätze und des Verkehrsnetzes nicht gelang, mehr als nur diese geringe Anzahl Me 262 zum Einsatz zu bringen.

Den Höhepunkt aller Me 262 Aktivitäten brachte der 10. April 1945. An diesem Tag startete eine in solcher Stärke nie wieder auftretende Streitmacht bestehend aus 55 Strahljägern zum Abwehreinsatz gegen mehr als 1100 viermotorige Bomber und deren starken Jagdschutz. Der amerikanische Angriff richtete sich gegen militärische Ziele bei Oranienburg sowie gegen die Flugplätze von Neuruppin, Brandenburg-Briest, Zerbst, Burg bei Magdeburg, Rechlin, Lärz und Parchim.

Unter den deutschen Flugzeugführern befand sich auch Lt. Walther Hagenah, der an diesem Tag seinen ersten scharfen Einsatz mit der Me 262 flog. Zusammen mit einem noch unerfahrenen jungen Feldwebel als Rottenflieger war Hagenah von Lärz aus aufgestiegen. In seinem Bericht spiegeln sich deutlich die Probleme wider, welchen sich die deutschen Piloten immer wieder gegenübersahen:

»Als wir uns über den Wolken in 5000 m Höhe befanden, konnte ich den etwa 1000 m höher fliegenden Bomberverband deutlich ausmachen. Plötzlich spürte ich als erfahrener Flugzeugführer das bekannte Prickeln im Kreuz, daß irgend etwas nicht stimmte. Systematisch suchte ich den Himmel vor und über mir ab, als ich weiter oben sechs Mustang sichtete, die uns genau entgegenkamen. Zunächst nahm ich an, daß sie uns nicht bemerkt hätten, und so hielt ich weiter auf die Bomber zu. Um ganz sicher zu sein, blickte ich zurück – und das war mein Glück, denn soeben kurvten die Mustang ein und stießen paarweise auf uns herab.«

Die im Sturzflug rasch aufholenden amerikanischen Jäger begannen den noch im Steigen befindlichen, langsameren Hagenah schon aus weiter Entfernung unter Beschuß zu nehmen, wobei die Glimmspurgeschosse gefährlich nahe hinter der Düsenmaschine aufblitzten.

»Ich drückte leicht an, um Fahrt aufzunehmen, und entschloß mich zu dem Versuch, den Mustang davonzufliegen. Ich machte keine Anstalten, sie von ihrem Vorhaben abzulenken, denn ich wußte, daß in dem Augenblick, da ich zu kurven beginnen würde, auch meine Geschwindigkeit abfiel – und dann hätten sie mich erwischt. So rief ich dem mit mir fliegenden Feldwebel zu, dranzubleiben, aber scheinbar hatten ihn die gegnerischen Garben in Panik versetzt. Ich sah, wie er seitlich hin und her pendelte und schließlich nach links abdrehte. Genau darauf aber hatten es die Mustang abgesehen: Im Nu fielen sie über ihn her. Seine Maschine erhielt zahlreiche Treffer, und ich sah sie nur noch abstürzen und zerschellen.«

Während dieser Aktion hatten die Mustang sich um Hagenahs Maschine gar nicht mehr gekümmert. Aus sicherer Entfernung beobachtete er, wie sie sammelten und den Rückflug nach Westen antraten. Racheerfüllt jagte er ihnen hinterher:

»Ich kam rasch von hinten an sie heran, doch als ich noch etwa 500 m entfernt war, wackelte die anführende Mustang plötzlich mit den Tragflächen, was bedeutete, daß man mich entdeckt hatte. So schoß ich meine sämtlichen Raketen R4M mitten in sie hinein.«

Hagenah war sicher, daß ein oder zwei seiner Raketen ihr Ziel fanden, jedoch wird in keinem der sorgfältig ausgewerteten amerikanischen Gefechtsberichte ein solcher Vorgang erwähnt. Der deutsche Pilot drehte mit hoher Geschwindigkeit ab und ließ die Mustang bald hinter sich. Langsam ging jetzt auch der Treibstoff zur Neige, so daß Hagenah sich rasch seiner Position vergewisserte: er befand sich nicht mehr weit von Köthen entfernt:

»Ich rief den Platz an und sagte, daß ich dort landen wolle. Daraufhin erklärte man mir, ich solle aufpassen, da ‚Indianer' (Feindflugzeuge) in der Nähe waren. Als ich den Platz erreichte, sah ich, wie feindliche Jäger gerade das Flugfeld mit Bordwaffen angriffen. Dabei hielt sie die leichte Platzflak in Schach, so daß ich mich unbemerkt nähern konnte. Dann aber hatte man mich scheinbar doch entdeckt, weil die Mustang plötzlich alle zugleich hochzogen. Vielleicht dachte man, daß ich weitere Jäger zur Abwehr heranführte. Mit Sicherheit erkannten sie nicht, daß ich allein war und nur noch wenig Sprit in den Tanks hatte. So machte ich einen knappen Anflug, nahm das Gas ganz weg und stieß die Messerschmitt unsanft auf die Graspiste hinunter. Kaum daß ich aufatmen konnte, glücklich heruntergekommen zu sein, mußte der Anführer der Mustang bemerkt haben, was da eigentlich vor sich gegangen war, und schon jagten sie wieder heran. Allerdings gelang es der Platzflak, sie zu vertreiben, so daß ich ungeschoren blieb.«

Mittlerweile schafften andere Me 262 den Durchbruch zu den Bombern. In rascher Angriffsfolge konnten sie von dem auf Oranienburg angesetzten 400 Fortress fünf abschießen. Hier aus dem Bericht des 41st Combat Wing:
»Der Verband wurde unmittelbar nach erfolgtem Bombenabwurf von fünf Düsenjägern angegriffen. Die Maschinen kamen aus Richtung 5.30 bis 6.00 Uhr von oben und schossen zwei Kampfflugzeuge ab, in beiden Fällen die Nummer 2 der oberen Rotte in der Führungs- und in der unteren Staffel.«

Auch der dieser Streitmacht angehörende 94th Combat Wing meldete in kurzer Form:
»Kurz hinter dem Ziel Angriff von vier in Reihe hintereinander fliegenden Me 262 aus 5 bis 7 Uhr aus der Überhöhung oder in gleicher Höhe. Der Feind setzte aus rund 900 m Entfernung zum Angriff an, kam bis auf 45 m heran, bevor er nach rechts abdrehte. Die gegnerischen Piloten erschienen äußerst aggressiv und unerschrocken...«

Bomberbordschützen berichteten nach dem Einsatz, daß diese Me 262 in jeder Tragfläche zwei oder drei Kanonen außen neben den Turbinen hatten: Ein klarer Beweis für den Einsatz von Raketen R4M.*)

Von den 55 zum Abwehreinsatz gestarteten Flugzeugführern meldeten 48 Feindberührung. Es war die härteste, jemals von deutschen Strahljägern gegen die Amerikaner geflogene Kampfaktion. Zehn Bomber wurden abgeschossen. Die Deutschen verbuchten neun sichere und drei wahrscheinliche Luftsiege. Genauso intensiv und wirkungsvoll erwies sich aber auch die Abwehrmaßnahme der Amerikaner. Siebenundzwanzig Me 262, das war rund die Hälfte der eingesetzten Kräfte, wurden zerstört. Fünf Flugzeugführer fielen, 14 weitere blieben zunächst vermißt. Die Begleitjäger verbuchten den Abschuß von insgesamt 20 Me 262, eine Zahl, die sich in etwa auch in den deutschen Verlustunterlagen wiederfinden. Wenn es auch die wohl stärkste Abwehr eines amerikanischen Angriffs überhaupt gewesen war, so gelangte doch noch nicht einmal ein Drittel aller den

---

*) Der Abschuß einer Salve von 24 Bordraketen erfolgte in vier kurzen Intervallen zu je sechs Stück.

Frontverbänden zur Verfügung stehenden Me 262 in die Luft. Die dem Gegner zugefügten Verluste konnten von ihm leicht ersetzt werden, während die an jenem Tage erlittenen eigenen Einbußen nahezu ein Zehntel des Einsatzbestandes an Düsenjägerpiloten betrugen.

Nach dem großen Luftkampf vom 10. April nahm die Einsatztätigkeit der deutschen Strahljäger ständig ab, die alliierten Armeen waren von Osten und Westen her schon zu weit ins Reich hinein vorgestoßen. Am gleichen Tag war Hannover gefallen, in Süddeutschland näherten sich die amerikanischen Vorhuten Nürnberg. Im Osten bereitete die nicht mehr als 100 Kilometer vor der Reichshauptstadt stehende Rote Armee den Oderübergang vor. Von dieser allgemeinen Schwächung der militärischen Gesamtlage waren auch die Düsenjägerverbände betroffen; der schrumpfende Maschinenbestand wurde nunmehr zusammengefaßt, um einige wenige auserwählte Gruppen weiter einsatzbereit zu erhalten. Schon am 11. April, einen Tag nachdem der Einsatz der Me 262 seinen Höhepunkt erreicht hatte, erfolgte die Auflösung der I./JG 7 und der I./KG(J) 54. Das gleiche geschah mit den von ehemaligen Kampffliegern geflogenen Me 262 Einheiten KG(J) 6 und II./KG(J) 54, welche niemals operativen Status erreicht hatten. Die noch übriggebliebenen Me 262 Verbände verlegte man in noch nicht unmittelbar vom Vormarsch der Alliierten bedrohte Gebiete wie Schleswig-Holstein und Dänemark im Norden sowie Bayern, Österreich und Tschechoslowakei im Süden.

Nach einer Woche mit nur geringer Einsatzaktivität bewiesen die Me 262 dann am 19. April in hartem Kampf mit B-17 der 490th Bomb Group im Raum Prag in dramatischer Weise noch einmal ihre Präsenz. Als erstes unternahm eine Me 262 einen Frontalangriff auf den Verband und schoß ein viermotoriges Kampfflugzeug aus der Führungsstaffel ab. Anschließend griffen zwei andere Düsenmaschinen an und holten weitere drei Bomber herunter. Die Me 262 gehörten zur III./JG 7, welche inzwischen von ihren bedrohten Plätzen im Raum Berlin nach Prag-Rusin verlegt hatte. Allerdings kamen auch die Angreifer nicht straflos davon – die Mustang der 357th Fighter Group meldeten den Abschuß von sieben Me 262.

Um Feindbomber auch aus weiter Entfernung abschießen zu können, rüstete man einige Me 262 mit der 50 mm Schnellfeuerkanone MK 214 aus und erprobte diese im Einsatz. Die MK 214 war eine abgeänderte Ausführung einer für den Einbau in Panzern entwickelten Kanone. Das verwendete Geschoß wog 1,5 kg, die Reichweite der Waffe lag bei etwa 1000 m. Die feuerfolge betrug 150 Schuß in der Minute, und die hochexplosiven Projektile waren so durchschlagkräftig, daß ein einziger, an welcher Stelle auch immer erzielter Treffer auch den größten Bomber zum Absturz gebracht hätte.

Im Flug aber wirkten die physikalischen Kräfte so empfindlich auf die automatische Zuführung dieser weiterentwickelten Kampfwagenkanone ein, daß sie ständig Ladehemmung aufwies. Der mit der Erprobung beauftragte Major Willi Herget vom JV 44 stellte fest, daß die Kanone im Einsatz gegen Bodenziele einwandfrei funktionierte. Während des zweimaligen Versuchs, mit einer mit der MK 214 bestückten Me 262 gegnerische Bomber anzugreifen, versagte die Waffe jedoch ihren Dienst. Im letzten Fall wagte sich Herget, immer noch den Kanonenausfall zu beheben bemüht, zu nahe an die Bomber heran, was zur Folge hatte, daß eine seiner Turbinen durch das gegnerische Abwehrfeuer lahmgelegt wurde und er daraufhin den Angriff abbrechen mußte. Nach den unbefriedigenden Er-

Major Willi Herget, der die mit einer 50 mm Kanone ausgerüstete Me 262 im Einsatz erprobt hatte, bei der Verleihung des Eichenlaubs zum Ritterkreuz am 5. Mai 1944. Später flog Herget beim JV 44. (Herget)

gebnissen des Luft/Luft-Einsatzes der MK 214 stoppte man alle weiteren Versuche mit der Me 262, und Herget flog von da ab die normale Serienmaschine.

In den letzten Apriltagen kam es nur zu vereinzelten Aktionen der Düsenjagdverbände, die angesichts der überall anzutreffenden Luftherrschaft der Alliierten kaum noch etwas bewirkten. Eines der wenigen nennenswerten Gefechte fand am 26. April statt, als Generalmajor Galland mit sechs Me 262 des JV 44 von München-Riem aus gegen einen Bomberverband startete. Eine der Maschinen mußte wegen Turbinenschaden vorzeitig zurückkehren, während die anderen weiterflogen und die Kampfflugzeuge, französische B-26 Marauder der 1st Tactical Air Force, abfingen. Den Verband fast von vorn anfliegend, jagten die Me 262 dicht über ihn hinweg, machten eine schnelle Kehrtwendung und griffen nun von hinten an. Galland brachte sich in Position, vergaß aber im Eifer des Gefechts die Raketen R4M scharf zu machen, so daß sie in den Rosten hängenblieben, als er den Waffenknopf betätigte. Allerdings rettete das die anvisierte Marauder nicht, denn nun ging Galland ganz dicht an sie heran und feuerte eine wohlgezielte Garbe aus der 30 mm Kanone ab, worauf die B-26 explodierte. Galland zog seine Me 262 an dem abstürzenden Gegner vorbei, griff jetzt einen weiteren Bomber an und sah, wie die Geschosse einschlugen. Während Galland in Schräglage ging, um sich von der Wirkung seines Angriffs auf das Kampfflugzeug zu überzeugen, drang plötzlich eine P-47 des Begleitschutzes auf seine Messerschmitt ein. Lieutenant James Finnegan von der 50th Fighter Group, der Pilot dieser Thunderbolt, berichtete später:

»Ich sah zwei Me 262, die urplötzlich aufgetaucht waren, und im Nu hatten sie zwei Bomber buchstäblich vom Himmel gefegt. Ganz kurz darauf sichtete ich eine der Me 262 unter mir in Gegenrichtung fliegend. Ich legte mich auf den Rücken, zog den Knüppel fest an und hatte augenblicklich die Feindmaschine im Visier. Ich gab zwei kurze Feuerstöße ab, konnte aber nicht sehen, ob ich traf, da ich die Motorschnauze wegen eines besseren Vorhalts hochgezogen hatte. Erst nachdem ich die Nase wieder senkte, sah ich kleinere Teile wegfliegen, die vermutlich von der Triebwerksabdeckung des gegnerischen Flugzeugs stammten. Außerdem bemerkte ich eine von der Tragfläche ausgehende Rauchfahne.«

Finnegan hatte sich nicht geirrt. Seine Garben waren in das Instrumentenbrett und in die Turbine der Messerschmitt eingeschlagen. Galland selbst erlitt dabei zahlreiche Splitterwunden am linken Bein; er brach den Einsatz ab und entkam in den Wolken, um anschließend nach München-Riem zurückzukehren.

Die Flugzeugführer des JV 44 beanspruchten den Abschuß von vier Marauder, was sich auch mit den amerikanischen Unterlagen deckt: Drei Maschinen des 42nd Bomb Wing waren sofort abgestürzt, die vierte mußte schwerbeschädigt bruchlanden. Captain Robert Clark, der eine P-47 der 50th Fighter Group flog, schoß eine Me 262 ab, deren Pilot sich durch Fallschirmabsprung rettete.

Lieutenant James Finnegan von der 50th Fighter Group beschädigte am 26. April 1945 Gallands Me 262 im Luftkampf. (Finnegan)

Für die Me 262 bedeutete der Luftkampf des 26. April 1945 den Anfang vom Ende; auch die letzten Flugplätze wurden nach und nach von den alliierten Truppen überrannt.

Entgegen aller großen Erwartungen, die man zuvor in die Messerschmitt Me 262 gesetzt hatte, brachte ihr neunmonatiger Einsatz im großen und ganzen nur wenig Erfolg. Einer eingehenden Auswertung britischer und amerikanischer Unterlagen zufolge fielen der als Jagdflugzeug eingesetzten Me 262 nicht mehr als 150 Maschinen der Alliierten zum Opfer – bei gleichzeitigem, im Luftkampf erlittenen eigenen Verlust von 100 Maschinen. Als Jagdbomber war die Me 262 noch weit erfolgloser, so daß sie in dieser Rolle nur selten verdiente, in den alliierten Berichten Erwähnung zu finden.

Für diesen ausbleibenden Erfolg gab es eine ganze Reihe von Gründen, wobei an erster Stelle zu nennen wäre, daß von den insgesamt gebauten Me 262 nur ein Bruchteil zum Einsatz gelangte. Bis Ende Oktober 1944 hatten die verschiedenen Messerschmitt-Werke mehr Strahljäger produziert als die deutsche Luftwaffe sinnvoll unterzubringen vermochte: Bis Kriegsende waren über 1400 Me 262 ausgeliefert worden. Jedoch waren nie mehr als 200 Maschinen gleichzeitig einsatzbereit. Selten, wenn überhaupt, waren einmal mehr als 60 Me 262 aller Versionen – Jäger, Jagdbomber, Nachtjäger und Aufklärer – an einem einzigen Tage in der Luft. Die verheerende Nachschublage in Deutschland während der letzten sechs Monate des Krieges, eine Folge der unaufhörlichen alliierten Luftangriffe auf das deutsche Verkehrsnetz, führte letzthin zu einer weitreichenden Behinderung jeder Art des Einsatzes der Me 262.

Entgegen der Auffassung vieler anderer sind die Autoren der Meinung, daß Hitlers Beharren auf der ursprünglichen Verwendung der Me 262 als Jagdbomber zur Abwehr der Invasion in Frankreich im ersten Stadium der Landung nicht so verkehrt war. In einer solch gewagten Situation, wie sie am 6. Juni am Omaha-Strand dann auch wirklich eintrat, als die Landungskräfte stundenlang am Strand aufgehalten wurden und dabei schwere Verluste erleiden mußten, hätte ein gegen die an Land gehenden Truppen energisch durchgeführter Jaboeinsatz zweifelsohne zur Aufgabe der gesamten Operation führen können. Auch hatte Hitlers Anordnung die Indienststellung der Jägerversion nicht wesentlich verzögert. Aufgrund der mit dem Serienbau der Triebwerke Jumo-004 zusammenhängenden Schwierigkeiten gelang es nicht vor Oktober 1944, die Me 262 in ausreichender Stückzahl auszuliefern; zu diesem Zeitpunkt aber bestand Hitler längst nicht mehr auf der ausschließlichen Verwendung der Maschine als Jagdbomber. So hatte sich durch diesen Befehl die Aufstellung der ersten Düsenjagdgruppe, des Kommandos Nowotny, nur um knapp sechs Wochen verzögert.

Sicherlich war die Messerschmitt Me 262 das beste Allzweckjagdflugzeug, welches gegen Ende des Zweiten Weltkrieges im Einsatz stand. Ihr deutlicher Leistungsvorsprung gegenüber den besten Jagdmaschinen der gegnerischen Luftstreitkräfte, besonders der Mustang, reichte allerdings nicht aus, um die starke zahlenmäßige Unterlegenheit der deutschen Luftwaffe in der Endphase des Krieges damit ausgleichen zu können.

Messerschmitt Me 262 A

1 Flettner-Ruder
2 Seitenruder mit Gewichtsausgleich
3 Rudermast
4 Seitenleitwerkstruktur
5 Höhenleitwerkstruktur
6 Hilfsruderantrieb
7 Flettner-Hilfsruder
8 rechtes Höhenruder
9 hinteres Navigationslicht
10 Seitenrudergestänge
11 Höhenrudergestänge
12 Leitwerkverstellung
13 Trennstelle Rumpfhinterteil-Leitwerksträger
14 Rumpfstruktur
15 Steuerseile
16 Ringantenne für FuG 16
17 Kompaß
18 selbstdichtender Treibstoffbehälter, 600 l
19 FuG 16
20 Einfüllstutzen
21 hintere Kabinenverglasung
22 selbstdichtender Treibstoffhauptbehälter, 900 l
23 Führerraumwanne
24 Flugzeugführersitz
25 Kabinenabwurfhebel
26 Kopfpanzerplatte, 15 mm
27 Kabinenhaube, rechts angeschlagen
28 Kabinenhaubenverriegelung
29 an der Strebe montiertes Revi 16 B (für Kanonen und Bordraketen)
30 Panzerglasscheibe, 90 mm
31 Instrumentenbrett
32 Ruderpedale
33 selbstdichtender Treibstoffhauptbehälter, 900 l
34 Einfüllstutzen
35 Holzroste für je 12 Bordraketen R4M
36 linke Landeklappe
37 linkes Querruder
38 Steuergestänge für Querruder
39 linkes Positionslicht
40 Staurohr
41 selbsttätige Vorflügel
42 linke Turbinenverkleidung
43 elektrischer Schußgeber
44 Brandschott
45 Hülsenabführkanal
46 4 30 mm MK 108 mit je 100 Schuß Gurtmunition für die oberen und je 80 Schuß für die unteren Waffen
47 Kanonenmündung
48 Waffenkamera
49 Kameradurchblick
50 Bugradabdeckung
51 Bugradfederbein
52 Bugrad
53 Federbeingelenk
54 Einziehstrebe
55 Hydraulikleitung
56 Bugfahrwerkschacht
57 Preßluftflaschen
58 vorderer Treibstoffzusatzbehälter, 170 l
59 Hauptfahrwerkschacht
60 Federbeinschacht
61 Hauptholm
62 Federbeinschwenklager
63 Hauptfahrwerkklappe
64 Einziehstrebe
65 Triebwerkqueraufhängung
66 Vorflügelstruktur
67 Hilfsgetriebegehäuse
68 ringförmiger Öltank
69 Gehäuse für Riedel-Starter
70 Lufteinlaß
71 aufklappbare Triebwerksverkleidung
72 Turboluftstrahltriebwerk mit Axialverdichter Junkers Jumo 004 B-2
73 linkes Laufrad
74 Tragflächenstruktur
75 selbsttätige Vorflügel
76 Hauptholm
77 rechtes Positionslicht
78 rechtes Querruder
79 Trimmklappe
80 Flettner-Ruder
81 rechte äußere Landeklappe
82 Turbinenauslaß
83 Turbinenaufhängung
84 rechte innere Landeklappe
85 Tragflächenansatzverkleidung

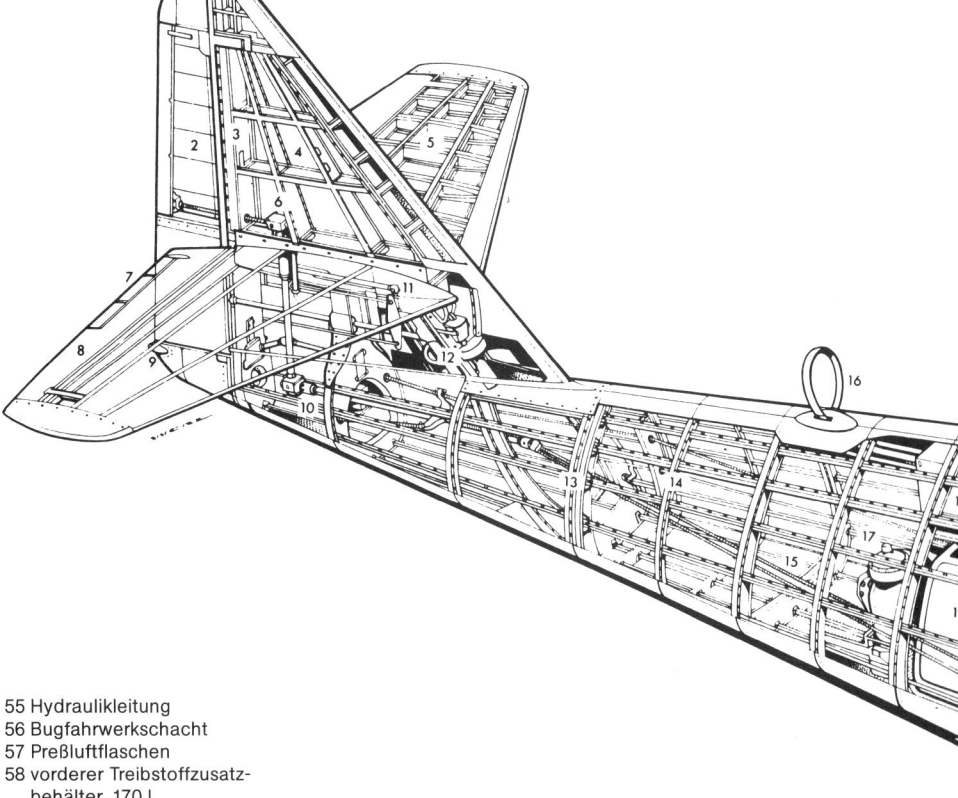

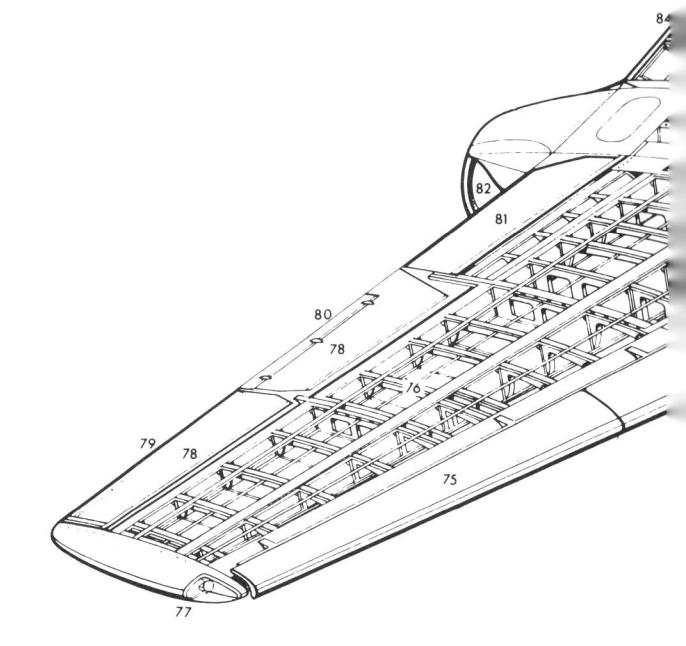

Messerschmitt Me 262 A

Triebwerke: 2 Turboluftstrahltriebwerke mit achtstufigem Axialverdichter Junkers Jumo 004 B mit je 900 kp Standschub.

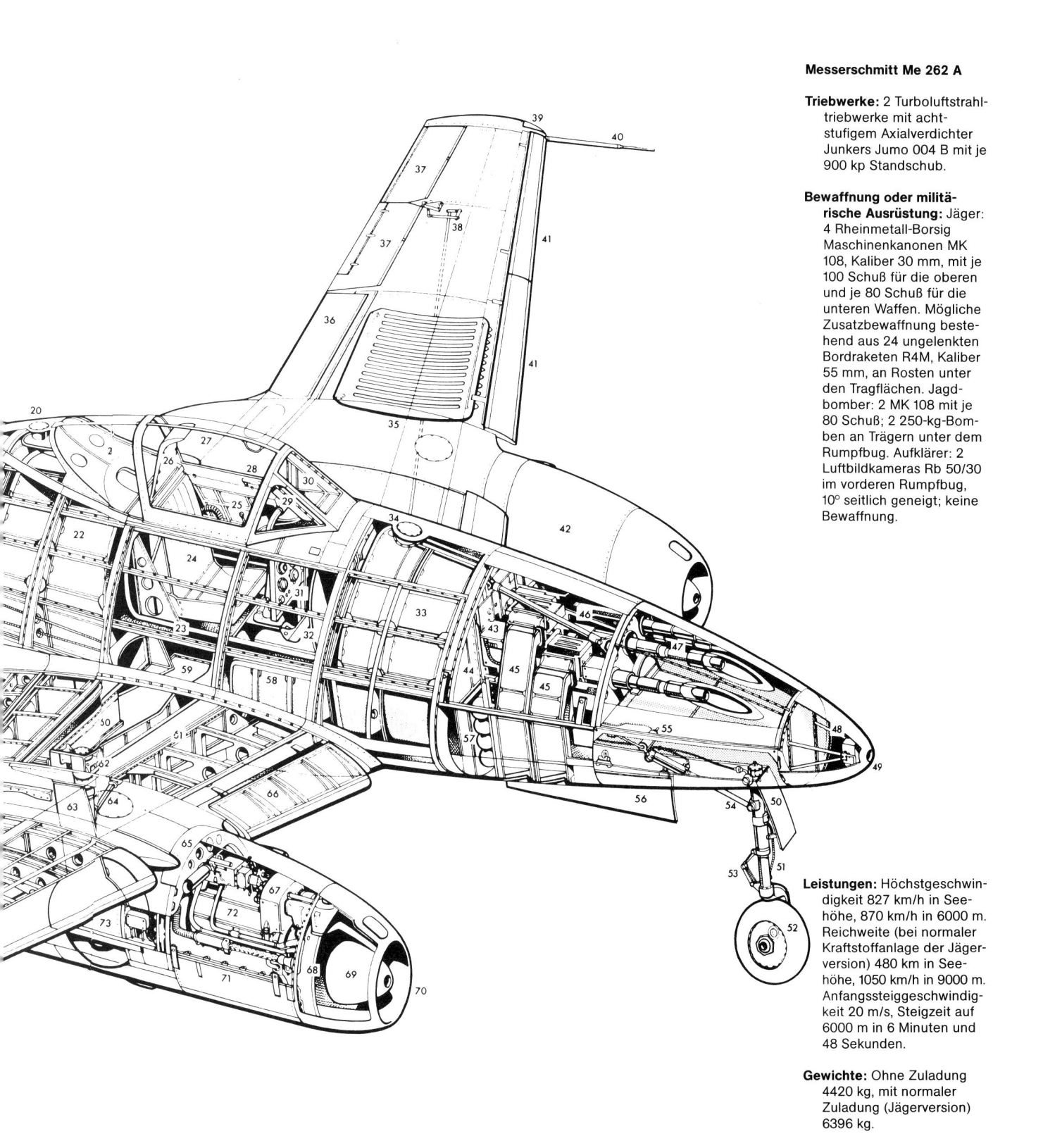

Bewaffnung oder militärische Ausrüstung: Jäger: 4 Rheinmetall-Borsig Maschinenkanonen MK 108, Kaliber 30 mm, mit je 100 Schuß für die oberen und je 80 Schuß für die unteren Waffen. Mögliche Zusatzbewaffnung bestehend aus 24 ungelenkten Bordraketen R4M, Kaliber 55 mm, an Rosten unter den Tragflächen. Jagdbomber: 2 MK 108 mit je 80 Schuß; 2 250-kg-Bomben an Trägern unter dem Rumpfbug. Aufklärer: 2 Luftbildkameras Rb 50/30 im vorderen Rumpfbug, 10° seitlich geneigt; keine Bewaffnung.

Leistungen: Höchstgeschwindigkeit 827 km/h in Seehöhe, 870 km/h in 6000 m. Reichweite (bei normaler Kraftstoffanlage der Jägerversion) 480 km in Seehöhe, 1050 km/h in 9000 m. Anfangssteiggeschwindigkeit 20 m/s, Steigzeit auf 6000 m in 6 Minuten und 48 Sekunden.

Gewichte: Ohne Zuladung 4420 kg, mit normaler Zuladung (Jägerversion) 6396 kg.

Abmessungen: Spannweite 12,51 m, Länge 10,60 m, Flügelfläche 21,70 m².

Anhang

Zahlreiche Piloten, die die Messerschmitt Me 262 geflogen hatten, wurden nach Kriegsschluß von alliierten Abwehroffizieren einer eingehenden Befragung unterzogen. Das Ergebnis war ein Bericht mit dem Titel: »Das Einsatzflugzeug Me 262«, der in eindrucksvoller Weise die technischen Merkmale und Besonderheiten der Maschine sowie die Art ihrer Verwendung im Einsatz erkennen läßt. Die folgenden Ausführungen basieren im wesentlichen auf diesem Untersuchungsbericht.

TECHNISCHE MERKMALE

Abgeänderte Steuersäule

Bei Geschwindigkeiten um 800 km/h waren die Quer- und Höhenruder mit der normalen Steuersäule nur noch schwer zu bewegen. Aus diesem Grund baute man in späteren Serienflugzeugen eine neuentwickelte und verbesserte Steuersäule ein, die ein ausziehbares und verriegelbares Zwischenstück besaß. Mittels so erhöhter Hebelwirkung ließen sich die Ruder normal betätigen.

Kreiselvisier EZ 42

Mit dem Kreiselvisier EZ 42 waren zahlreiche Maschinen des JV 44 ausgerüstet worden, doch das Gerät ließ sich infolge eines konstruktionsbedingten Fehlers nicht in der zugeordneten Funktion verwenden, so daß man es auf herkömmliche Weise anschloß und es als normales Reflexvisier benutzte.

Automatische Gasregulierung

Um einen Brennschluß der Turbinen zu vermeiden, mußte man bei der Me 262 bis etwa 6000 Umdrehungen langsam Gas geben. Über diesen Bereich hinaus konnte der Gashebel dann ohne weiteres bis zum Anschlag vorgeschoben werden, weil jetzt ein automatischer Strömungs- und Druckregler eine zu plötzlich zunehmende Brennstoffzufuhr und damit ein Überhitzen der Triebwerke verhinderte. Ein gegen Kriegsende neu entwickelter Regler sollte bei jeder beliebigen Stellung des Gashebels eine sichere und stufenlose Beschleunigung der Turbinen bis zu den gewünschten Drehzahlen gewährleisten. Noch in den letzten Kriegswochen wurde das Gerät mit zufriedenstellenden Ergebnissen erprobt.

Raketenstarthilfe

An Versuchen, mit der Me 262 Raketenstarts durchzuführen, hatte es nicht gemangelt. So gelang es, mittels zweier Raketen zu je 500 kp Schub die Startstrecke um 250 bis 300 m zu verkürzen, und bei Starts mit Raketen von je 1100 kp Schub benötigten die Maschinen nur etwa 400 Meter bis zum Abheben. Allerdings flog man in beiden Fällen ohne Zuladung (Bomben oder Bordraketen).

Leistungsrechner

Flugdauer und Geschwindigkeit der Me 262 hingen von Variabeln wie Außentemperatur, Luftdruck und Gesamtgewicht ab. Um dem Flugzeugführer die Umsetzung solcher Werte zu erleichtern, wurde ein von den Messerschmitt-Werken hergestellter kreisförmiger Rechenschieber bei den Frontverbänden eingeführt.

Neuartiger Fallschirm

Bei der hohen Geschwindigkeit der Me 262 bedeutete der Absprung mit einem gebräuchlichen Fallschirm stets eine nicht unerhebliche Gefahr. Ein Ziehen der Reißleine sofort nach dem Freikommen aus der Maschine konnte infolge der plötzlichen Bremswirkung sowohl den Fallschirm beschädigen als auch zu Verletzungen des Flugzeugführers führen. Aus diesem Grund wurden zwei neue Fallschirmtypen entworfen. Bei dem einen wurden die Fangleinen kurz unter der Kappe paarweise durch Metallringe gehalten, wodurch bei verkleinertem Schirmumfang ein sofortiges Aufblähen vermieden wurde. Nach dem Abfangen des ersten Entfaltungsstoßes glitten die Ringe an den Leinen nach unten und ermöglichten es, daß sich der Fallschirm dann ganz normal öffnete.

Bei dem zweiten Typ, dem sogenannten Bänderfallschirm, bestand die Kappe aus ringförmigen und voneinander abstehenden Seidenbahnen anstelle eines ganzflächigen Stückes. Er öffnete sich noch langsamer, und die Sinkgeschwindigkeit lag weit höher als bei den gewöhnlichen Fallschirmen. Von diesem Muster kam man jedoch sehr bald wieder ab, weil die Einsatzpiloten bekanntlich gerade bei Start und Landung besonders gefährdet waren und sie deshalb einen Schirm brauchten, der sich rasch entfaltete, falls sie in niedriger Höhe aussteigen mußten.

Flugeigenschaften

Wegen des großen Geschwindigkeitsbereichs von 250 bis 950 km/h, in der die Me 262 operieren konnte, stellte dieses Baumuster einen Kompromiß dar. Es konnte nicht so scharf wenden wie die meisten damaligen konventionellen Jagdflugzeuge, auch erfolgten gegenüber anderen Jägern Beschleunigung und Geschwindigkeitsabnahme in einer verhältnismäßig größeren Zeitspanne. Dafür aber vermochte man mit der Me 262 aufgrund ihrer ausgezeichneten Formgebung sowie des Fortfalls einer Luftschraube sehr rasante Sturzflüge durchzuführen.

Bei Geschwindigkeiten zwischen 950 und 1100 km/h erreichte der das Flugzeug umgebende Luftstrom annähernd Schallgeschwindigkeit, und die Steuerflächen konnten die Flugrichtung dann nicht mehr beeinflussen. Das konnte sich bei jeder Maschine anders auswirken: Einige verloren eine Tragfläche und stürzten ab, andere gingen in einen immer steiler werdenden Sturz über. Senkrechte Sturzflüge wurden mit der Me 262 nicht durchgeführt, weil hierbei der vorgeschriebene Mach-Bereich rasch überschritten worden wäre.

Auch machte die große Geschwindigkeitsspanne der Maschine sowie der hohe Kraftstoffverbrauch mit einer sich daraus ergebenden Unausgeglichenheit ein ständiges Trimmen während des Fluges erforderlich, da Fahrt und Treibstoffgewicht sich laufend änderten.

Start- und Landestrecke

Welche Strecke eine Maschine bis zum Abheben benötigte, hing beträchtlich von der Außentemperatur und dem Luftdruck ab. Für eine Me 262 mit vollen Treibstoffbehältern und mit 24 R4M-Bordraketen ausgerüstet wurden folgende Daten angegeben:

Graspiste: 1800 bis 2000 m
Betonpiste: 1500 bis 1800 m

Eine mit nahezu leeren Tanks und ohne Raketenlasten landende Maschine benötigte eine Strecke von mindestens 1100 m Länge, wobei es keine Rolle spielte, ob Gras- oder Betonpiste.

Dienstgipfelhöhe

Bei Erprobungsflügen war mit der Me 262 eine Höhe von 11850 m erreicht worden. Für den Formationsflug hatte man die Dienstgipfelhöhe jedoch auf 9250 m festgelegt, weil in größeren Höhen im Verband nur noch schwer zu fliegen war und die Wahrscheinlichkeit des Brennschlusses der Turbinen bestand. Schon ab 6000 m Höhe war jede Betätigung des Gashebels dazu geneigt, einen Ausfall des betreffenden Triebwerks zu verursachen.

Wartung

Die Laufzeit des in der Me 262 installierten Turboluftstrahltriebwerks Jumo 004 sollte 25 bis 30 Stunden betragen, doch in der Praxis erwies sich das Triebwerk bereits nach rund zehn Flugstunden als austauschreif. Für Wechsel und Durchsicht einer Turbine waren drei Stunden vorgeschrieben, wofür man wiederum in der Praxis acht bis neun Stunden benötigte, weil einfach Ersatzteile und Fachpersonal fehlten.

Unter Einsatzbedingungen konnte das Auftanken einer Maschine in acht bis fünfzehn Minuten geschafft werden, je nach Pumpkapazität des Tankwagens.

Einturbinenflug

Die Me 262 blieb auch mit nur einer arbeitenden Turbine noch leistungsfähig, und man hat bei einem so durchgeführten Flug von zweieinhalb Stunden Dauer Geschwindigkeiten von 450 bis 500 km/h erreichen können. Um solche Situationen herbeizuführen, mußte man zunächst bis auf etwa 7700 m steigen, ehe eine Turbine Brennschluß hatte, um danach die Maschine wieder unter die 3000 m Marke zu bringen, damit das Triebwerk wieder angelassen werden konnte. Auch das Landen mit einer ausgefallenen Turbine war nicht unmöglich, wurde aber als ein zu großes Wagnis angesehen und sollte unter allen Umständen vermieden werden.

Bewaffnung

Die Standardbewaffnung der Me 262 bestand aus vier 30 mm Maschinenkanonen MK 108. Man hielt die dichte Anordnung der Waffen im Rumpfbug für ballistisch ideal, obwohl es beim Feuern in Kurvenlage zu Störungen kam, wenn durch Einwirken der Fliehkräfte eine Zerrung der Munitionsgurte auftreten konnte. Dies wurde später durch Abänderung der Zuführungen behoben. Die Kanonen waren so justiert, daß ihre Geschoßbahnen an einem Punkt zwischen 400 und 500 m vor dem Flugzeug zusammenliefen.

Zur Bomberbekämpfung waren die Me 262 des JV 44 mit 24 Bordraketen R4M ausgerüstet und zwar zwölf Stück unter jeder Tragfläche. Jede Rakete enthielt 500 g Hexogen und besaß somit eine beachtliche Sprengkraft. In kurzen Intervallen abgefeuert bedeckten die Raketen eine Fläche in einer Breite, die der Spannweite eines in 600 m Entfernung fliegenden viermotorigen Bombers entsprach. Mit den R4M waren zahlreiche Abschüsse erzielt worden, so daß man die Anbringung von 48 Raketen plante, um eine noch größere Wirkung zu erreichen. Da die Flugbahn der R4M fast ähnlich wie die der MK 108 verlief, konnte in diesem Falle das herkömmliche Reflexvisier zum Zielen verwendet werden.

TAKTISCHE VERWENDUNG

Die Me 262 war als Jäger, Jagdbomber oder leichtes Sturzkampfflugzeug und als Aufklärer im Einsatz.

Bomberbekämpfung mit der Me 262 des JV 44
Aufgrund einer Sondergenehmigung Görings entstand im Januar 1945 in Brandenburg-Briest ein neuer Düsenjagdverband, dessen Kommandeur der ehemalige General der Jagdflieger, Gen. Lt. Galland war. Diese Einheit, als Jagdverband 44 oder Jagdverband Galland bekannt, absolvierte zunächst ihr Kampftraining gemeinsam mit Teilen des in Briest liegenden JG 7, bevor sie im März dann als Frontverband nach München-Riem verlegte. Unter den 40 bis 50 Flugzeugführern des JV 44 befanden sich rund zehn, einschließlich Galland selbst, die zumindest das Ritterkreuz trugen, ferner ein Dutzend weitere, äußerst einsatzerfahrene Piloten sowie über zwanzig erfolgversprechende Neuzugänge. Der Verband operierte den ganzen April 1945 hindurch von München-Riem aus und verlegte in den letzten Kriegstagen nach Salzburg-Maxglan, wo ihn am 3. Mai die amerikanischen Truppen überrannten.

In dieser kurzen Zeit hatten Galland und die erfahrensten Flugzeugführer seines Verbands einiges an Plänen entwickelt, auf welche Weise man die Me 262 am wirkungsvollsten zum Einsatz bringen konnte. Sie führten zahlreiche Angriffe auf alliierte Bomberpulks durch, trotz der beachtlichen Verluste, die ihnen der überwältigende Jagdschutz des Gegners dabei zufügte.

Für kaum einen dieser Einsätze des JV 44 standen einmal mehr als 16 Maschinen zur Verfügung, so daß die kleine Streitmacht sich jedes Mal einer vielfachen Anzahl von Begleitjägern gegenübersah. Die hauptsächliche Aufgabe der Strahlflugzeuge bestand darin, Bomber anzugreifen und zu vernichten, während ein Gefecht mit alliierten Jägern nur, wenn es unvermeidbar war, angenommen werden sollte. Die zahlenmäßige Unterlegenheit sowie eine strenge Einschränkung des Operationsziels beeinträchtigte daher die Möglichkeit im taktischen Einsatz der Me 262 des JV 44 in starkem Maße.

Des großen Wenderadius und der ungenügenden Beschleunigungsrate wegen wurde für die Me 262 anstelle des Schwarms die Kette als vorteilhafte Standardformation angesehen. Allerdings flog das JG 7 auch im Schwarm. Beim JV 44 wählte man die Dreierformation deshalb, weil die geringe Manövrierfähigkeit der Düsenmaschinen ein Zusammenbleiben in einer größeren Formation erschwerte. Beim Kurven sollte die Anordnung der Formation weniger durch Gasregulierung als vielmehr durch näheres Zusammenrücken oder durch Fahrtüberschuß gehalten werden. Wenn die beiden hinteren Maschinen sich auf diese Weise in Position brachten, versuchten sie dabei tiefer als die Führungsmaschine zu fliegen, um sie nicht aus den Augen zu verlieren, da die Me 262 dem Piloten eine nur unzureichende Sicht nach unten ermöglichte.

Für die Kette als Standardformation war aber noch eine weitere Überlegung ausschlaggebend. Infolge der in niedriger Höhe mit der Me 262 erreichten großen Geschwindigkeit sowie der verhältnismäßig kurzen Flugdauer war ein Sammeln nach dem Start weit schwieriger zu bewerkstelligen als bei Kolbenmotorflugzeugen. So erwies es sich als notwendig, daß jede Formation jeweils gleichzeitig aufstieg. Die normalen deutschen Flugfeldpisten besaßen die genügende Breite, um den Start von drei Me 262 nebeneinander zu erlauben.

Einen in Staffelstärke durchgeführten Angriff auf

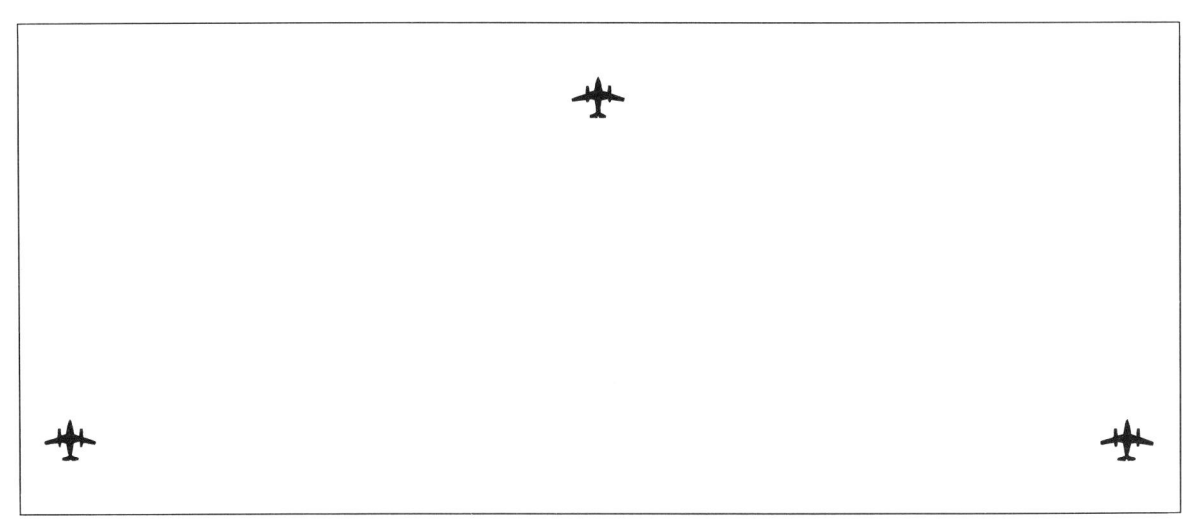

Die maßstabgerechte Wiedergabe einer Kettenformation, wie sie beim JV 44 geflogen wurde.

die Bomberpulks flog man mit etwa neun Maschinen zu je drei Ketten. Bei der Annäherung nahm dann eine Kette die Führungsposition ein, während die restlichen zwei seitlich in leichter Überhöhung und etwas weiter zurückgesetzt folgten. Der Abstand der Maschinen in jeder Kette betrug beim Steigen etwa 100 m und im Geradeausflug 150 m, während die einzelnen Ketten zueinander eine Distanz von rund 300 m hielten. Setzte sich die Streitmacht aus mehr als nur einer Staffel zusammen, so flogen die anderen etwas erhöht an den Seiten neben ihrem Verbandsführer oder reihten sich in gestaffelter Formation an der einen Flanke auf. Dank der enormen Geschwindigkeit konnte man auf einen Höhenschutz für die Me 262 zur Abwehr von Angriffen alliierter Jäger verzichten.

Die Düsenjäger wurden mittels Bodenradar an die Bomberverbände herangeführt. Nach Feindsichtung setzten sie dann zum Angriff von hinten an. Ein solcher Anflug bereitete oft genug Schwierigkeiten, da die Me 262 einfach zu schnell war und obendrein nur weiträumig kurven konnte, so daß schon geraume Zeit vor Erreichen der Bomber eine Entscheidung über die Angriffsausführung getroffen werden mußte. Erschwerend kam noch hinzu, daß man über diese Entfernung hinweg Höhe und Kurs des Gegners nicht selten genug falsch einschätzte. Um mit einer Staffel die größtmögliche Wirkung zu erreichen, betrachtete man es als zweckmäßig, daß sie jeden Bomberpulk angriff. Waren mehrere Staffeln im Einsatz, so teilten sie sich und griffen jeweils einen anderen Verband an. Am günstigsten war es, den Anflug aus 4500 m Entfernung hinter den Bombern anzusetzen, und zwar aus 2000 m Überhöhung. Das Eintreten in den Bomberstrom konnte aus nicht weiter als 2000 m Abstand zum Gegner erfolgen.

In drei Ketten aufgeteilt stürzten die Me 262 hinunter, bis sie bei einer Entfernung von 1500 m sich rund 500 m unterhalb der Bomber befanden, zogen dann hoch und jagten die letzten knapp 1000 m im Geradeausflug auf ihre Ziele zu. Zweck des Sturzfluges war es, eine Geschwindigkeit von etwa 850 km/h zu erhal-

»Achterbahn«-Angriff

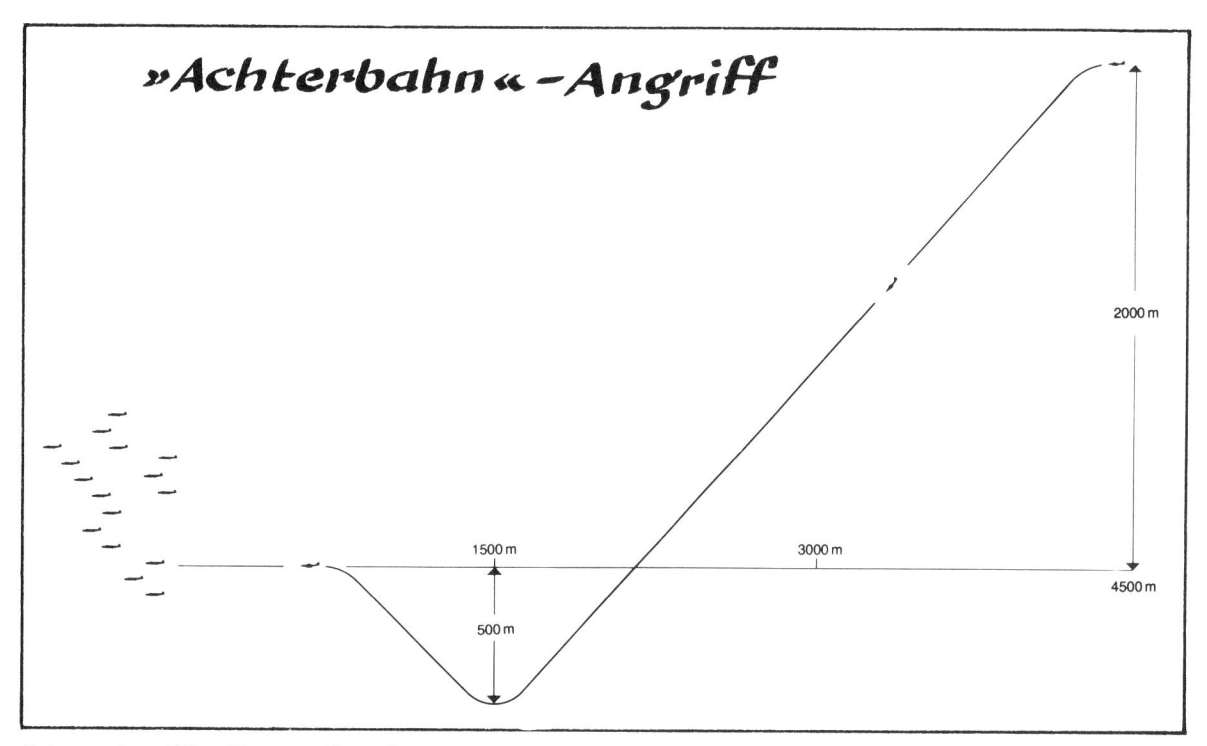

Schema eines Düsenjägerangriffs, wie er im Text ausführlich beschrieben wird. Die amerikanischen Bomberbesatzungen bezeichneten diese Angriffsweise als »Achterbahn« oder »Bockspringen«.

ten, um so dem gegnerischen Jagdschutz, der sicherlich in den Kampf einzugreifen versuchte, eine nur minimale Chance zur Abwehr zu bieten. Der besseren Zielgenauigkeit wegen wäre andererseits eine weniger hohe Geschwindigkeit wünschenswert gewesen. Für die Düsenjägerpiloten kam es sehr wesentlich darauf an, in Formation zu bleiben und auf der gesamten Breite einer Bomberformation anzugreifen, um damit eine Verteilung des gegnerischen Abwehrfeuers zu erreichen.

Auf der Sichtscheibe des gewöhnlichen Reflexvisiers, mit welchem die Maschinen des JV 44 ausgerüstet waren, hatte man zwei Striche so angebracht, daß die Spannweite einer B-17 in 650 m Entfernung den Zwischenraum ganz ausfüllte. In diesem Augenblick wurden die 24 Raketen R4M auf den anvisierten Bomber abgefeuert. Erst dann erfolgte ein Beschuß durch die vier 30 mm Kanonen MK 108. Die Flugzeugführer richteten dabei ihr Feuer auf den Bomber insgesamt, da ein so großer Abstand ein Zielen auf bestimmte Stellen des Kampfflugzeugs nicht zuließ.

In der Praxis war es gar nicht so einfach, in der zur Verfügung stehenden Zeit sich hinter dem Bomber in Schußposition zu bringen, und bei jeder Abweichung mußte dann der Pilot seine Garben vor das Ziel setzen.

Die drei Ketten pflegten einen Bomberpulk bis auf 150 m herangehend anzugreifen und begannen an diesem Punkt wieder abzudrehen, wobei sie durch den Feindverband hindurchflogen oder über ihn hinwegzogen. Ein Abdrehen hinter den Kampfflugzeugen stellte sich wegen der hohen Geschwindigkeit der Me 262 als nahezu unmöglich heraus. Durch das beschriebene Abflugmanöver verhinderte man gleichzeitig, dem Gegner eine größere Zielfläche zu bieten, wie es beim seitlichen Wegkurven der Fall gewesen wäre. Als beste Methode, ungehindert zu entkommen, erwies sich ein Hochziehen so dicht wie möglich über die zuoberst fliegenden Ketten der Bomberpulks hinweg, so daß es den Bordschützen der Bomber kaum gelang, gezielte Treffer anzubringen. Ein Unterschneiden des gegnerischen Verbands kam nicht in Betracht, weil eventuell umherfliegende Trümmerteile an- oder abgeschossener Bomber unter Umständen von den Turbinen angesaugt worden wären, was unweigerlich zu Beschädigung oder Ausfall derselben geführt hätte.

Nach Durch- oder Überfliegen der Bomberformation brachen die Me 262 entweder ihren Einsatz ab, um zu ihrem Horst zurückzukehren, oder sie setzten zu erneutem Angriff auf einen weiter vorausfliegenden Pulk an, sofern der Munitionsvorrat dafür noch ausreichte. Im Falle des Einsatzabbruchs gingen sie, um Fahrt aufzunehmen, in einen leichten Sturzflug über, so daß auch der schnellste alliierte Jäger ihnen nicht zu folgen vermochte. Hatten die Maschinen während des ersten Angriffs zu viel an Geschwindigkeit eingebüßt, so wuchs bei weiteren Anflügen allerdings die Gefahr, von den inzwischen in günstiger Position lauernden Begleitjägern abgefangen zu werden.

Auch wurde nach dem endgültigen Angriff gewöhnlich nicht wieder zum Verband aufgeschlossen, weil die Ketten zu weit auseinandergezogen worden waren und der Treibstoff langsam zur Neige ging. Jede Kette kehrte deshalb einzeln zurück, immer in der Lage, feindlichen Jägern ohne Mühe davonzufliegen.

Nur selten einmal kam es mehr zufällig zu Frontalangriffen, wobei man feststellte, daß Düsenjäger und Bomber sich einander so rasch näherten, daß ein sicheres Zielen und Schießen sowie eine Beobachtung der Trefferwirkung unmöglich war.

Die deutschen Flugzeugführer vertraten die Ansicht, daß die Me 262 eine wirksame Waffe zur Abwehr der amerikanischen Tagesangriffe gewesen wäre, falls man sie in Massen hätte einsetzen können. Starke zahlenmäßige Unterlegenheit, Treibstoffknappheit und Mangel an guten Piloten waren die Gründe, weshalb es nicht gelang, sämtliche Möglichkeiten, welche die Me 262 bot, im Einsatz auszuschöpfen.

Die Me 262 im Einsatz gegen alliierte Jäger und Jabo

Die Verwendung der Me 262 zur Bomberbekämpfung ergab sich einmal aus dem unbefriedigenden Einsatz anderer deutscher Jägerbaumuster für den gleichen Zweck und zum anderen aus der Notwendigkeit heraus, ernsthaft etwas zu unternehmen, um den alliierten Angriffen Einhalt zu gebieten. Die deutschen Piloten sahen in der Me 262 jedoch das ideale Jagdflugzeug, mit dem man vor allem endlich auch die gegnerischen Jäger und Jabo bekämpfen konnte. Sie waren überzeugt davon, daß der Einsatz von einigen Hundert Strahlflugzeugen gegen die Jäger des Begleitschutzes die alliierten Luftstreitkräfte dazu gezwungen hätte, entweder ebenfalls Düsenmaschinen einzusetzen oder ihre Operationen über Deutschland drastisch einzuschränken.

Die beiden wesentlichsten Vorteile der Me 262 als Jagdflugzeug waren ihre Schnelligkeit und ihr Steigvermögen; sie zeigte sich bei Kurzaktionen den alliierten Kolbenmotorjägern ohne Zweifel als überlegen. Zwei äußerst wichtige Eigenschaften also, welche, wie man meinte, die beiden grundsätzlichen Voraussetzungen bildeten, einen Luftkampf für sich zu entscheiden, nämlich Überraschungseffekt und Höhenvorteil. Wurden bei einem in normaler Höhenlage durchgeführten Einsatzflug Feindjäger gesichtet, so blieb es dem Verbandsführer überlassen, ein Gefecht anzunehmen oder nicht. Er konnte aber ohne weiteres noch mehr Höhe gewinnen und gleichzeitig jeden gegnerischen Verband überholen. Die alliierten Jagdpiloten zeigten sich, wenn sie einmal von oben herab angegriffen wurden, äußerst unerschrocken und brachen sofort in die Angreifer hinein. Dennoch geschah es nicht selten, daß zurückhängende oder vom Verband abgeplatzte Maschinen von den Me 262 abgeschossen werden konnten und letztere dann hochzogen, um zum nächsten Angriff anzusetzen.

Zu einigen deutschen Verlusten kam es, wenn Me 262 sich mit alliierten Jägern in einen Kurvenkampf einließen. Dabei machten die deutschen Flugzeugführer den Fehler, die Fahrt wegzunehmen, um manövrierfähiger zu sein, doch hierin waren ihnen die Mustang immer noch überlegen. Hatte der Gegner einen Abwehrkreis gebildet, so stürzten sich die Me 262 auf diesen hinab, flogen feuernd ein Drittel oder einen halben Kreisumfang mit und kurvten dann weg. Eine länger andauernde Kurbelei benachteiligte die Me 262 in jedem Fall.

Wurden die Me 262 selbst einmal überraschend von oben angegriffen, so blieb ihnen nichts weiter übrig, als flach stürzend Distanz zu gewinnen. Erst dann machten sie kehrt und nahmen den Kampf auf. Einem in gleicher Höhe von hinten erfolgenden Angriff konnten sich die Me 262 durch einen schnellen Steigflug entziehen.

Alliierten Jabo gegenüber, die in 5000 m Höhe und darunter operierten, besaßen die Me 262 noch einen größeren Vorteil. Waren die Me 262, wie bereits erwähnt, den normalen Jagdflugzeugmustern des Gegners schon an Geschwindigkeit überlegen, so erst recht den infolge Panzerung und Bombenlast langsamer fliegenden Jabo. Meist jagten die Me 262 im Tiefflug heran und stiegen, wenn sie die sich gegen die Wolken abzeichnenden Silhouetten der Jabo entdeckten, steil nach oben, um von unten anzugreifen: Eine Taktik, die sich mit Kolbenmotorjägern nicht durchführen ließ.

Nur in den seltensten Fällen, wenn kein Gefecht mit den Bombern zustande kam, haben Me 262 die alliierten Jäger angegriffen. Ursprünglich betrachteten es die deutschen Flugzeugführer als die eigentliche Aufgabe der Me 262, den gegnerischen Jagdschutz zu binden und damit die Bomber den deutschen Kolbenmotorjägern als leichte Beute zu überlassen. Jetzt aber, bei voller Einsatzbereitschaft der Düsenjagdverbände, mangelte es derart an Treibstoff, daß auf Anordnung des Oberkommandos der Luftwaffe der Einsatz sämtlicher Jäger sich ausschließlich auf die Bomberbekämpfung konzentrieren mußte.

Die Me 262 als leichtes Sturzkampf- und Schlachtflugzeug

Beim KG 51 flogen die Me 262 wahlweise mit einer Bombenzuladung von einmal 500 kg oder zweimal 250 kg; der Bombeneinsatz entsprach dabei ohne weiteres den mit der Fw 190 erzielten exakten Ergebnissen. Wenn auch die Alliierten die Luftüberlegenheit besaßen, so waren die Maschinen schnell genug, um immer noch in niedrigen Höhen operieren zu können. Allerdings war es den Flugzeugführern des KG 51 anfänglich untersagt, über Feindgebiet niedriger als 4000 m zu fliegen, um zu vermeiden, daß eine Me 262 in gegnerische Hände fiel. Das aber führte wiederum zu äußerst ungenauen Bombenabwürfen.

Flache Sturzangriffe wurden meistens aus etwa 4500 m Höhe im Schwarm durchgeführt. Die Me 262 flogen dabei Seite an Seite, ihr Abstand zueinander betrug rund 100 m. Sie näherten sich ihrem Ziel aus einem leicht schrägen Winkel heraus. Verschwand dann das Angriffsobjekt unter der rechten oder linken Triebwerksgondel, brachten die Piloten ihre Me 262 in eine 30 Grad-Sturzlage und benutzten zum Zielen das normale Revi. Beim Stürzen erreichten die Maschinen eine Geschwindigkeit von 850 bis 900 km/h. Um nicht schneller zu werden, mußten die Flugzeugführer die Turbinen bis auf 6000 Umdrehungen drosseln und notfalls den Knüppel leicht anziehen. Aus etwa 1000 m Höhe wurden dann die Bomben ausgelöst. Hierbei kam es entscheidend darauf an, daß der hintere Treibstofftank bereits leer war, da sonst die plötzlich auftretende Schwanzlastigkeit den Bug der Maschine zu abrupt nach oben gelenkt hätte. Ebenso bestand die Gefahr des Abbrechens der Tragflächen. Nicht wenige Me 262 und Piloten waren während des Einsatzes auf diese Weise abgestürzt.

Mehrmals wurde die Me 262 auch im Erdkampf gegen die vordringenden alliierten Truppen eingesetzt, obwohl deutsche Flugzeugführer die Maschine für diesen Zweck für ungeeignet hielten. Die MK 108 besaß nämlich eine so geringe Mündungsgeschwindigkeit, daß die Angriffe, wenn sie erfolgreich ausfallen sollten, aus ungefähr 400 m Höhe durchgeführt werden mußten. Außerdem bestand der gesamte Munitionsvorrat aus nur 360 Schuß – viel zu wenig, um damit Tiefangriffe zu fliegen. Hinzu kam, daß die Me 262 nur ungenügend gepanzert war und dem Flugzeugführer dadurch wenig Schutz vor Erdbeschuß bot.

Von den Alliierten erbeutete Me 262 im Juni 1945 auf dem Platz Lechfeld kurz vor ihrer Verlegung nach Melun in Frankreich. Dort wurden alle deutschen Beuteflugzeuge gesammelt, um anschließend per Schiff den Weg in die USA anzutreten. (Smithsonian Institution)

Unter den für die Überführung nach Melun vorbereiteten Maschinen befand sich auch diese Me 262 mit einer im Rumpfbug installierten MK 214 vom Kaliber 50 mm. (Smithsonian Institution)

Ein Me-262-Aufklärer in Melun. Genau unterhalb der Rumpfausbuchtung ist das im Rumpfboden eingelassene Sichtfenster für die Kameras zu erkennen. (Smithsonian Institution)

Die von den Amerikanern mit dem Namen »Wilma Jeanne« versehene, kanonenbestückte Me 262 noch einmal in Nahaufnahme. (Smithsonian Institution)

Zweisitziges Schulflugzeug Me 262 B nach der Ankunft in Melun. (Smithsonian Institution)

Ohne Zweifel die ungewöhnlichste Flugzeugkollektion, die sich je an Deck eines Flugzeugträgers befand. Als am 20. Juli 1945 in Cherbourg die HMS »Reaper« der Royal Navy mit dem Ziel Newark in New Jersey auslief, hatte sie 38 erbeutete deutsche Flugzeuge an Bord, die in den USA erprobt werden sollten. Die Fracht setzte sich aus folgenden Baumustern zusammen: Zwölf Me 262 (vier Jäger, ein Jäger mit MK 214, drei Schulflugzeuge Me 262 B, ein Nachtjäger, drei Aufklärer), zwei Arado Ar 234, drei Heinkel He 219, zwei Dornier Do 335, neun Focke-Wulf FW 190, eine Tank Ta 152, drei Messerschmitt Bf 109, eine Messerschmitt Bf 108, eine Junkers Ju 88, eine Junkers Ju 388, zwei Hubschrauber Flettner Fl 282, ein Düsenhubschrauber Doblhoff. Zum Schutz gegen salzhaltiges Spritzwasser hatte man sämtliche Maschinen eingemottet. (Smithsonian Institution)

Mit einer von HMS »Reaper« in die USA gebrachten Me 262, Beutemusterbezeichnung T-2-4012, wurden bei der Firma Hughes Aircraft Geschwindigkeitstests durchgeführt. Zu diesem Zweck baute man die Bewaffnung aus, verdeckte die Schußkanäle und versiegelte sämtliche an der Maschine befindlichen Öffnungen. Anschließend wurden mehrere Lagen Hochglanzlack aufgespritzt. So präpariert zeigte die Me 262 weitaus bessere Leistungen als die Lockheed P-80, das damals schnellste amerikanische Düsenflugzeug. Unbestätigten Berichten nach soll Howard Hughes sogar einmal erwogen haben, bei einem Luftrennen für Düsenflugzeuge um den Bendix- oder Thompson-Preis diese Maschine gegen die P-80 antreten zu lassen: Die Me 262 hätte zweifelsohne gewonnen. Wiederum nach inoffiziellen Aussagen ließ General Arnold, nachdem er davon Kenntnis erhalten hatte, das Vorhaben kurzerhand unterbinden. (Smithsonian Institution)

Eine der drei von der französischen Luftwaffe erprobten Me 262 mußte am 6. September 1945 wegen beidseitigem Turbinenausfall bei Tousson notlanden. Der Pilot, Commandant (heute General) Housset, bewies dabei sein fliegerisches Können; die Maschine wies nur geringfügige Beschädigungen auf und war nach Reparatur wieder flugfähig. (EC Armées)

Me 262 B mit britischer Markierung. Drei dieser Nachtjäger wurden von der Royal Air Force in Farnborough nachgeflogen.

Auch in der Tschechoslowakei flogen nach dem Krieg noch zwölf Me 262, die von der Firma Avia aus Teilen dort erbeuteter Maschinen zusammengebaut worden waren.

Arado Ar 234

Die Arado Ar 234, der erste echte Strahlbomber der Welt, war im letzten Kriegsjahr eine der großen Hoffnungen der deutschen Luftwaffe. Endlich gab es ein Kampfflugzeug, mit welchem man dem schnellsten Feindjäger davonfliegen und die stärkste Abwehr durchbrechen konnte. Hätte der Zweite Weltkrieg noch bis über den Sommer 1945 hinaus angedauert, so wäre der Großteil der deutschen Kampffliegerstreitmacht wie geplant mit diesem Baumuster ausgerüstet worden. Doch so weit sollte es nicht kommen. Bis zum Kriegsschluß konnten nur 210 Ar 234 gebaut werden, und das allgemeine Chaos in Deutschland in den ersten Monaten des Jahres 1945 trug dazu bei, daß nicht einmal die Hälfte davon zu den Frontverbänden gelangte.

Obwohl die Arado Ar 234 als das erste zum Einsatz gelangte Düsenkampfflugzeug der Welt gilt, war sie ursprünglich als Aufklärer gedacht und flog als solcher tatsächlich die ersten Einsätze. In dieser Rolle war die Ar 234 dann auch am erfolgreichsten.

Die Entwicklung des neuen strahlgetriebenen Aufklärers für die Luftwaffe begann im Frühjahr 1941 im Werk Brandenburg unter Professor Walter Blume, dem Direktor der Arado-Werke. Das Projekt mit der Bezeichnung E 370 sah einen einsitzigen Hochdecker vor, unter dessen Tragflächen zwei Triebwerke Jumo 004 in Gondeln hängend angebracht waren. Das Gesamtgewicht das Flugzeugs sollte rund acht Tonnen betragen. Das einzige Neue an dem genannten Projekt, vom Strahlantrieb abgesehen, war die Start- und Landevorrichtung: Die Maschine sollte mit einem abwerfbaren Rädergestell starten und mittels ausfahrbarer Kufen wieder landen. Das Reichsluftfahrtministerium forderte von dem neuen Aufklärerbaumuster eine Reichweite von 2150 km. Ferner sollte die Maschine unter Berücksichtigung des eventuellen späteren Einbaus eines herkömmlichen Fahrwerks genügend Treibstoff mit sich führen können, ohne daß die Zelle vergrößert werden mußte. Die errechneten Leistungsdaten lauteten: Höchstgeschwindigkeit 776 km/h in 6000 m Höhe, eine Kampfhöhe von über 1100 m sowie eine Reichweite (einschließlich Reserve) von 2000 km. Zwar lag die Reichweite etwas unter den Ausschreibungsbedingungen der Luftwaffe, doch wurde der Entwurf in dieser Form angenommen, und man gab zwei Prototypen mit der Bezeichnung Arado Ar 234 in Auftrag. Gegen Ende 1941 waren die Zellen der beiden Prototypen bereits fertig – man wartete jetzt nur noch auf die Triebwerke, deren Herstellung sowohl bei Junkers als auch bei BMW sich erheblich verzögerte. So erhielt Arado erst im Februar 1943 ein Paar Turbinen 004, die allerdings aus der Vorserie stammten und nur für

Der erste Prototyp der Arado Ar 234. (Transit Films)

Stand- oder Rollversuche geeignet waren. Im späten Frühjahr 1943 trafen endlich zwei flugtaugliche Triebwerke Jumo 004 ein, und am 30. Juli startete Flugkapitän Selle mit der Arado 234 vom Platz Rheine aus zum Erstflug. Der Flug selbst verlief ohne Zwischenfälle. Die einzige Schwierigkeit gab es mit dem Startgestell: Nach Abwurf aus etwa 60 Meter Höhe öffnete sich der Fallschirm des Gerätes nicht ordnungsgemäß, so daß es beim Aufschlag am Boden zertrümmert wurde. Ein für den zweiten Flug eiligst nach Rheine gebrachtes Ersatzgestell ging auf die gleiche Weise verloren. Aus diesem Grund wurde bei weiteren Flugversuchen das Startgestell sofort nachdem die Maschine Abhebgeschwindigkeit erreicht hatte ausgeklinkt, so daß es dabei nur noch selten selbst einmal vom Boden abhob.

Gegen Ende September 1943 standen drei weitere Prototypen der Ar 234 zur Verfügung, ihre Flugerprobung wurde mit äußerster Dringlichkeit durchgeführt. Schon sehr bald zeigte man für das neue Flugzeugmuster erhebliches Interesse, nicht nur als Aufklärer sondern auch für die Verwendung als Kampfflugzeug. Als Bomber war die Maschine bereits vor ihrem Erstflug im Gespräch gewesen und zwar während einer am 9. Juli von Erhard Milch geleiteten Sitzung des RLM. Oberst Peltz, Inspekteur der Kampfflieger, hatte eingehend über die schweren Verluste berichtet, die seine Einheiten infolge der ständig anwachsenden Abwehr der Alliierten erleiden mußten.

Milch (scherzend): »Nun käme die Frage eines Strahlbombers. Peltz ist immer bescheiden. Er hat eine kleine Forderung gestellt und will bis spätestens November ein paar hundert Stück haben.«

Peltz: »Dezember!«

Pasewaldt (im Stabe Milchs): »Hier liegen insofern Vorarbeiten von uns vor, als die Arado 234, die wir inzwischen aufgestockt haben, von anfänglich 20 in der Bauserie auf 100 in der V-Serie kommen soll. Das Flugzeug ist zur Zeit noch nicht geflogen. Wann wird es fliegen?«

Friebel (als Vertreter der Arado-Werke): »In einer Woche.«

Milch: »Die 234?«

Pasewaldt: »Die Arado 234 macht an sich einen guten Eindruck. Wir erwarten von dieser Maschine, daß sie die Hoffnungen restlos erfüllt. Es ist zu berücksichtigen, daß die Arado 234 als Aufklärer entwickelt worden ist. Die Variante als Bomber ist in der letzten Zeit untersucht worden, und die Möglichkeiten bei der Arado 234 sind jedenfalls bedeutend günstiger als bei der Me 262, die wir eigentlich wesentlich der Jagd vorbehalten wollen.«

Da die Ar 234 ein ziemlich kleines Flugzeug war, kam eine Unterbringung von Bomben im Rumpf nicht in Frage, und die Verwendung des Startgestells machte das Anbringen von Bomben unter den Triebwerksgondeln oder unter dem Rumpf hinfällig. Folglich forderte das RLM den Bau zweier Prototypen einer neuen Baumusterversion, der Arado Ar 234 B, welche ein mehr konventionelles, in den Rumpf einziehbares Dreibeinfahrwerk besitzen sollte.

Mit der Erprobung wurde sofort begonnen. Da aber kam es am 1. Oktober zu einem Unfall, als Flugkapitän Selle während eines Testfluges mit dem zweiten Prototyp tödlich abstürzte. Auf einer Rüstungskonferenz in Berlin informierte Ing. Hoffmann von den Arado-Flugzeugwerken Milch über die Umstände dieses Absturzes:

»Zweck des Testflugs war es, die Steigleistung der Maschine festzustellen. Bei 8950 m war der Höhepunkt erreicht. Alle 1000 m gab Selle die Temperatur- und Druckwerte durch. Dann setzte plötzlich die linke Turbine aus. Selle

machte aus 8950 m einen Gleitflug bis hinunter auf 4500 m, bei einer Geschwindigkeit von 300 km/h. Dabei stellte er ein Flattern des Höhenruders fest. Dann ließen sich bei 4400 m Höhe die Kufen nicht ausfahren, anschließend fiel auch der Fahrtmesser aus. Selle gab dies alles über Bordfunk durch, so daß Notizen darüber gemacht werden konnten. Dann fuhr er die Kufen durch Handbetätigung aus und fragte nach, ob sie draußen wären: Er selbst konnte es nicht feststellen, da das entsprechende Anzeigeinstrument ebenfalls ausgefallen war. In 1500 m meldete er, daß die linke Turbine Brennschluß hatte und daß er sie wieder zu starten versuche. Eineinhalb Minuten darauf wies er auf erneutes Schütteln und Flattern der Höhen- und Querruder hin. Durch Ferngläser konnten wir dann beobachten, daß die linke Turbine brannte...«
Die eine Fläche nach unten hängend segelte die Maschine aus 1200 m Höhe geradewegs in den Boden. Eine sofortige Untersuchung durch Arado-Ingenieure ergab, daß schon zu dem Zeitpunkt, als Selle zum ersten Mal den Turbinenausfall gemeldet hatte, in der Tragfläche ein Brand ausgebrochen war. Da die Verbindung von Fahrtmesser zum Staurohr sowie das Steuergestänge der Querruder und der Kufen über der Turbine verliefen, hatte das Feuer diese Systeme teilweise oder gänzlich ausfallen lassen. Das brennende Triebwerk war kurz vor dem Aufschlag der Maschine von der Tragfläche abgebrochen.
Während die Arbeiten mit den mit Dreibeinfahrwerk ausgestatteten Arado fortgeführt wurden, flogen im Dezember 1943 und Anfang 1944 vier weitere Maschinen mit Startgestell. Es waren dies der fünfte und der sechste Prototyp, letzterer mit vier einzeln aufgehängten Turbinen BMW 003 ausgerüstet, und der achte Prototyp mit vier paarweise aufgehängten BMW-Turbinen.

Um mit der Maschine vollbeladen von kurzen Startbahnen und bei fehlendem Wind aufsteigen zu können, erhielt der dritte, zweistrahlige Prototyp unter jeder Tragflächenaußenseite eine Vorrichtung zum Einbau einer Flüssigkeitsstartrakete Walter 109-500. Jede dieser 280 kg wiegenden Raketen entwickelte 500 kp zusätzlichen Schub für den Start. Sie enthielt genug Wasserstoffperoxid und Kaliumpermanganat, um etwa 30 Sekunden lang in Betrieb zu bleiben. Einmal in der Luft, wurden die ausgebrannten Raketen abgeworfen, sie kamen mittels Fallschirm zur Erde und konnten somit wiederverwendet werden. Ein elektrisches Schaltsystem sorgte dafür, daß bei Ausfall einer Rakete sich auch die zweite automatisch abstellte, damit keine gefährliche asymmetrische Schubwirkung auftreten konnte.
Im März 1944 startete der neunte Prototyp, die erste Ar 234 B mit einziehbarem Fahrwerk. Schon vor dem Erstflug aber hatte man im Werk Alt Lönnewitz in Sachsen alle Maßnahmen getroffen, um diese Version in Großserie bauen zu können.
Die als Bomber und Aufklärer vorgesehene Ar 234 B wurde mit zwei Turbinen Jumo 004 zu je 900 kp Schub ausgerüstet. Das Leergewicht betrug 5210 kg, das Gewicht mit Zuladung 8427 kg. Sie hatte eine Höchstgeschwindigkeit von 737 km/h in 6000 m Höhe und konnte insgesamt 1500 kg an Bomben aufnehmen, die an Außenträgern mitgeführt wurden. Bomben oder abwerfbare Zusatztanks verringerten die Geschwindigkeit der Ar 234 B um 55 bis 80 km/h. Die Reichweite der Maschine hing von der geflogenen Höhe ab, denn die Turbinen verbrauchten in Bodennähe dreimal so viel Treibstoff wie in 10 000 m Höhe. In 10 000 m betrug die Reichweite etwa 1600 km, während sie in niedriger Höhe nur bei etwa 550 km lag. In der

Start der Ar 234 mittels Startgestells. Nachdem zwei solcher Gestelle während der ersten beiden Flüge zu Bruch gegangen waren, weil sie aus zu großer Höhe abgeworfen wurden, erfolgte bei anschließenden Starts der Abwurf der mit Fallschirmen versehenen Gestelle unmittelbar nach dem Abheben der Maschine. (Transit Films)

Von oben nach unten:
Filmausschnitt von einer auf Kufen landenden Ar 234. (Transit Films)

Absturz des zweiten Prototyps der Ar 234 am 2. Oktober 1943 infolge Turbinenbrands. Bei diesem Unfall kam Flugkapitän Selle ums Leben. (Transit Films)

Nach jedem Flug mußte die Ar 234 A dort aufgebockt werden, wo sie zum Stillstand gekommen war. Anschließend schob man das Startgestell unter den Rumpf und befestigte es erneut, ehe die Maschine dann zum Abstellplatz gezogen werden konnte. (Transit Films)

Der neunte Prototyp der Ar 234 vor einem Start mit voller Zuladung: Je eine Bombe SC 500 unter den Triebwerksgondeln sowie eine SC 250 unter dem Rumpf, insgesamt also 1250 kg. Als Starthilfe dienten zwei Walter-Flüssigkeitsraketen. (Transit Films)

Praxis bedeutete das, daß die Kampfflugzeugversion mit einer 500 kg Bombe und genügendem Treibstoff einen effektiven Aktionsradius von 480 km besaß, wenn sie aus großer Höhe angriff; bei niedriger geflogenen Einsätzen waren es etwa 190 km. Als Aufklärer in großer Höhe fliegend und mit zwei 300 l Zusatztanks ausgerüstet verfügte die Maschine über einen Aktionsradius von rund 720 km.

Es gab drei Möglichkeiten, mit der Ar 234 B Bombeneinsätze zu fliegen: den flachen Sturzangriff, den Hoch- und Tiefangriff. Ersterer war der gebräuchlichste. Hierbei erfolgte der Sturz aus 5000 m Höhe, das Abfangen geschah bei 1400 m, und während des Sturzes visierte der Flugzeugführer sein Ziel mit dem über der Kanzel angebrachten Periskop an. Der Tiefangriff erwies sich als ziemlich ungenau und wurde nur dann angewandt, wenn schlechte Sicht oder tiefhängende Wolken keine andere Möglichkeit des Angriffs zuließen. Der Pilot flog hierbei einfach über das Zielobjekt hinweg und löste die Bomben nach Sicht aus.

Technisch am besten ließ sich der waagerechte Hochangriff durchführen. Nach Karte oder mit Funknavigation flog der Pilot bis auf etwa 30 Kilometer an das Ziel heran und schaltete dann die Dreiachsenkurssteuerung ein. Anschließend löste er die Sitzgurte und beugte sich nach vorn, um durch das Lotfe-Bombenzielgerät zu blicken. Das Visier war mittels eines einfachen Rechners mit der Kurssteuerung gekoppelt, so daß der Flugzeugführer nichts weiter zu tun hatte als das Fadenkreuz ins Ziel zu bringen. Die entsprechenden Signale gingen über den Rechner an die Kurssteuerung, die dann die Maschine auf genauem Anflugkurs hielt. War der Zeitpunkt des Abwurfs erreicht, wurden die Bomben automatisch ausgelöst. Danach lehnte sich der Pilot wieder zurück, befestigte die Gurte und übernahm, nachdem er die Kurssteuerung ausgeschaltet hatte, wieder die Steuersäule und drehte ab. Alles in allem ein bemerkenswertes und fortschrittliches System für ein Flugzeug des Jahres 1944.

Eine weitere Neuerung, welche die Arado Ar 234 B aufwies, war der Bremsfallschirm zur Verkürzung der Ausrollstrecke nach der Landung. Die Arado war somit das erste, mit einem solchen Schirm serienmäßig ausgestattete Flugzeug der Welt. Anfang Juni 1944, knapp ein Jahr nach dem Erstflug der Ar 234 A, waren die ersten zwanzig Ar 234 B der Vorserie fertiggestellt.

Ebenfalls im Juni 1944 rüstete man den fünften und siebten Prototyp mit Kameras aus und überstellte diese Maschinen der 1. Versuchsstaffel des Oberkommandos der Luftwaffe in Oranienburg, einer Aufklärer-Sondereinheit, die dem Ob.d.L. direkt unterstellt war. Oblt. Horst Götz, der die Maschinen übernahm, und Lt. Erich Sommer erprobten die beiden neuen Aufklärer und bereiteten sie für den Einsatz vor. Sommer erinnert sich, dabei kaum Schwierigkeiten beim Start mit dem Startgestell gehabt zu haben. Wichtig war nur, daß die Maschine vor dem Start exakt dem Verlauf der Piste entsprechend aufgestellt wurde, denn ein seitliches Korrigieren nach dem Anrollen war nur schwer möglich. Bei 160 km/h hob sich die Nase der Maschine von selbst, und das war der Augenblick zum Auslösen des Startgestells. Jetzt um etwa 600 kg Gewicht erleichtert stieg die Arado dann glatt vom Boden weg. Nachdem die Maschine auf Kufen gelandet war, dauerte es rund 20 Minuten, bis sie aufgebockt und das Startgestell wieder angebracht war, um anschließend zum Abstellplatz gezogen zu werden. Während einer dieser Flüge gelang es Sommer nicht, das Startgestell zu lösen, worauf er über dem Platz kreisend seinen Treibstoff auf-

Der achte Prototyp der Ar 234 war mit vier paarweise angeordneten Strahltriebwerken BMW-003 ausgerüstet. (via Heise)

Beim neunten Prototyp handelte es sich um die erste B-Version mit einziehbarem Fahrwerk. Der Erstflug fand im März 1944 statt. Die Aufnahme zeigt die Maschine mit einer unter dem Rumpf angebrachten SC 1000 sowie einem leeren Bombenträger unter der linken Triebwerksgondel. (Smithsonian Institution)

brauchte und die Maschine anschließend glatt auf die Landebahn hinunterbrachte. Er benötigte dafür fast die gesamte Bahnlänge, bevor die Arado zum Stillstand kam.

Die Ar 234 von Oblt. Götz waren alle mit im Rumpfheck angebrachten Kameras Rb 50/30 ausgerüstet. Die 50-cm-Weitwinkelobjektive der hintereinander sitzenden Kameras zeigten nach jeder Seite hin mit einer 12-Grad-Neigung nach unten. Auf diese Weise konnte aus 10 000 m Höhe ein Bereich von zehn Kilometer Breite entlang der Flugrichtung erfaßt werden.

Während Götz und Sommer die beiden Arado erprobten, waren die Alliierten in der Normandie an Land gegangen und hatten ihre Lage festigen können. Aufklärereinheiten, die über dem Invasionsraum Aufnahmen zu machen versuchten, scheiterten am Abwehrschirm der gegnerischen Jäger und erlitten schwere Verluste; es gelang ihnen überhaupt nicht, bis zu den Zielräumen vorzudringen. In den deutschen Truppenstäben herrschte völlige Unklarheit über das, was sich auf der anderen Seite der Front abspielte, und oftmals war ein vorbereitender Luftüberfall das einzige Anzeichen für einen bevorstehenden Angriff der Gegenseite.

Um diese Lücke zu schließen, erhielt Götz den Befehl, mit seinen Aufklärern nach Juvincourt bei Reims zu verlegen. Doch schon zu Beginn kam es zu Schwierigkeiten. Als am 25. Juli die beiden Arado auf dem Platz Oranienburg starteten, hatte Götz einen Turbinenausfall und mußte umkehren, während Sommer ohne Zwischenfälle Juvincourt erreichte. Nach der Landung hievte man seine Maschine auf einen Tieflader und brachte sie in einen Hangar. Hier aber mußte der fortschrittlichste Aufklärer der Welt unbenutzt stehen und auf das Eintreffen des aus Oranienburg mit der Bahn herangeschafften Startgestells warten. Es dauerte über eine Woche, bis dieses Gestell, die Aufbockvorrichtungen sowie andere Spezialgeräte und die Startraketen an Ort und Stelle waren.

Endlich, am 2. August 1944, stand alles für den allerersten Einsatz eines Düsenaufklärungsflugzeugs bereit. Die mit den beiden Startraketen versehene Ar 234 wurde zur Ost-West-Startbahn gezogen. Sommer kletterte in die Maschine, schnallte sich an, überprüfte die Instrumente und Funktion der Steuerteile und ließ die Turbinen an. Befriedigt darüber, daß alles nach Plan ablief, löste er die Bremsen und schob die Gashebel nach vorn. Langsam nahm die Arado Fahrt auf. Nach etwa 200 Meter drückte er die Knöpfe für die Hilfsraketen. Für Sommer war es ein beruhigendes Gefühl, als er eine sofortige Geschwindigkeitssteigerung feststellte. Die Maschine wurde immer leichter, und als Sommer das Startgestell abwarf, zog die Arado mit rauschenden Startraketen in die Luft. Etwa 20 Sekunden nach dem Anlassen der Raketen waren diese leergebrannt, so daß der Pilot sie ebenfalls durch Knopfdruck absprengte. Kurz danach öffneten sich ihre Fallschirme, an denen sie dann langsam nach unten pendelten.

Sommer ließ die Maschine mit 13 Meter pro Sekunde steigen, die Geschwindigkeit betrug dabei 410 km/h. Da er in westlicher Richtung gestartet war, brauchte er nur eine geringe Kursänderung vornehmen, um das Zielgebiet anzusteuern. Als die Arado noch höher stieg, trat sie in dünnere Luftschichten ein, so daß die Geschwindigkeit weiter zunahm.

Etwa 20 Minuten brauchte Sommer, um eine Höhe von 10 500 Metern zu erreichen. Zu dieser Zeit befand sich die Maschine schon fast über dem Kampfraum. Ab und zu warf Sommer einen Blick nach hinten, um festzustellen, ob er Kondensstreifen nach sich zog, die den Feindjägern seine Position hätten verraten können. Es waren jedoch keine weißen Streifen zu sehen. Hoch über der Halbinsel Cherbourg schwenkte er in ostwärtige Richtung und ging 500 Meter tiefer, um seine Maschine auf 740 km/h zu beschleunigen. Dann fing er ab und leitete einen geraden Anflug ein, um seine Aufnahmen machen zu können. Die Schutzklappen vor den Objektiven waren bereits geöffnet, und nun setzte der Pilot mittels eines Auslöseknopfes das Laufwerk der Kameras in Gang: Alle elf Sekunden erfolgte eine Aufnahme.

Es war ein herrlicher klarer Sommertag, kaum eine Wolke stand am Himmel. Von Sommers Beobachtungsstandpunkt aus war kaum etwas von den unbarmherzigen Kämpfen wahrzunehmen, die sich weit unter ihm abspielten. Wenn irgendwelche Feindjäger den Versuch unternommen haben sollten, die hochfliegende Arado abzufangen: Sommer hat jedenfalls nichts davon bemerkt. Er war auch viel zu sehr damit beschäftigt, das Zielgebiet exakt abzufliegen, um so mit der begrenzten Filmreserve die größtmögliche Fläche aufnehmen zu können. Der erste Fotoflug mit Aufnahmen von den Küstengebieten dauerte rund zehn Minuten. Dann flog Sommer einen Halbkreis und bereitete den zweiten Anflug vor, diesmal in westlicher Richtung und parallel zum ersten Aufnahmeflug, jedoch zehn Kilometer weiter landeinwärts. Dem zweiten Flug folgte ein dritter; jetzt wieder nach Osten und abermals weitere zehn Kilometer landeinwärts. Kurz vor Beendigung dieses Fluges sprang das Zählwerk der Kame-

Für die Ar 234 des Kommandos Götz bestimmte Startgestelle und Aufbockmaterial werden auf dem Platz Oranienburg versuchsweise in eine Junkers Ju 352 verladen (Juli 1944). Erich Sommer (rechts im Bild) überwacht die Verladearbeiten. Nachdem das Kommando sich bereits in Juvincourt in Frankreich befand, standen keine Transportmaschinen zur Verfügung, und das gesamte Gerät mußte auf dem Schienenwege in Marsch gesetzt werden. (Götz)

Oblt. Horst Götz, dessen Kommando von Juvincourt aus die ersten Aufklärereinsätze fliegen sollte. (Götz)

Den ersten Foto-Einsatz der Welt mit einem Strahlaufklärer unternahm Lt. Erich Sommer am 2. August 1944 mit einer Ar 234 A. Das Unternehmen ist im Text ausführlich beschrieben. (Sommer)

ras wieder auf Null – das Filmmaterial war aufgebraucht.

Sommer flog weiter nach Osten, und seine einzige Sorge war jetzt, den kostbaren Film sicher nach Hause zu bringen. So näherte er sich, ständig nach Feindjägern Ausschau haltend und mit hoher Geschwindigkeit tiefer gehend, dem Platz Juvincourt, wo er die Maschine auf der Grasfläche aufsetzte. Noch bevor die Arado zum Stillstand kam, rannte aus allen Richtungen das Bodenpersonal auf das Feld. Als Sommer ausstieg, waren die Klappen am oberen Rumpfende bereits geöffnet, die Filmkassetten aus den Kameras herausgeholt. Und schon war man auf dem Weg zur Dunkelkammer.

Während dieses einen Einsatzes hatte Erich Sommer mehr erreicht als alle im Westen stationierten deutschen Aufklärereinheiten zusammen in den letzten zwei Monaten. Er hatte in einem eineinhalbstündigen Flug fast das gesamte Aufmarschgebiet der Alliierten in der Normandie aufgenommen. Die mit der Arado gemachten 380 Fotos erregten beträchtliches Aufsehen: Zu diesem Zeitpunkt hatten die Alliierten bereits über 1,5 Millionen Soldaten, ebensoviele Tonnen an Nachschubgütern sowie nahezu eine Million Fahrzeuge an Land gebracht. Zwölf Auswerte-Experten benötigten über zwei Tage, um einen ersten Bericht über das zu erstellen, was diese Fotos beinhalteten. Die eingehende Auswertung der Aufnahmen dauerte hingegen mehrere Wochen. »Nach diesem ersten Einsatz kamen etliche höhere Wehrmachtsoffiziere nach Juvincourt, um sich die Maschine anzusehen«, berichtete Sommer, »aber da die ganze Sache noch streng geheim war, durften wir sie nicht heranlassen.«

Am 2. August traf auch Horst Götz mit der zweiten Arado Ar 234 endlich in Juvincourt ein. Während der nächsten drei Wochen flogen die beiden Maschinen weitere 13 Einsätze. Und schließlich konnte den Kommandeuren an der Front ein fotografischer Überblick über die Stellungen der Alliierten übermittelt werden. Aber der Zeitpunkt, in der solche Informationen noch einen entscheidenden Einfluß auf den Ablauf der Bodenkämpfe gehabt hätten, war verstrichen. Während man sich immer noch mit der Auswertung von Sommers Fotos beschäftigte, waren die amerikanischen Truppen längst aus ihren Bereitstellungen heraus in die Bretagne vorgestoßen: Die Schlacht in der Normandie war zu Ende; es begann der große Vormarsch nach Frankreich hinein. Die Ar 234 brachten noch Tausende von Aufnahmen vom Vordringen der Alliierten zurück, aber sie konnten dem OKW praktisch immer nur ein von Minute zu Minute wechselndes Bild von einer Schlacht übermitteln, die bereits verloren war.

Wie Schenks Messerschmitt Me 262 so schienen auch die Arado 234 von Oblt. Götz dem Augenmerk der gegnerischen Abwehr während der Kämpfe in Frankreich entgangen zu sein. Das spricht für diese Maschinen und Piloten, deren Aufgabe es war, ohne große Umstände ihre Ziele zu fotografieren und die wertvollen Filme zum Einsatzhorst zurückzubringen.

Am 28. August – die amerikanischen Panzer standen vor Reims – erhielt Götz den Befehl zur Verlegung nach Chièvres. Und was den alliierten Jägern nicht gelang, schaffte jetzt die eigene Platzflak. Als Götz mit seiner Ar 234 vor der Landung den Platz umkreiste, eröffnete die Flak das Feuer. Scheinbar hielt man aus gewissen Gründen jedes Flugzeug, welches sich dem Platz näherte, erst einmal für eine Feindmaschine. Ein wohlgezieltes Geschoß schlug genau unterhalb der Kabine der Arado ein und setzte die gesamte Elektrik sowie das Hydrauliksystem außer Betrieb. Sofort brach Götz den Anflug ab, die Klappen und die Kufen ließen sich nicht ausfahren. Da die Maschine aber noch flugfähig war, entschloß sich Götz, sie nach Oranienburg zu bringen, wo sie instandgesetzt werden konnte. In Oranienburg vollführte Götz mit rund 300 km/h eine glatte Bauchlandung. Ein paar lose Steine flogen durch das Glas der Kabine, Götz erhielt dabei einige Schrammen, doch die wertvolle Maschine selbst wies nach der Landung nur bemerkenswert geringe Beschädigungen auf. Dann aber geschah es. Ein junger Flugzeugführer, der soeben vom Platz startete, hatte mit einem solchen Hindernis auf der Bahn nicht gerechnet und rammte das Heck der Arado, die Luftschraube zerfetzte das gesamte Leitwerk. Götz erlitt dabei weitere Verletzungen durch herumfliegende Steine und Glassplitter, seine Ar 234 war nur noch ein Wrack.

Sommer landete ohne Zwischenfälle in Chièvres, mußte aber ein paar Tage später nach Volkel in Holland ausweichen, da alliierte Panzer das Gebiet erreicht hatten. In Volkel erlebte

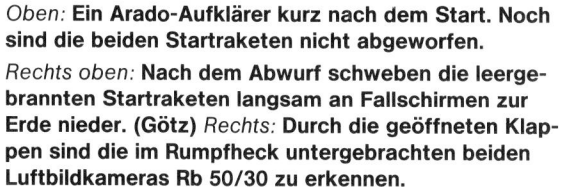

Oben: **Ein Arado-Aufklärer kurz nach dem Start. Noch sind die beiden Startraketen nicht abgeworfen.**

Rechts oben: **Nach dem Abwurf schweben die leergebrannten Startraketen langsam an Fallschirmen zur Erde nieder.** (Götz) *Rechts:* **Durch die geöffneten Klappen sind die im Rumpfheck untergebrachten beiden Luftbildkameras Rb 50/30 zu erkennen.**

Sommer am 3. September einen von über 100 Lancaster der RAF durchgeführten Tagesangriff auf den Flugplatz. Obwohl das Flugfeld und das Gelände mit den Unterkünften von Bombenkratern übersät waren, blieb die im Hangar untergebrachte Ar 234 von Beschädigungen verschont. Der Platz war für den Einsatz unbrauchbar geworden. Nachdem man einige Krater auf den Rollwegen aufgefüllt hatte, hob Sommer am folgenden Tag mit der Arado mittels Startgestells ab und landete in Rheine, der neuen Absprungbasis für den Strahlaufklärereinsatz. Mit der Rückverlegung ins Reich kam auch das Ende des Einsatzes mit den fahrwerklosen Arado; im September stand die verbesserte Ar 234 B mit einziehbarem Fahrwerk zur Verfügung. Der zur Aufnahme des Fahrwerks etwas verbreiterte Rumpf setzte die Geschwindigkeit um etwa 30 km/h herab, doch die Maschine war immer noch schnell genug, um jedem Jägeran-

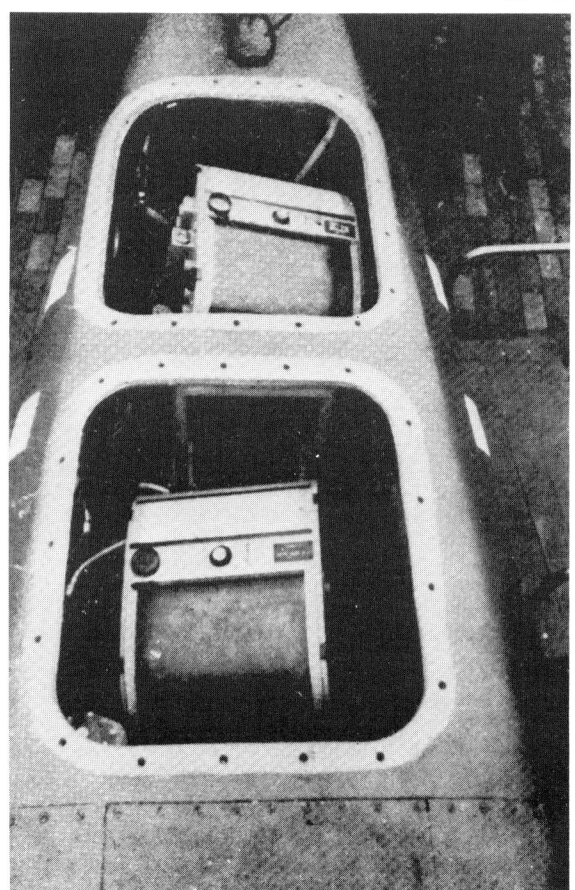

Diese Aufnahme des von den Alliierten angelegten künstlichen Hafens vor Asnelles-sur-Mer in der Normandie brachte Erich Sommer am 2. August 1944 von seinem ersten Einsatz mit zurück.

Abb. rechte Seite: **Ein Spitfire-Aufklärer fotografierte den Flugplatz Volkel in Holland, nachdem am 3. September 1944 über 100 Lancaster der RAF das Flugfeld bombardiert und für die deutsche Luftwaffe unbrauchbar gemacht hatten. Erich Sommer war von hier aus am nächsten Tag gestartet. Seine Maschine, die sich im Hangar (A) befand, war intakt geblieben. Sie wurde dann auf dem nachträglich markierten Wege zum Startplatz gezogen. Die Bombenkrater in der Startbahn wurden aufgefüllt und so gefärbt, daß man sie aus der Luft als noch vorhanden ansehen mußte. Die am 6. September entstandene Aufnahme zeigt ein soeben startendes Flugzeug (B). Die Autoren haben keine Bestätigung dafür erhalten können, daß die Alliierten diese Täuschung bemerkt hatten.**

VOLKEL A/F
M.D. Report K 3111

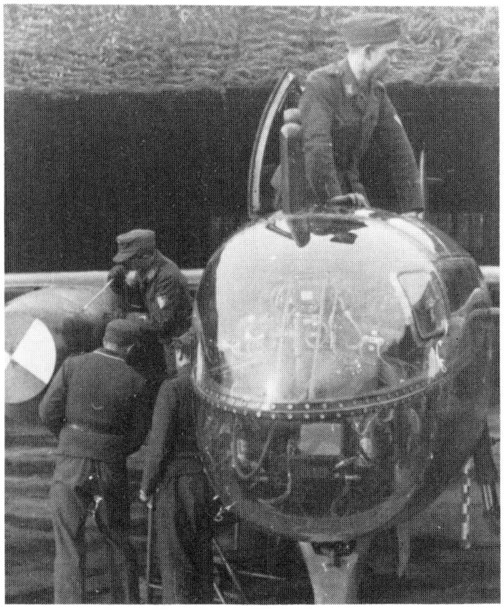
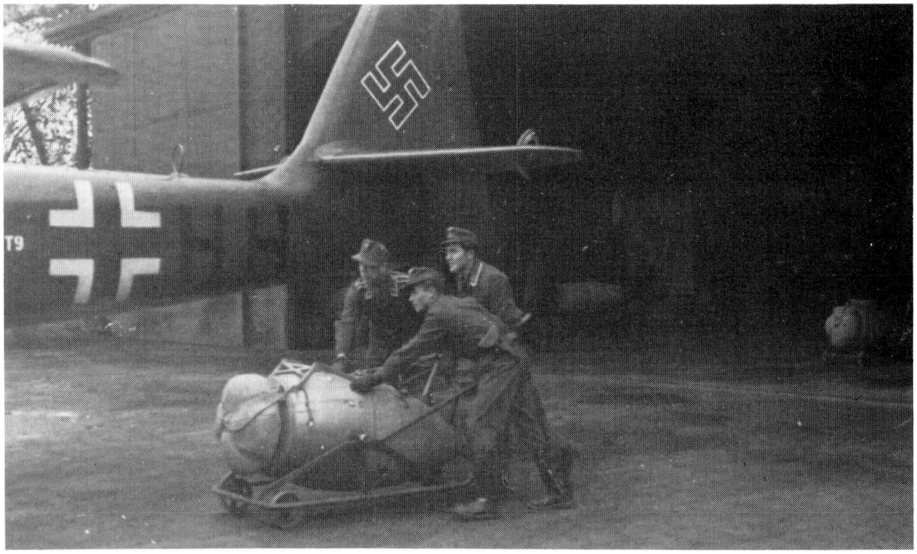
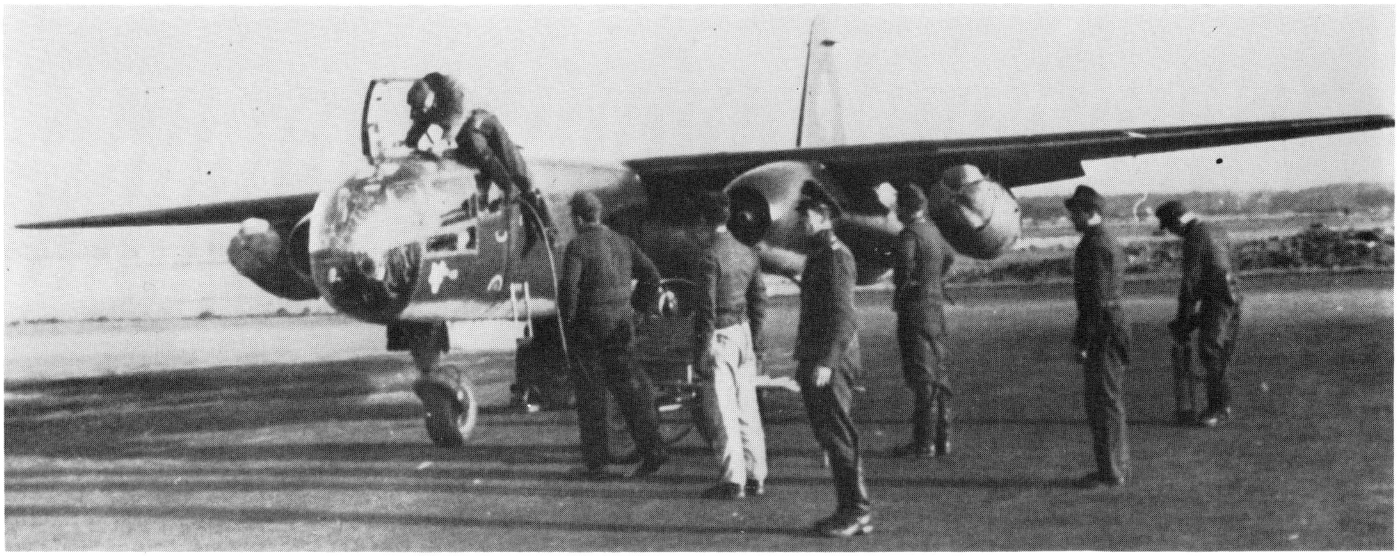
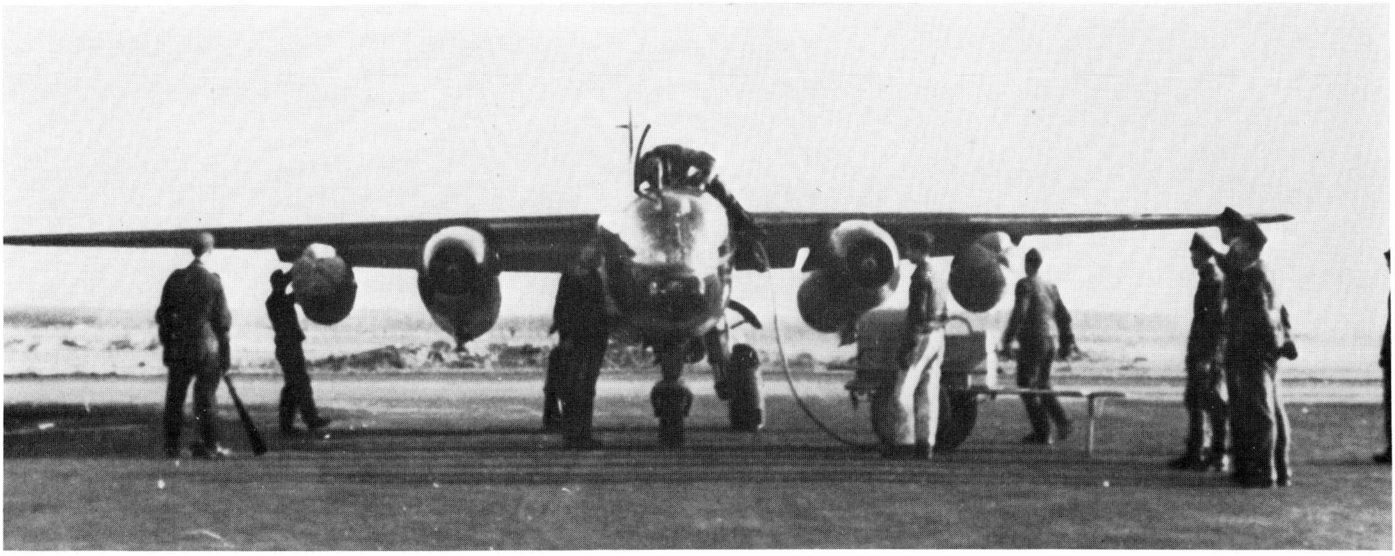

Abbildungen linke Seite: **Aufnahmen von den Ar 234 des Kommandos Sperling während der Einsatzvorbereitung auf dem Platz Rheine, Herbst 1944.** *Links oben:* **Letzte Handgriffe an einer noch vor dem getarnten Hangar stehenden Maschine.** *Rechts oben:* **Das Bodenpersonal fährt eine der Startraketen an die Maschine heran.**
Mitte und unten: **Der Pilot klettert in die am Start stehende Arado und überprüft nach dem Anschnallen die Instrumente und Steuerorgane. Ein am Rumpfbug zu erkennnender »Sperling mit Düsenantrieb« und Kamera ist das Verbandsemblem des Kommandos Sperling. (Götz)**

Von einem Tankfahrzeug wird die Ar 234 zum Startausgang geschleppt. *Unten links:* **Mit rauchenden Startraketen jagt die Ar 234 über die Bahn, um wenige Augenblicke später abzuheben. (Götz)**

Unten rechts: **Sofort nach dem Einsatz werden die Filmkassetten den Kameras entnommen und zum Entwikkeln gebracht. (Götz)**

Arado Ar 234 B

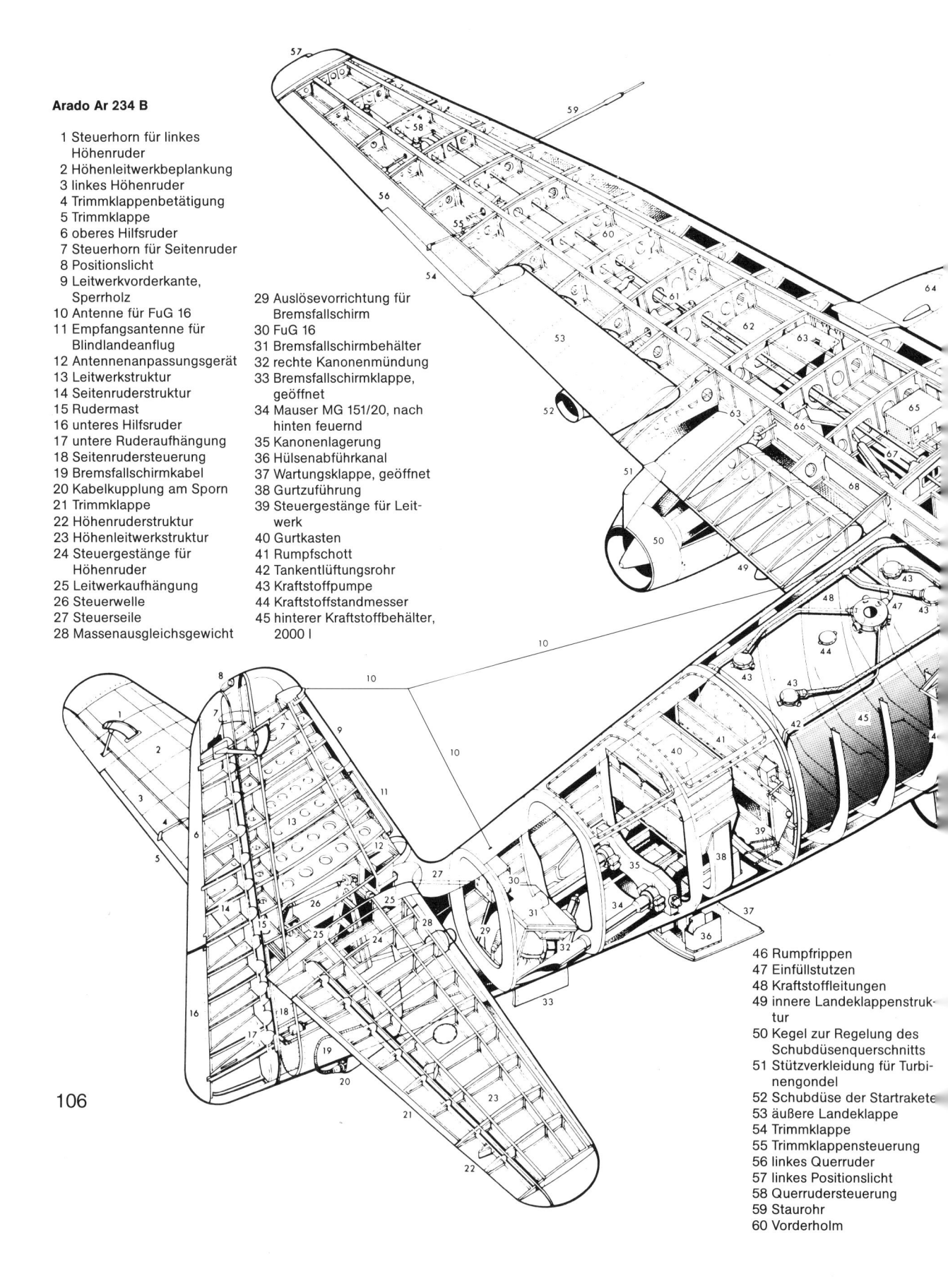

1. Steuerhorn für linkes Höhenruder
2. Höhenleitwerkbeplankung
3. linkes Höhenruder
4. Trimmklappenbetätigung
5. Trimmklappe
6. oberes Hilfsruder
7. Steuerhorn für Seitenruder
8. Positionslicht
9. Leitwerkvorderkante, Sperrholz
10. Antenne für FuG 16
11. Empfangsantenne für Blindlandeanflug
12. Antennenanpassungsgerät
13. Leitwerkstruktur
14. Seitenruderstruktur
15. Rudermast
16. unteres Hilfsruder
17. untere Ruderaufhängung
18. Seitenrudersteuerung
19. Bremsfallschirmkabel
20. Kabelkupplung am Sporn
21. Trimmklappe
22. Höhenruderstruktur
23. Höhenleitwerkstruktur
24. Steuergestänge für Höhenruder
25. Leitwerkaufhängung
26. Steuerwelle
27. Steuerseile
28. Massenausgleichsgewicht
29. Auslösevorrichtung für Bremsfallschirm
30. FuG 16
31. Bremsfallschirmbehälter
32. rechte Kanonenmündung
33. Bremsfallschirmklappe, geöffnet
34. Mauser MG 151/20, nach hinten feuernd
35. Kanonenlagerung
36. Hülsenabführkanal
37. Wartungsklappe, geöffnet
38. Gurtzuführung
39. Steuergestänge für Leitwerk
40. Gurtkasten
41. Rumpfschott
42. Tankentlüftungsrohr
43. Kraftstoffpumpe
44. Kraftstoffstandmesser
45. hinterer Kraftstoffbehälter, 2000 l
46. Rumpfrippen
47. Einfüllstutzen
48. Kraftstoffleitungen
49. innere Landeklappenstruktur
50. Kegel zur Regelung des Schubdüsenquerschnitts
51. Stützverkleidung für Turbinengondel
52. Schubdüse der Startrakete
53. äußere Landeklappe
54. Trimmklappe
55. Trimmklappensteuerung
56. linkes Querruder
57. linkes Positionslicht
58. Querrudersteuerung
59. Staurohr
60. Vorderholm

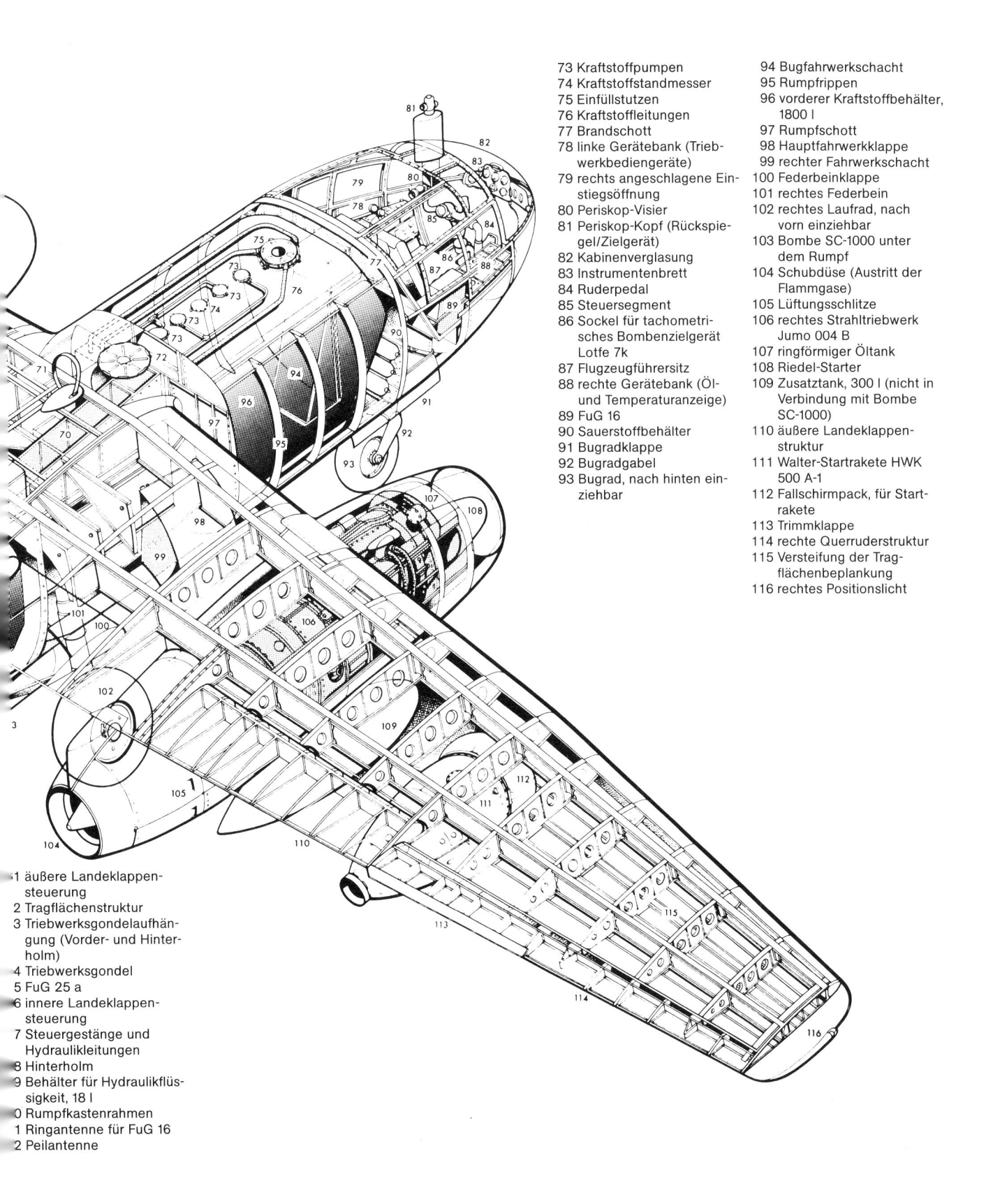

73 Kraftstoffpumpen
74 Kraftstoffstandmesser
75 Einfüllstutzen
76 Kraftstoffleitungen
77 Brandschott
78 linke Gerätebank (Triebwerkbediengeräte)
79 rechts angeschlagene Einstiegsöffnung
80 Periskop-Visier
81 Periskop-Kopf (Rückspiegel/Zielgerät)
82 Kabinenverglasung
83 Instrumentenbrett
84 Ruderpedal
85 Steuersegment
86 Sockel für tachometrisches Bombenzielgerät Lotfe 7k
87 Flugzeugführersitz
88 rechte Gerätebank (Öl- und Temperaturanzeige)
89 FuG 16
90 Sauerstoffbehälter
91 Bugradklappe
92 Bugradgabel
93 Bugrad, nach hinten einziehbar
94 Bugfahrwerkschacht
95 Rumpfrippen
96 vorderer Kraftstoffbehälter, 1800 l
97 Rumpfschott
98 Hauptfahrwerkklappe
99 rechter Fahrwerkschacht
100 Federbeinklappe
101 rechtes Federbein
102 rechtes Laufrad, nach vorn einziehbar
103 Bombe SC-1000 unter dem Rumpf
104 Schubdüse (Austritt der Flammgase)
105 Lüftungsschlitze
106 rechtes Strahltriebwerk Jumo 004 B
107 ringförmiger Öltank
108 Riedel-Starter
109 Zusatztank, 300 l (nicht in Verbindung mit Bombe SC-1000)
110 äußere Landeklappenstruktur
111 Walter-Startrakete HWK 500 A-1
112 Fallschirmpack, für Startrakete
113 Trimmklappe
114 rechte Querruderstruktur
115 Versteifung der Tragflächenbeplankung
116 rechtes Positionslicht

1 äußere Landeklappensteuerung
2 Tragflächenstruktur
3 Triebwerksgondelaufhängung (Vorder- und Hinterholm)
4 Triebwerksgondel
5 FuG 25 a
6 innere Landeklappensteuerung
7 Steuergestänge und Hydraulikleitungen
8 Hinterholm
9 Behälter für Hydraulikflüssigkeit, 18 l
10 Rumpfkastenrahmen
11 Ringantenne für FuG 16
12 Peilantenne

griff ausweichen zu können. Auch der Aktionsradius war etwas kleiner, so daß für länger andauernde Einsätze je ein abwerfbarer 300 l Zusatztank unter den Triebwerksgondeln befestigt wurde. Die genannten Einschränkungen waren, die damalige Lage Deutschlands betrachtend, taktisch kaum von Bedeutung. Dafür aber war die Ar 234 B erheblich bewegungsfähiger geworden; sie konnte auch von Flugplätzen ohne besondere Bodenbefestigung starten.

In Rheine wuchs die Stärke von Götz' Einheit, jetzt in Kommando Sperling umbenannt, nach und nach auf neun Ar 234 B an, und ständig wurden Aufklärereinsätze geflogen. Auch hier überwachten die Jäger der Alliierten fortlaufend den Flugplatz, da die Ar 234, wie die Me 262, bei Start und Landung verwundbar war. Götz entwickelte dagegen ein eigenes System, indem er rund um den Platz Luftbeobachter postierte, die bei Annäherung von Feindjägern sofort Alarm schlugen. Nur wenn der Himmel feindfrei war, zog man die Arado zum Startausgangspunkt. Dann wurden die Turbinen angelassen, und die Maschinen starteten so rasch wie möglich heraus. Götz hatte seinen Flugzeugführern befohlen, bei Rückkehr zum Platz die Geschwindigkeit beizubehalten und nur zu landen, wenn ausdrücklich bestätigt wurde, daß sich kein gegnerischer Jäger in der Nähe befand. Bei Luftgefahr sollten sie auf einem nahegelegenen Ausweichflugplatz landen. Zwar schützten starke Flakkräfte den Horst, doch Götz war der Meinung, daß sich der Gegner davon nicht abschrecken ließ.

Neben Einsätzen über Frankreich, Belgien und Holland flog das Kommando Sperling auch einige Male nach England hinüber. So fotografierte Götz am 5. Oktober zwei Stunden lang den Schiffsverkehr entlang den Küsten von Norfolk und Lincolnshire. Einen Tag später klärte er über Südengland auf, nachdem er kurz nach dem Start seine Zusatzraketen abgeworfen hatte und dabei mit knapper Not einem halben Dutzend über Rheine aufgetauchten P-47 entkommen konnte. Glücklicherweise hatte er die Radiowarnung über die Annäherung der Feindjäger rechtzeitig erhalten. Götz entledigte sich seiner Zusatzbehälter, drückte die Maschine, um Fahrt aufzuholen, und ließ dann seine Gegner rasch hinter sich. Seiner Treibstoffreserve aus den Zusatzbehältern beraubt, blieb ihm für die Aufklärung nur wenig Zeit, aber er brachte dennoch einige brauchbare Fotos mit zurück.

Verglichen mit den Düsenjagdverbänden gab es beim Kommando Sperling nur wenig Schwierigkeiten mit den Triebwerken Jumo 004. Die Lebensdauer einer Strahlturbine hing vor allem von einer sorgfältigen Gashandhabung ab. Bei den einzeln fliegenden Arado mußte die Geschwindigkeit nicht dauernd geändert werden wie es beispielsweise beim Formationsflug erforderlich war. Nur einmal, am 15. Oktober, hatte Götz einen Triebwerkausfall, als er in 10 000 m Höhe über der Nordsee sich auf Heimatkurs befand, nachdem er Flugplätze in Ostengland fotografiert hatte. Plötzlich begann die Ar 234 unangenehm zu vibrieren, offensichtlich wollte eine Turbine ihren Dienst versagen, doch welche? Die Instrumente zeigten für beide Triebwerke normale Werte an. Auf gut Glück nahm er den Gashebel der rechten Turbine zurück – es war die falsche. Das noch funktionierende Triebwerk setzte sofort aus und ließ sich auch nicht erneut starten. Da die Vibrationen anhielten, mußte Götz nun auch das linke Triebwerk abstellen. Er saß nun in einem Hochgeschwindigkeitssegler, der mit unheimlich rascher Fahrt nach unten ging. Erst in 2000 m Höhe gelang es Götz, die rechte Turbine wieder

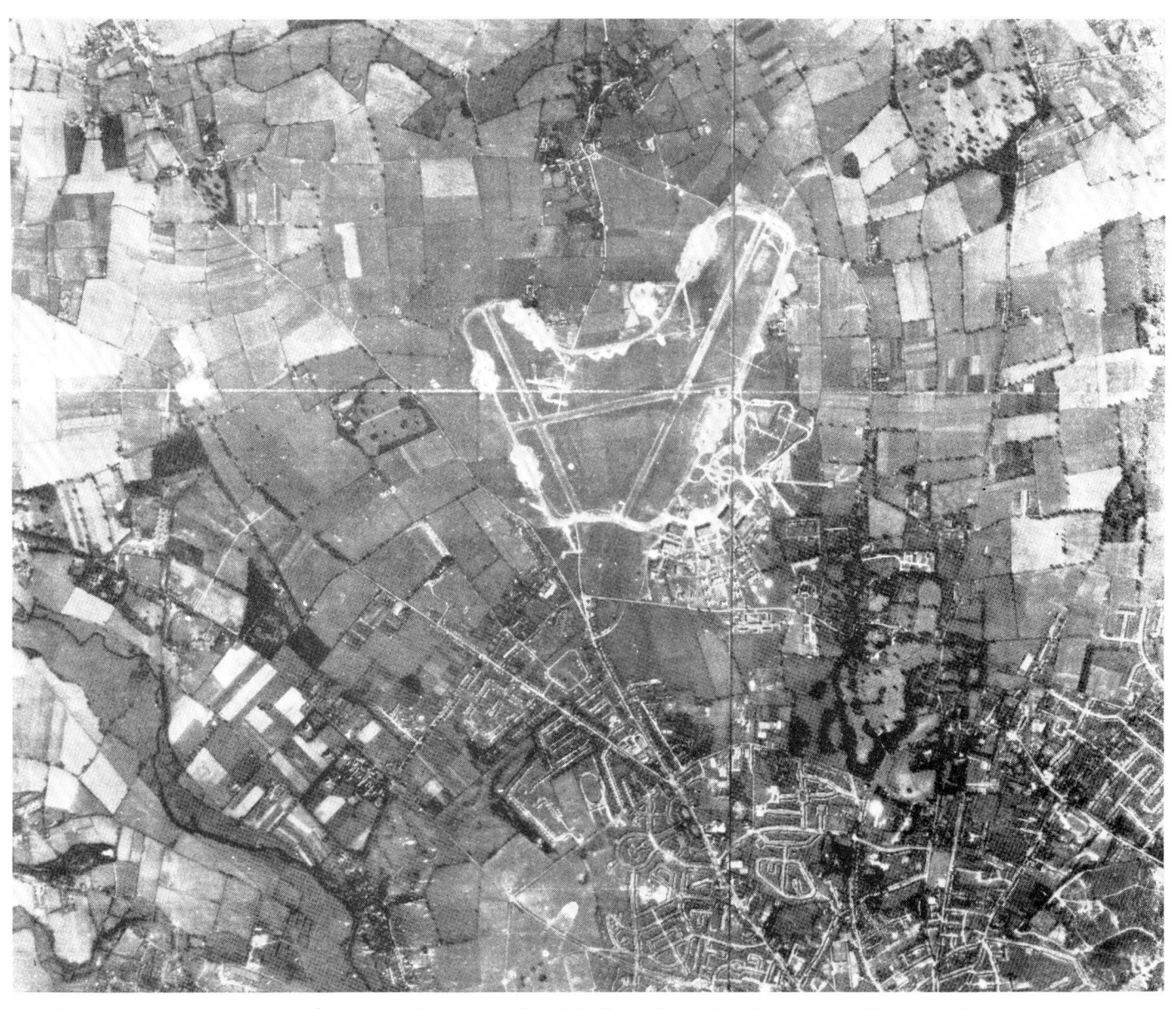

Das ist der Flugplatz Horsham St. Faith im Norden von Norwich, Einsatzhorst der Liberator der 458th Bomb Group der 8. amerikanischen Luftflotte. Eine Ar 234 des Kommandos Sperling machte diese Aufnahme am 11. September 1944.

anzulassen, und er kehrte einstrahlig nach Rheine zurück. Anschließend stellte man fest, daß eine Turbinenschaufel des linken Triebwerks sich gelöst hatte, was zu einer Unwucht der drehenden Teile führte.

Obwohl die Aufklärer Ar 234 bereits seit rund vier Monaten ihre Einsätze flogen und Götz selbst sechs Wochen vorher eine Begegnung mit feindlichen Jägern gehabt hatte, berichteten alliierte Jäger zum ersten Mal am 21. November vom Zusammentreffen mit einer Ar 234. An diesem Tag flogen P-51 der 339th Fighter Group Bomberbegleitschutz, als sie auf dem Weg nach Deutschland über holländischem Gebiet die Arado sichteten:

»Das Strahlflugzeug näherte sich in 8200 m Höhe von Norden her den Pulks, etwa 300 m höher als die Bomber. Die Maschine flog mit schätzungsweise 480 km/h direkt über die Formation hinweg. Als sie sich rechts von unserem Verband befand, waren für etwa zehn Sekunden lang zwei von den Turbinen ausgehende Rauchfahnen zu sehen, bevor sie mit erhöhter Geschwindigkeit in der Sonne verschwand.«

In Scheinluftkämpfen, die man zu jener Zeit mit einer Ar 234 und einer Fw 190 durchführte, ließen sich die Vorteile und die schwachen Punkte des unbewaffneten Strahlflugzeugs erkennen. Dazu ein Bericht der Arado-Flugzeugwerke:

»Die stärkste Waffe der Ar 234 gegen propellergetriebene Jagdflugzeuge war ihre Geschwindigkeit. Im engen Kurvenkampf konnte sich die Fw 190 leicht in Schußposition bringen, aber wenn die Arado geradeaus flog, mit waagerechten Flächen stieg oder sank, hatte die Fw 190 keine Chance. Falls sich ein Kurven nicht vermeiden ließ, dann nur in einem weit ausholenden Bogen. Problematisch ist die begrenzte

Techn. Daten Ar 234 B

Arado Ar 234 B
Triebwerke: 2 Turboluftstrahltriebwerke mit 8stufigem Axialverdichter Junkers Jumo-004 B mit je 900 kp Standschub.
Bewaffnung oder militärische Ausrüstung: Bomber: Gewöhnlich trug die Maschine im Einsatz eine einzelne 500 kg Bombe oder kleine Bombenbehälter unter dem Rumpf; es wurden Versuchsflüge mit der dreifachen Bombenladung durchgeführt, doch gelangte keine Ar 234 mit dieser Ausrüstung zum Einsatz.
Bei der Bomberversion fehlten normalerweise die Bordwaffen, obwohl einige spätere Serienmaschinen mit 2 nach hinten feuernden Mauser-Bordkanonen MG 151/20 mit je 200 Schuß ausgerüstet worden sind (siehe Übersichtszeichnung).
Aufklärer: 2 Luftbildkameras Rb 50/30 im Rumpfheck, 12° seitlich zur Flugbahn geneigt. Keine Bewaffnung.
Leistungen: Höchstgeschwindigkeit 742 km/h in 6000 m, mit 500 kg Bombe 692 km/h in 6000 m Höhe. Reichweite in 6000 m Höhe und mit 500 kg Bombe und ohne Zusatztreibstoff 1560 km. Steigzeit mit 500 kg Bombe auf 6000 m in 12 Minuten und 48 Sekunden.
Gewichte: Ohne Zuladung 5200 kg, mit normaler Zuladung, mit 2 Startraketen und einer 500 kg Bombe, 9465 kg.
Abmessungen: Spannweite 14,4 m, Länge 12,64 m, Flügelfläche 26,4 m^2.

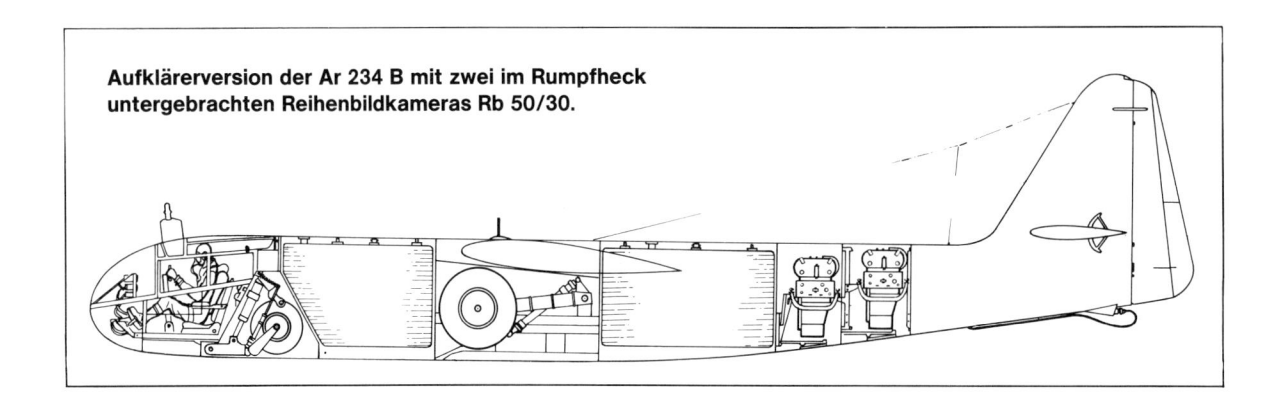

Aufklärerversion der Ar 234 B mit zwei im Rumpfheck untergebrachten Reihenbildkameras Rb 50/30.

Bei weitreichenden Aufklärereinsätzen bis nach England trugen die Ar 234 je einen abwerfbaren 300 l Zusatztank unter den Triebwerksgondeln.

Sicht nach unten und nach hinten; der tote Winkel nach hinten beträgt beidseitig 30 Grad. Aus diesem Grund ist es unmöglich, einen direkt von hinten anfliegenden Angreifer auszumachen ...«

Der Bericht schließt mit der Feststellung, daß eine gutgeflogene Ar 234 B von der Fw 190 nur im Überraschungsangriff abgefangen werden konnte. Andernfalls entkam das schnelle Strahlflugzeug mit Leichtigkeit.

In den letzten Monaten des Jahres 1944 wurde inzwischen die auf dem Platz Burg bei Magdeburg liegende III. Gruppe des Kampfgeschwaders 76 mit der Ar 234 B ausgerüstet. Am 17. Dezember erhielt der Kapitän der 9. Staffel, Hptm. Diether Lukesch, den Befehl, mit 16 Maschinen nach Münster-Handorf zu verlegen, um von dort aus die am Vortage begonnene Ardennen-Offensive aus der Luft zu unterstützen. Die Verlegung war am 21. Dezember abgeschlossen. Schlechte Wetterverhältnisse verhinderten jedoch jede Luftaktivität auf beiden Seiten, so daß auch die Ar 234 B für zwei Tage lang am Boden gefesselt blieben.

Erst am Weihnachtstag konnten die Arado zu ihrem ersten Einsatz starten. Um 10.14 Uhr hob Lukesch mit weiteren acht Kampfflugzeugen in Münster-Handorf ab mit dem Ziel Lüttich. Jede Arado trug unter dem Rumpf eine Bombe SC-500. Sie flogen in loser Formation, und so lange sie schnell genug waren, hatten sie keine Feindjäger zu befürchten. Nach dem Start hielten die Bomber zunächst für einige Kilometer Nordostkurs, um ihren Absprungplatz nicht zu verraten, falls jetzt gegnerische Jäger auftauchen sollten. Danach wendeten sie nach Südwesten und hiel-

Oben: **Ar 234 B der 9./KG 76 auf dem Platz Burg bei Magdeburg, Winter 1944.** (KG 76 Archiv)

Mitte: **Eine Arado wird für einen Übungsflug vorbereitet. Unter der rechten Triebwerksgondel zwei aus Zement bestehende Übungsbomben.** (KG 76 Archiv)

Rechts: **Vor dem Einsatztraining. Eine Ar 234 wird auf das Flugfeld gezogen.** (KG 76 Archiv)

Hptm. Diether Lukesch, Kapitän der 9./KG 76, führte am 24. Dezember 1944 den ersten von Kampfflugzeugen des Typs Ar 234 B geflogenen Einsatz. Eine Woche später unternahm er den ersten Nachtangriff der Welt mit Strahlbombern. (Lukesch)

Ein Triebwerksmechaniker bei der Überprüfung des Ölstandes. Die Aufnahme läßt hierbei den Umfang des Strahltriebwerks Jumo-004 erkennen. (KG 76 Archiv)

ten auf ihr Ziel zu, indem sie auf 4000 Meter stiegen. Fünfunddreißig Minuten nach dem Start leitete Lukesch mit den Arado den flachen Sturzangriff ein. Aus 2000 m Höhe löste der Verbandsführer seine Bomben über einem Fabrikkomplex aus, während die anderen Eisenbahnanlagen in der Stadt bombardierten. Den Deutschen schlug nur schwaches Flakfeuer entgegen. Nach dem Angriff jagten die Arado in 2000 m Höhe mit hoher Geschwindigkeit zu ihrem Einsatzhorst zurück. Auf dem Rückflug hatte Lukesch plötzlich eine Spitfire genau vor sich. Der britische Pilot, der keine Ahnung hatte, daß die einzige an Bord des Düsenflugzeugs befindliche Bewaffnung die Pistole des Flugzeugführers war, legte sich scharf auf die Seite und stürzte dem von hinten anfliegenden vermeindlichen Angreifer davon. Alle Arado landeten unversehrt wieder auf Münster-Handorf, nur eine Maschine hatte beim Aufsetzen Fahrwerkschaden und erlitt leichte Beschädigungen an der Tragfläche. Ihr Pilot, Fw. Winguth, kam jedoch ohne Verletzungen davon.

Am nächsten Tag fanden zwei weitere Unternehmen gegen Lüttich statt. Beide Male waren je acht Ar 234 B beteiligt. Beim ersten Einsatz

Während seine Ar 234 in Burg zu einem Übungsflug zum Startplatz gezogen wird, steht Diether Lukesch in der Kanzel. Ein Wart ist ihm vor dem Start beim Anschnallen behilflich. (KG 76 Archiv)

Major Hans-Georg Bätcher (in heller Lederjacke) führte Anfang des Jahres 1945 die III./KG 76. (KG 76 Archiv)

Bätcher klettert in seine Ar 234, ein Bodenwart befestigt die Anschnallgurte. (KG 76 Archiv)

am Morgen wurden die Strahlbomber von den Tempest der 80. RAF-Squadron angegriffen. Pilot Officer R. Verran kam dicht an eine der Arado heran und brachte Treffer an der linken Turbine an, bevor ihm die Munition ausging. Die getroffene Ar 234 machte in Holland eine Bauchlandung, ihr Pilot, Lt. Alfred Frank, blieb dabei unverletzt. Ofw. Dierks kehrte mit nur einer laufenden Turbine zurück, und die Maschine wurde bei der Landung beschädigt. Auch Dierks blieb hierbei unversehrt. Bei der Rückkehr vom zweiten Einsatz dieses Tages platzte bei der Landung der Arado von Oblt. Friedrich Fendrich ein Reifen, was zu einer geringfügigen Beschädigung des Rumpfbugs führte.

Den ersten Personalausfall erlitt die Staffel am 27. Dezember. Beim Start zu einem Angriff auf alliierte Stellungen bei Neufchateau raste die Maschine von Lt. Erich Dick in den Splitterwall einer Batterie der Flugplatzflak hinein. Die Arado ging in Flammen auf und verbrannte. Lt. Dick erlitt schwere Verletzungen.

Soweit es das Wetter erlaubte, hielten die Einsätze auch an den folgenden Tagen an. Und wie beim ersten Mal führte die Ar 234 dabei jeweils flache Sturzangriffe durch. Lukesch selbst bevorzugte lieber diese Art des Angriffs, er konnte sich für die Methode des waagerechten Hocheinsatzes nicht recht begeistern und hatte bei allen Unternehmen, die er durchführte, einen solchen Einsatz auch nie geflogen:

»Bei Hochangriffen konnte der Flugzeugführer nicht sehen, was hinter ihm vorging, und er mußte ständig befürchten, von Feindjägern überrascht zu werden. Ein 1000 bis 2000 Meter höher fliegender Jäger konnte beim Herabstürzen leicht unsere Geschwindigkeit erreichen, besonders dann, wenn wir Bomben trugen. Bei einem so lange andauernden Geradeausflug hatte auch die gegnerische Flak ein leichteres Spiel. Der einzige Vorteil solcher Angriffe war, daß man einen größeren Aktionsradius besaß, doch die zu bombardierenden Ziele lagen alle nicht mehr weit von unserem Einsatzhorst entfernt, so daß wir sie auch in niedrigen Höhen bequem erreichen konnten.«

Noch in der Dunkelheit am frühen Morgen des 1. Januar 1945 flog Lukesch mit vier Ar 234 B den ersten Nachteinsatz, den Strahlbomber je unternommen haben. Der Bombeneinsatz sollte jedoch dem Zweck dienen, unter dem Gegner eher Verwirrung zu stiften als größeren materiellen Schaden anzurichten. Von Münster-Handorf aus flogen die Arado in weitem Bogen über Rotterdam, Antwerpen, Brüssel, Lüttich und Köln und wieder zum Einsatzhorst zurück. In erster Linie diente dieser Flug zur Beobachtung des Wetters über Belgien und Holland in Vorbereitung des Unternehmens »Bodenplatte«, dem wenig später beginnenden Großeinsatz der Luftwaffe gegen die alliierte Bodenorganisation. Um über den wahren Grund des Einsatzes hinwegzutäuschen, warfen die Ar 234 B ihre Bomben auf Brüssel und Lüttich ab.

Lukeschs Stellvertreter, Oblt. Artur Stark, flog etwas später mit sechs Ar 234 B einen Angriff auf den britischen Flugplatz Gilze-Rijen in Holland. Die Maschinen waren mit je einem Behälter AB 500 ausgerüstet, in denen sich jeweils 25 Splitterbomben SC 15 befanden.

Den ganzen Januar hindurch war der Einsatz stark vom Wetter beeinträchtigt. Abgesehen vom 1. Januar konnten die Arado insgesamt nur an vier Tagen operieren: Am 2. gegen Lüttich, am 14. gegen Bastogne, am 20. und 24. gegen Antwerpen.

Am 10. Januar 1945 befanden sich laut einer Aufstellung des Generalquartiermeisters der Luftwaffe insgesamt nur 17 Ar 234 B bei den Frontverbänden:

9./KG 76	Kampfflugzeuge	12
Kommando Sperling	Aufklärer	4
Kommando Hecht	Aufklärer	1

Zur gleichen Zeit wurden auch die I. und die restliche III./KG 76 auf Arado Ar 234 B umgerüstet. Keine dieser Einheiten gelangte in voller Gruppenstärke zum Fronteinsatz. Auch nach erfolgter Umrüstung stand es fest, daß von den bis Ende 1944 an die Luftwaffe ausgelieferten insgesamt 148 Ar 234 nur eine geringe Anzahl tatsächlich in Dienst gestellt worden war. Den Arado erging es ähnlich wie den Me 262: Auch sie wurden das Opfer massierter Luftangriffe der Alliierten auf das deutsche Verkehrsnetz.

Wie alle anderen Strahlflugzeugbaumuster zeigten die Ar 234 gleichfalls bei Start und Landung ihre verwundbare Stelle. Der Kommandeur der III./KG 76, Major Hans-Georg Bätcher, erinnert sich an eine solche Begebenheit, als er einmal nach Achmer zurückkehrte und über dem Platz gerade eine Kurbelei zwischen alliierten und deutschen Jägern im Gange war: ». . . und die Flak schoß auf alles, was sich in der Luft befand!« Da Bätcher nur noch wenig Sprit zur Verfügung hatte, blieb ihm nichts weiter übrig, als im Schnellanflug sofort zu landen. Bei 400 km/h fuhr er das Fahrwerk aus, bei 350 km/h betätigte er die Klappen, bei 175 km/h drückte er die Maschine unsanft auf die Landebahn hinunter und löste sofort den Bremsfallschirm aus. Dem linken Laufrad bekam diese harte Behandlung nicht. Es platzte nach dem Aufsetzen. Die Arado schlitterte mit hoher Geschwindigkeit über die Piste hinaus auf die Grasfläche, bis sie endlich liegenblieb. Bätcher kam mit dem Schrecken davon.

Hauptsächlich Treibstoffmangel war es, der die Operationen des KG 76 im Februar 1945 einschränkte. Doch dann lebte die Einsatztätigkeit im März plötzlich wieder auf. Am 7. März eroberten amerikanische Truppeneinheiten die Ludendorff-Brücke bei Remagen. Die deutsche Verteidigungslinie entlang des Rheins, eines der letzten natürlichen Hindernisse im Westen, war damit durchbrochen. Aus diesem Grund wurde die Remagen-Brücke für die Deutschen jetzt zu einem Zielobjekt von äußerst wichtiger Bedeutung. So unternahm auch Oberstlt. Robert Kowalewski, Kommodore des Kampfgeschwaders 76, mit seinen Arado etliche Angriffe auf diese Brücke. Das Zielgebiet war jedoch ständig von tieferliegenden Wolkenschichten verdeckt, so daß nur Tiefangriffe in Frage kamen. Eine Brücke mit herkömmlichen Bomben zu zerstören war von jeher schon ein recht schwieriges Unterfangen. Die Ludendorff-Brücke, die allerdings nach der mißglückten Sprengung erhebliche Beschädigungen aufwies, wurde zudem von starken Flakkräften des Gegners verteidigt. Diese konnten zehn wertvolle Tage lang jeden Angriff abwehren, bis die Eisenkonstruktion infolge Überbeanspruchung und einiger Artillerietreffer barst und in den Rhein stürzte.

Die Amerikaner hatten unterdessen stromabwärts eine Pontonbrücke über den Fluß verlegt – der auf der Ostseite entstandene Brückenkopf war nicht mehr gefährdet. Jetzt begann der letzte Vorstoß ins Reich hinein. Die Angriffe auf die Remagen-Brücke waren die letzten großen Einsätze, die das KG 76 flog, und ab Ende März spielten die Operationen des Geschwaders nur noch eine untergeordnete Rolle.

Trotz aller Gefahren des Einsatzes zu einer Zeit, da der Gegner die Lufthoheit besaß, verzeichnete das KG 76 bemerkenswert geringe Ausfälle. Zwischen Anfang Oktober 1944 und dem 25. März 1945, so konnten die Autoren aus den Unterlagen erkennen, waren nur vier Flug-

Der Erweiterung des Aktionsradius dienten diese interessanten Versuche mit einer in Schlepp genommenen »V-1«, bei der man Gefechtskopf, Triebwerk und Leitwerk entfernt und ein Fahrgestell montiert hatte und die als Großbehälter für Zusatztreibstoff vorgesehen war. Die Versuche gab man jedoch bald wieder auf.

Unten: **Major (später Oberstleutnant) Robert Kowalewski war zu Kriegsende Kommodore des KG 76 und flog selbst eine ganze Reihe von Einsätzen mit der Ar 234.** (Kowalewski)

zeugführer mit ihren Maschinen abgeschossen worden. Im gleichen Zeitraum wurden bei Flugunfällen weitere vier Piloten getötet und sieben verletzt. Es ist durchaus möglich, daß noch andere Personalausfälle aufgetreten sind, für die sich jedoch keine Verlustunterlagen finden ließen.

Die ab September 1944 von den Ar 234 B unternommenen Aufklärereinsätze verliefen im großen und ganzen ungestört. Anfang 1945 hatte man die Einheit von Götz, das Kommando Sperling, auf Staffelstärke erweitert; sie wurde jetzt die 1. Staffel der Fernaufklärergruppe 123. Die beiden anderen mit der Ar 234 B ausgerüsteten Aufklärerstaffeln kamen zur FAG 100 und FAG 33. Außerdem stellte jetzt auch Erich Sommer einen eigenen Arado-Verband auf, das Kommando Sommer, mit dem er an die italienische Front verlegte.

Nachdem die Ar 234 sich bereits über sechs Monate lang im Einsatz befand, wurde am 11. Februar 1945 zum ersten Mal ein Arado-Aufklärer von einem feindlichen Jäger abgeschossen. Sqn. Ldr. David Fairbanks befand sich an diesem Tag mit acht Tempest der 274. RAF-Squadron auf einem bewaffneten Erkundungsflug, als er das einzelne Strahlflugzeug entdeckte und dieses zunächst für eine Me 262 ansah. Nach einer längeren Verfolgungsjagd holten sie die Maschine ein und schossen sie ab, nachdem die Arado ihren Flug verlangsamte und den Platz Rheine angesteuert hatte. Es handelte sich hier um die Ar 234 B von Hptm. Hans Felden aus Götz' Verband. Felden, der von einem Fotoeinsatz über dem Hafen von Hull zurückkehrte, kam beim Absturz ums Leben.

Das auf dem Platz Udine in Italien stationierte Kommando Sommer verlor nur einen einzigen Piloten. Am 11. April 1945 startete Lt. Günther Gniesmer allein zu einem Aufklärungseinsatz und stieß dabei in der Nähe von Bologna auf einen von P-51 der 52nd Fighter Group geschützten Bomberverband. Lieutenant Hall und Lieutenant Cooper konnten sich in Schußposition bringen und schossen dann die Arado ab. Gniesmer stieg mit dem Fallschirm aus, schlug aber gegen das Leitwerk seiner Ar 234 und zog sich schwere Verletzungen zu. Er kam im Niemandsland herunter und wurde von deutschen Soldaten geborgen. Drei Tage darauf erlag er im Lazarett seinen Verletzungen.

Neben der Bomber- und Aufklärerversion baute man Anfang 1945 auch einige Ar 234 B zu Nachtjägern um. Sie wurden zu diesem Zweck mit dem FuG 218 Neptun und den dazugehörigen Antennen am Rumpfbug ausgerüstet. Im Rumpf, unmittelbar hinter der Tragfläche, wurde ein Platz für den Beobachter geschaffen. Der Nachtjäger trug eine Bewaffnung von zwei MG 151/20, die in einem Waffenbehälter im Rumpfheck untergebracht waren und die nach rückwärts feuerten. Der erste Kommandeur dieses schnell aufgestellten Nachtjagdverbands, Hptm. Bisping, kam bei einem Flugzeugabsturz ums Leben, sein Nachfolger wurde Hptm. Kurt Bonow. Ende März flogen die Versuchs-Nachtjäger des jetzigen Kommandos Bonow einige Einsätze. Für die Bomberbekämpfung reichte die Bewaffnung der Ar 234 B bei weitem nicht aus, und so lassen sich denn auch keinerlei Unterlagen darüber finden, daß es der Ar 234 B als Nachtjäger jemals gelang, einen Abschuß zu erzielen.

Die allerletzten Stärkeangaben datieren vom 10. April 1945. Zu diesem Zeitpunkt befanden sich nicht mehr als 38 Ar 234 B bei den Frontverbänden. Ihre Verteilung sah folgendermaßen aus:

Kampfeinheiten

Stab/KG 76	2
6./KG 76	5

III./KG 76	5
Aufklärereinheiten	
1.(F)/33	7
1.(F)/100	6
1.(F)/123	8
Kdo. Sommer	3
Nachtjagdeinheiten	
Kdo. Bonow	2

Gegen Kriegsende war man soweit, die Großserie einer weiteren Version, der mit vier 800 kp Schub leistenden Turbinen BMW-003 ausgestatteten Ar 234 C, aufzunehmen. Das schubkräftigere Baumuster konnte vollbeladen auch von kürzeren Plätzen aus ohne Raketenhilfe starten. Peter Kappus, Mitarbeiter von BMW und Einflieger, hatte die Ar 234 C geflogen und bemerkte dazu: »Die vierstrahlige Ar 234 C erbrachte beim Starten und im Steigen hervorragende Leistungen, sie ließ sich jedoch in der Horizontale mit voller Kraft nicht sehr gut fliegen, da bei den großen Geschwindigkeiten, die sie erreichte, Flattererscheinungen auftreten konnten.« Noch im Jahr 1945 waren auch die Probleme mit den Triebwerken BMW-003 nicht gänzlich gelöst (erinnern wir uns, daß die Me 262 ursprünglich einmal mit dieser Turbine ausgerüstet werden sollte). Kappus gelang es am 29. März 1945 nur mit knapper Not, einem Flugunfall zu entkommen. Von Burg aus flog er den 15. Prototyp, eine mit zwei zu erprobenden BMW-003 ausgerüstete Ar 234 B. Lassen wir ihn selbst berichten:

»Gleich nach dem Start bemerkte ich ein plötzliches Anschwellen des Turbinengeräusches sowie eine offensichtlich erhöhte Leistung. Zu meiner Überraschung stellte ich fest, daß der Tachometer der einen Turbine 11 000 Umdrehungen anzeigte. Instinktiv nahm ich das Gas zurück, eine gefährliche Angelegenheit, denn ich war gerade erst gestartet und befand mich nicht höher als 60 Meter über dem Platz. Ich überlegte und kam zu der Überzeugung, daß bei einer derart hohen Umdrehungszahl (der Höchstwert lag bei 9200 U/min) sich sofort sämtliche Schaufeln des Verdichters und des Turbinenläufers gelöst hätten. Deshalb mußte der Fehler am Tachometer liegen – das Triebwerk konnte sich gar nicht so schnell drehen! Und weil ich immer noch wie eine reife Pflaume in der Luft hing, Klappen und Fahrwerk immer noch ausgefahren, gab ich zuversichtlich wieder Gas, um die Maschine um den Platz herum zu bekommen. Das war jedoch mein großer Fehler.«

Plötzlich stand das Triebwerk in Brand, der Flammenschweif war länger als das gesamte Flugzeug. Wahrscheinlich ein Glück, daß Kappus in seiner Kanzel davon nichts sah. In engem Bogen zog er die Ar 234 B herum und drückte sie auf die Landebahn. Gleich darauf hielt ein Lastwagen mit kreischenden Bremsen neben der Maschine, Männer sprangen mit Feuerlöschern herab, um die brennende Turbine zu löschen. Inzwischen war auch Kappus aus der Kanzel heraus und sah mit Entsetzen, daß im linken Triebwerk tatsächlich sämtliche Schaufeln sowie auch der Lufteinlaß fehlten. Die Schaufeln waren in alle Richtungen davongeflogen und hatten dabei die Klappen auf dieser Seite zerfetzt. Anschließend zog er eine dieser Schaufeln aus der selbstdichtenden Gummiabdeckung des hinteren Rumpftanks heraus.

Der Tachometer hatte die ganze Zeit über richtig angezeigt! Der Fehler fand sich dann in der beim Start abgescherten Spindel des Treibstoffreglers. Der Regler zeigte also ein Abfallen der Triebwerksdrehzahl an und führte deshalb den Brennkammern ständig mehr Sprit zu, so daß es zu einer überhöhten Umdrehung kam. Kappus hatte mehr als Glück gehabt, denn nur ein paar

Der Serienbau der vierstrahligen Ar 234 C wurde in Alt-Lönnewitz im März 1945 durch das Herannahen der Roten Armee gestoppt. Die Kraft der vier Triebwerke BMW 003 verbesserten die Leistungseigenschaften des Bombers ganz erheblich, obwohl sie auch bei Kriegsende immer noch nicht zuverlässig funktionierten.

Sekunden später wäre durch das Feuer auch die Steuerung des Flugzeugs erfaßt worden – nichts hätte den Piloten mehr retten können.
Vierzehn Ar 234 C waren in den letzten Kriegswochen gebaut worden. Unter Diether Lukeschs Kommando sollte noch eine Versuchsstaffel für die Einsatzerprobung dieses Baumusters aufgestellt werden, aber da war der Krieg zu Ende.
Mit der Zerstörung der Werksanlagen angesichts der heranrückenden russischen Truppen kam die Produktion der Arado Ar 234 endgültig zum Erliegen. Insgesamt waren 210 Maschinen hergestellt worden. Als Kampfflugzeug brachte diese revolutionäre Neuentwicklung, abgesehen davon, daß ihr der Gegner kaum beizukommen vermochte, kaum Erfolg. Die 4½ Tonnen Bomben, welche neun Ar 234 während des stärksten, jemals von diesen Maschinen geflogenen Einsatzes mit sich führten, reichten wohl nicht aus, den Gegner damit in Schrecken zu versetzen. Die Bomber der Alliierten schleppten mehr als das Zehnfache dieser Ladung, auch wenn es sich um Ziele von geringerer Bedeutung handelte. Und auch als Nachtjäger kam die Ar 234 nicht zum Zuge. Wirklich erfolgreich war sie jedoch als Aufklärer. Sie konnte hierbei, gewöhnlich ohne vom Gegner behelligt zu werden, dessen Bereitstellungen fotografieren und mit wertvollem Filmmaterial zurückkehren. Ironie des Schicksals, daß zu der Zeit, da den Deutschen diese letzte Möglichkeit in die Hand gegeben war, die Kampfkraft der Wehrmacht für eine operative Ausnützung des genannten Vorteils nicht mehr ausreichte.

Messerschmitt Me 163

Von den Flugzeugmustern, welche im Zweiten Weltkrieg zum Einsatz gelangten, wies die Messerschmitt Me 163 ohne Zweifel die wenigsten konventionellen Merkmale auf. Sie stellte nicht nur das einzige bemannte operative Raketenflugzeug dar, sondern war auch das allererste schwanzlose Baumuster, mit welchem je ein Frontverband ausgerüstet wurde. Ähnlich der Me 262 begann auch die Laufbahn dieser Maschine als Flugzeug für Hochgeschwindigkeitsversuche mit einer völlig neuen Art des Antriebs, wurde dann als Jäger vorgesehen und kam im Sommer 1944 zum Einsatz. Bei Ende des Zweiten Weltkriegs war die Me 163 das schnellste fronttaugliche Jagdflugzeug der Welt. Ihr Einfluß auf das Kriegsgeschehen war hingegen recht minimal. An kaum einem Tage haben sich einmal mehr als acht Me 163 in der Luft befunden, während ihrer gesamten Einsatzzeit konnten sie nicht mehr als 16 Feindflugzeuge zum Absturz bringen.

Die Messerschmitt Me 163 war praktisch eine Weiterentwicklung des Nurflügel-Raketentestflugzeugs DFS 194 von Alexander Lippisch, welches sich zum ersten Mal im Sommer 1940 in die Luft erhoben hatte. Die Maschine erreichte damals mit dem 400 kp Schub abgebenden Walter-Flüssigkeitsraketenmotor eine Höchstgeschwindigkeit von 547 km/h. Daraufhin beauftragte das RLM Lippisch mit dem Entwurf und dem Bau von drei Versuchsmustern, welche ein von Walter weiterentwickeltes, 750 kp Schub leistendes Antriebsaggregat aufnehmen konnte. Dieses Flugzeug wurde dann bei Messerschmitt gebaut und erhielt die Bezeichnung Messerschmitt Me 163.

Wie es sich schon bei den anderen, ersten deutschen Strahlflugzeugentwicklungen gezeigt hatte, so war auch in diesem Falle die Zelle der Me 163 fertig, lange bevor das Triebwerk zur Verfügung stand. So wurde in Lechfeld der erste Prototyp von Heini Dittmar zunächst als Gleitflugzeug eingeflogen. Eine Messerschmitt Bf 110 schleppte die Maschine in die Luft. Als Nurflügelflugzeug wie sein Vorgänger startete es von einem abwerfbaren Rädergestell und landete auf einer gefederten Kufe. Nach damaligen Gesichtspunkten handelte es sich um eine recht winzige Maschine: Ihre Spannweite betrug nur 9,3 Meter, die Länge 5,6 Meter. Die Flügelvorderkante wies am Flächenansatz einen nach hinten angestellten Winkel von 27° auf, der sich nach der Außenfläche zu auf 32° vergrößerte. Dittmar stellte fest, daß der Nurflügler sich leicht fliegen ließ. Zwar flatterten bei höheren Geschwindigkeiten die Ruder ein wenig, doch das ließ sich durch Veränderung der Ausgleichsgewichte beheben. Nachdem dies geschehen war, erreichte Dittmar bei antriebslosen Sturzflügen Geschwindigkeiten von über 840 km/h. Im August 1941 stand dann auch der neue Walter-Raketenmotor R II-203 bereit und wurde in

Am 3. Juni 1940 startet Heini Dittmar mit dem Versuchsflugzeug DFS 194 von Lippisch, dem Vorläufer der Me 163, zu einem Erprobungsflug.

die Me 163 eingebaut. Am 13. August unternahm Dittmar vom Platz Peenemünde-West aus den ersten Flug mit der so ausgerüsteten Maschine. Die Me 163 erbrachte außergewöhnliche Schnelligkeitswerte, und während eines dieser Flugversuche brach Dittmar mit Leichtigkeit den damals gehaltenen Geschwindigkeitsweltrekord von 750 km/h.

Der Walter-Raketenmotor R II-203 wurde mit zweierlei Flüssigkeiten betrieben: Angereichertes Wasserstoffperoxid (T-Stoff) und eine wässrige Lösung von Kaliumpermanganat (Z-Stoff). Letztere war im Gegensatz zum T-Stoff ungefährlich. Wasserstoffperoxid ist hingegen eine ziemlich instabile Verbindung, die sich leicht in Anwesenheit von Kupfer, Blei oder jedem organischen Material zersetzt, und zwar unter starker Hitzeentwicklung, die der von abbrennendem Schießpulver entspricht. Die Flüssigkeit ist zudem äußerst ätzend und hat die unangenehme Eigenschaft, die menschliche Haut zu zerfressen, wenn man auch nur länger als ein paar Sekunden damit in Berührung kommt. Als die Me 163 später dann zum Einsatz gelangte, sollte die Verwendung dieses Treibstoffgemisches noch so manches Problem mit sich bringen.

Schon bald nach dem Erstflug der Me 163 nahm neben Dittmar auch Rudolf Opitz an der weiteren Erprobung teil. Opitz schildete später einem der Autoren seinen ersten Flug mit dieser Maschine. Nach gründlicher Einweisung durch Dittmar ließ Opitz den Motor an, gab langsam Gas und jagte immer schneller werdend über die Graspiste auf Peenemünde-West. Opitz kam anfänglich mit seinen Gedanken gar nicht so schnell nach, so rasch bewegte sich das Raketenflugzeug vorwärts. Erst als die

Ein letztes Mal überprüft Helgo Jahnke das Raketentriebwerk und hilft dann Dittmar in die Fliegerkombination.

Ein Mann des Bodenpersonals hält während des Anlassens des Raketentriebwerks die Fläche unterstützend fest, bevor die winzige Maschine zum Start anrollt. (Willi Elias)

Maschine sich schon etwa 30 Meter über dem Boden befand, fiel ihm ein, daß das Startgestell noch drunterhing – schon zu hoch, um es ungefährdet abzuwerfen. Wenn er es jetzt fallengelassen hätte, wäre das Gestell mit Sicherheit am Boden zerschellt. Kurzum, Opitz beschloß, das Startgestell dranzulassen, brauchte seinen Treibstoff auf und machte nach einem Gleitanflug eine perfekte Landung. Nachdem er das Flugzeug zum Anhalten gebracht hatte, sah er, wie alles in heller Aufregung auf das Feld stürzte: Die Me 163 ließ sich auf dem Gestell sitzend bekannterweise nicht steuern, und man hatte befürchtet, daß Opitz' Maschine beim Aufsetzen der Räder ausbrechen würde. Andere Piloten, die später ähnliche Landungen durchführten, kamen nicht so glimpflich davon wie Opitz. Während der ersten Flugversuche mit der Me 163 kam man zu der Feststellung, daß mit der Maschine noch höhere Horizontalgeschwindigkeiten erreicht werden könnten als bisher: Bei jedem Versuch, sie auf Höchstgeschwindigkeit zu bringen, war vorher der Treibstoff aufgebraucht, während die Maschine immer noch beschleunigte. Zur Lösung des Problems ließ man das Raketenflugzeug von einer Bf 110 auf Höhe schleppen, um dadurch den Sprit für Start und Steigflug einzusparen. Wie schnell die Me 163 wirklich sein würde, darüber konnten Lippisch und sein Mitarbeiterstab nur spekulative Angaben machen. Man schätzte jedoch, daß es gelingen könnte, mit dieser kleinen Maschine

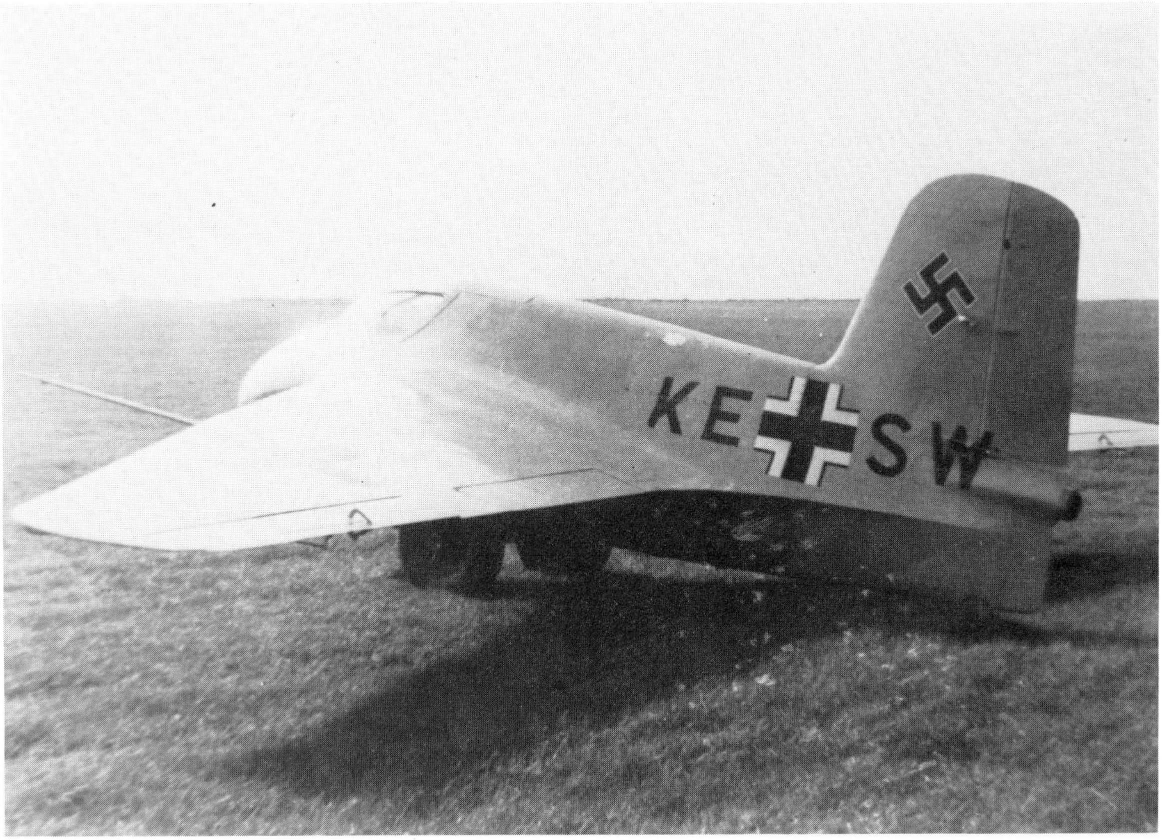
KE SW

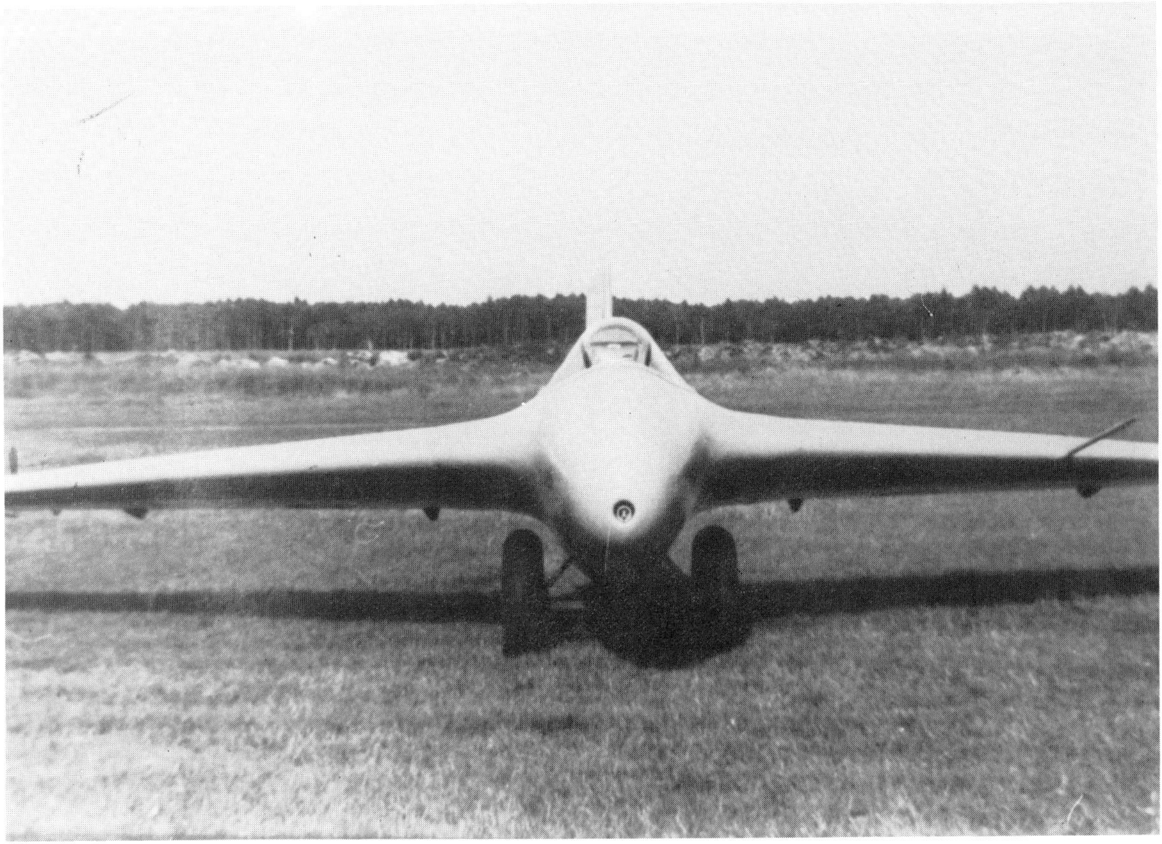

Vor dem Erstflug des Prototyps der Me 163 vom Platz Peenemünde am 13. August 1941. Anfänglich wurde das Startgestell an der eingezogenen Landekufe befestigt; fehlende Stoßdämpfer oder Bremsen erschwerten den Startvorgang. (Willi Elias)

Einer der ersten Prototypen im schnellen Tiefflug über Peenemünde.

dem Traumwert von 1000 km/h nahezukommen.

Der große Tag kam am 2. Oktober 1941, als Opitz in der Bf 110 den dritten Prototyp mit Dittmar am Steuer vom Platz Peenemünde-West in die Luft zog. Die Tanks der Me 163 waren nur zu Dreiviertel gefüllt, doch das mußte reichen. In 4000 Meter Höhe klinkte Dittmar das Schleppseil aus und ließ den Raketenmotor an. Die Beschleunigung war enorm. Er brachte die Maschine auf über 975 km/h, als sie plötzlich ohne Vorwarnung nach vorn in den Sturz ging. Dittmar verlor die Kontrolle über sie: Die Kompressibilitätsgrenze für die Tragflächenanordnung war erreicht. Sofort hatte auch der Raketenmotor ausgesetzt, weil durch die hohe Zentrifugalkraft kein Treibstoff mehr in die Brennkammern floß. Die Geschwindigkeit nahm rapide ab, und bald konnte Dittmar das Flugzeug wieder normal steuern. Dann landete er.

Eine nachträgliche Untersuchung der Bordinstrumente ergab, daß Dittmar kurz vor dem Aussetzen des Raketenmotors 1003 km/h, entsprechend Mach 0,84, geflogen hatte.

Mit dieser Glanzleistung war der damalige Geschwindigkeitsweltrekord um mehr als 250 km/h überboten worden. Bis 1947 sollte dies der schnellste bemannte Flug bleiben. Aus Geheimhaltungsgründen blieb der bemerkenswerte Flug jedoch der Öffentlichkeit vorenthalten. Das einzige, was man für Dittmar, Lippisch und Walter tun konnte, war die Verleihung der Lilienthal-Medaille, eine der höchsten deutschen Auszeichnungen auf dem Gebiet der Luftfahrt.

Die außergewöhnlichen Erfolge der Geschwindigkeitsversuche weckten natürlich auch das Interesse des Generalluftzeugmeisters Ernst Udet. Knapp drei Wochen nach Dittmars Rekordflug genehmigte er einen von Messerschmitt vorgelegten Plan zum Bau von 70 Me 163, die als Abfangjäger entwickelt werden sollten. Vorgesehen war, daß die Luftwaffe bis zum Frühjahr 1943 genügend Raketenjäger erhielt, um damit eine Einsatzgruppe aufstellen zu können. Lippisch begann sofort mit den Arbeiten. Die für den verlangten Verwendungszweck neu entstehende Version sollte mit zwei 20 mm Kanonen, erweiterter Kraftstoffanlage und ausreichender Panzerung für den Flugzeugführer ausgestattet werden. Als Antrieb kam der noch in der Entwicklung befindliche Walter-Flüssigkeitsraketenmotor R II-211 in Betracht. Dieser sollte über 1500 kp Schub leisten können. Der Motor wurde wie das vorherige Modell mit Wasserstoffperoxid angetrieben, aber anstelle der Kaliumpermanganatlösung trat jetzt ein Gemisch aus Methylalkohol, Hydrazinhydrat und Wasser (C-Stoff).

Noch waren die Entwicklungsarbeiten an dem neuen Jägerbaumuster nicht weit fortgeschritten, als der Fürsprecher dieses Projekts, Ernst Udet, knapp vier Wochen später Selbstmord verübte. In seiner Eigenschaft als Generalluftzeugmeister waren ihm die Aufgaben einfach über den Kopf gewachsen. Zurück blieben eine Vielzahl der unterschiedlichsten Entwicklungsvorschläge, halbfertige Neukonstruktionen und Projekte, die zum Teil so fortschrittlich waren,

Rudolf Opitz, der sich bald nach Beginn der Me-163-Erprobung an den Versuchen beteiligte, wurde später Cheftestpilot des gesamten Projekts. (Opitz)

daß sie auf kurze Zeit hinweg gesehen gar nicht frontreif gemacht werden konnten. Und in der Zwischenzeit hatte es mit allen jenen neuen Einsatzmaschinen, welche zur Truppe gelangen und ältere Baumuster ersetzen sollten – Me 209, Me 210, He 177 – bisher nur Schwierigkeiten gegeben: Für eine Serienproduktion waren sie noch längst nicht geeignet. Verzögerungen, die durch derartige Projekte verursacht worden waren, und daß es ihm mißlang, eine gezielte Weiterproduktion bereits eingesetzter Baumu-

Am 25. August 1942 wurde die Me 163 der höheren Führung vorgeführt. Opitz (nach links gewandt) unterhält sich mit General Galland (im Ledermantel) über den Flug mit der Me 163 A.

Generalfeldmarschall Erhard Milch (Mitte) gratuliert Dittmar (in weißer Kombination) zu dessen eindrucksvoller Flugvorführung. Rechts außen im Bild Helmuth Walter, der Erbauer des Raketentriebwerks. (Willi Elias)

ster anzustreben, waren nicht zuletzt die Gründe, welche Udet in den Freitod getrieben hatten. Generalfeldmarschall Erhard Milch, der Udets Amt übernahm, brachte dann in realistischer Beurteilung etwas mehr Ordnung in die gesamte Flugzeugproduktion. So trieb er umgehend den Weiterbau derzeit in Serie befindlicher Maschinen voran und beschränkte sich bei neuen Flugzeugbaumustern nur auf solche Entwicklungen, die kurz- oder mittelfristig zur Fertigstellung führen konnten. Langzeitprojekte und solche, die bei damaliger Einsatzlage der Luftwaffe nur mehr geringeren Kampfwert versprachen – und dazu gehörte zu diesem Zeitpunkt auch noch die Me 163 – wurden weit hinten angestellt oder einfach aufgegeben.

Die Me 163 konnte auch bei Vergrößerung der Tankanlage nur so viel Treibstoff aufnehmen, wie der Raketenmotor für rund vier Minuten Brenndauer benötigte. Danach mußte die Maschine im Gleitflug zum Einsatzhorst zurückkehren. Deshalb kam wohl ihre Verwendung als Tagjäger für die Bekämpfung gegnerischer Einflüge wohl kaum in Frage; ihr Aktionsradius betrug nur etwa 40 Kilometer. Ende 1941, da die deutschen Truppen vor Moskau standen und das Reichsgebiet selbst, abgesehen von wenigen wirkungslosen Nachtangriffen seitens der RAF, vom Luftkrieg verschont blieb, bot die Me 163 der Luftwaffe natürlich keine Lösung ihrer gegenwärtigen oder in absehbarer Zeit zu erwartenden Probleme an. Der Bau des Raketenjägers wurde, wenn auch ohne Dringlichkeit, dennoch weitergeführt.

Im Frühjahr 1942 wurde Hptm. Wolfgang Späte zum Projektoffizier für die Me 163 ernannt. Am 26. Juni stieg vom Platz Lechfeld aus der Prototyp der Jägerversion, die Me 163 B, zum ersten Mal in die Luft – allerdings ohne Antrieb. Wie schon früher, hinkte auch hier die Entwicklung des neuen Raketenmotors wieder einmal hinterher. Unter Spätes Führung entstand schließlich ein kleiner Versuchsverband, das Erprobungskommando 16, mit dem die Me 163 B und ihre Piloten auf den Einsatz vorbereitet werden sollten. Zunächst aber mußten die Flugzeugführer ihre ersten »Raketenerfahrungen« auf der Me 163 A sammeln.

Der erste Raketenmotor R II-211, der jetzt die Bezeichnung Walter 109-509 trug, traf nicht vor Juni 1943 in Peenemünde-West ein; er wurde sofort in den zweiten Prototyp der Me 163 B eingebaut. Am 23. 6. bereitete sich Rudolf Opitz auf den ersten raketengetriebenen Flug vor. Vorerst verlief alles nach Plan, der Motor ließ sich normal in Betrieb setzen. Opitz überprüfte rasch alle Funktionen und bewegte den Schubhebel über alle drei Stufen hinweg nach vorn. Mit durchdringendem Heulen schoß die Maschine über die Graspiste. Kurz vor Erreichen der Abhebegeschwindigkeit riß sich das Startgestell vom Rumpf los. Opitz hatte sich der Platzgrenze schon zu weit genähert, als daß er den Flug noch hätte abbrechen können. Mit zusammengebissenen Zähnen hielt er den Schubhebel in der jetzigen Stellung und flog auf der Landekufe hüpfend weiter. Zu seiner großen Erleichterung kam die Maschine endlich frei, doch die Gefahr war noch nicht vorbei. Als er den Knüppel anzog um hochzuziehen, füllte sich die Kanzel plötzlich mit beißenden Peroxiddämpfen: Der Startwagen hatte beim Abscheren eine der Treibstoffleitungen zerbrochen. Opitz' Augen brannten, und dann begannen die Innenseiten der Kabinenverglasung und die Gläser seiner Fliegerbrille milchig zu werden. Gerade als er sich zum Aussteigen entschließen wollte, hatte der Motor den letzten Tropfen Treibstoff verbraucht, der Rauch zog langsam ab, und die Gläser wurden wieder klar. Noch ganz benommen von dem

Die Me 163 B vor einer der Triebwerksprüfhallen auf Peenemünde. Der aufgedrehte Wasserschlauch am Boden hinter der Maschine deutet darauf hin, daß das Flugzeug entweder gerade betankt werden soll oder soeben aufgefüllt worden ist. Das Verdünnen und Wegspülen der während des Tankvorgangs verschütteten Treibstoffmengen bedeutete eine notwendige Sicherheitsmaßnahme. (Transit Films)

Heini Dittmar während des Fluges in einer der ersten Me 163 B. (Transit Films)

Schrecken, dem er sich zweimal ausgesetzt sah, kehrte Opitz zum Platz zurück und landete glatt. In den folgenden Wochen wurden weitere Walter 109-509-Raketenmotoren angeliefert und in die Me 163 B eingebaut. Rudolf Opitz, der die Maschinen dann einflog, erlebte am 30. Juli noch ein weiteres Abenteuer. Nach einem raschen, mit voller Leistung durchgeführten Steilflug, der ihn auf 8150 Meter brachte, bemerkte er ein ständiges starkes Nachlassen und Wiederansteigen der Schubkraft sowie das Aufleuchten der Feuerwarnlampe. Opitz schaltete den Raketenmotor aus – die Lampe erlosch. Während er tiefer ging, versuchte er mehrmals vergeblich das Antriebsaggregat wieder zu starten. Mit seinem noch vorhandenen Treibstoffvorrat befand sich Opitz in einer weniger beneidenswerten Lage: Einmal würde jetzt die Me 163 mit einer wesentlich höheren Geschwindigkeit landen als mit leeren Tanks, zum anderen mußte jeder Unfall, der eine Beschädigung der Tanks und somit das Zusammenlaufen der verschiedenen flüssigen Treibstoffe verursachte, eine gewaltige Explosion hervorrufen. Opitz blieb also nur noch der Fallschirmabsprung, was andererseits jedoch den Verlust einer der wenigen verfügbaren Me 163 B zur Folge gehabt hätte. So entschloß er sich im letzten Augenblick zur Landung, die er dann auch erfolgreich durchführte.

Am Tag darauf bekam Opitz weitere Schwierigkeiten. Bei den folgenden Flügen sollten bestimmte Werte der Leistungskurven einiger Raketenmotoren exakt nachgeprüft werden. Um Platz für die notwendigen Instrumente zu schaffen, war Opitz damit einverstanden, daß man den künstlichen Horizont sowie das Variometer aus seinem Armaturenbrett entfernte. Mit einer durch ein Halteband auf der Stirn befestigten kleinen Kamera konnte Opitz die Meßinstrumente in regelmäßigen Abständen fotografieren. Einem der Autoren berichtete er später über den Verlauf dieses Unternehmens: Es war ein selbst für die Verhältnisse einer Me 163 bemerkenswerter Flug:

»Der Tag, an dem der Versuchsflug stattfand, war wolkenlos aber dunstig. Der Start sollte nach Nordosten hin erfolgen, anschließend ein Steigflug bei voller Leistung mit 510 km/h geradewegs über die Ostsee hinaus. Bis hinauf in 12 300 Meter Höhe sollte alle 500 Meter eine Aufnahme der Instrumente gemacht werden. Alles erschien sehr einfach. Doch der Zeitplan, um die Aufnahmen zu machen, ließ sich nicht so leicht einhalten, wenn man berücksichtigen muß, daß das Flugzeug nach Erreichen der vorgesehenen Geschwindigkeit nur zehn Sekunden für 500 Meter Steigflug benötigte und in höheren Lagen sogar nur sechs Sekunden dazu brauchte.

Mit dem Start, dem Abwerfen des Startgestells, Einfahren der Klappen, Beschleunigung auf die angegebene Geschwindigkeit sowie dem Austrimmen der Maschine auf den vorschriftsmäßigen Steigwinkel hatte ich zunächst alle Hände voll zu tun, bevor ich die ersten Kontrollwerte aufzeichnete. Die acht bis zehn Sekunden, die jeweils zwischen den folgenden Wertmarken lagen, reichten gerade aus, die Instrumente zu überprüfen und notwendige Korrekturen anzubringen, um die Maschine den Versuchsbedingungen entsprechend zu fliegen. Eine ganze Weile ging das so gut, und ich konnte die Anzeigen der Werte genau abpassen.

Noch vor der 5000-m-Marke nahm jedoch meine Geschwindigkeit zu, und es gelang mir trotz aller Bemühungen sie zu korrigieren nicht, den vorgeschriebenen Wert zu erreichen. Ich hob den Kopf, um rasch die Höhe des Flugzeugs gegen den Horizont abzuschätzen, doch der

Wiederauftanken einer Me 163 B mit T-Stoff (Mischung aus Methylalkohol, Hydrazinhydrat und Wasser). Um Erschütterungen während des Auffüllens zu vermeiden, wurde die Maschine von Stützwinden gehalten. (Transit Films)

Unter Dampfausstoß rollt eine Me 163 B zum Start an. Hinter der Schubdüse sind deutlich die Druckwellen zu erkennen.

Kurz nach dem Abheben hat der Pilot aus zehn Meter Höhe das Startgestell abgeworfen. (Transit Films)

Nach der Landung auf der Kufe schlittert die Me 163 die Graspiste entlang und legt sich beim Stillstand auf die Seite. (Transit Films)

Aufpumpbare Luftsäcke dienten bei den ersten Versuchen dazu, die Me 163 nach der Landung wieder aufzurichten. Auf der Zugmaschine sind die dazu benötigten Preßluft-Flaschen angebracht. (Transit Films)

war wegen des Dunstes und der Blendung durch die See nicht zu erkennen.«

Weil er sich mit zu vielen Dingen auf einmal beschäftigen mußte, bemerkte Opitz zu spät, daß er völlig die Orientierung verloren hatte, und weil ihm die beiden wichtigsten Bordinstrumente fehlten, besaß er auch keine Möglichkeit, festzustellen, in welchem Flugzustand die Maschine sich gerade befand. Das nächste, was er wahrnahm, war, daß die Nase sich plötzlich vornüber neigte und der Raketenmotor aussetzte – das sichere Zeichen, daß die Kompressibilitätsgrenze überschritten war und daß er die Kontrolle über die Maschine verlor. Verzweifelt blickte Opitz nach draußen, um irgend einen Bezugspunkt zu finden. Zu seiner Verblüffung bemerkte er eine hoch über der Kanzel sichtbar werdende kleine Insel: Er befand sich also in einem steilen, linksseitigen Sturzflug. Instinktiv handelnd gelang es Opitz, die Maschine ein paar hundert Meter über der flachen, ruhigen See abzufangen.

»Auf die in der Ferne aus dem Dunst hervortretende Küste zuhaltend, ließ ich den Raketenmotor wieder an und erschien wenige Minuten später über dem Platz, um sicher zu landen. Sehr zur Erleichterung unserer besorgten Mannschaft, die nicht mehr daran geglaubt hatte, mich heil wiederzusehen. Man hatte meine Maschine in linkem Bogen steil nach unten und auf die Wasseroberfläche zustürzen gesehen, bevor sie aus dem Blickwinkel verschwand.

Als wir die Me 163 nach der Landung von allen Seiten inspizierten, sahen wir, welche Spuren die unbeabsichtigte Überbeanspruchung während des Fluges an der Maschine hinterlassen

Da sie selbst nur eine begrenzte Reichweite besaß, mußte die Me 163 vom Herstellerwerk aus mit der Bahn zu den Flugplätzen transportiert werden. Auf den Fotos eine zerlegte und in einem Güterwagen verfrachtete Maschine. (Willi Elias)

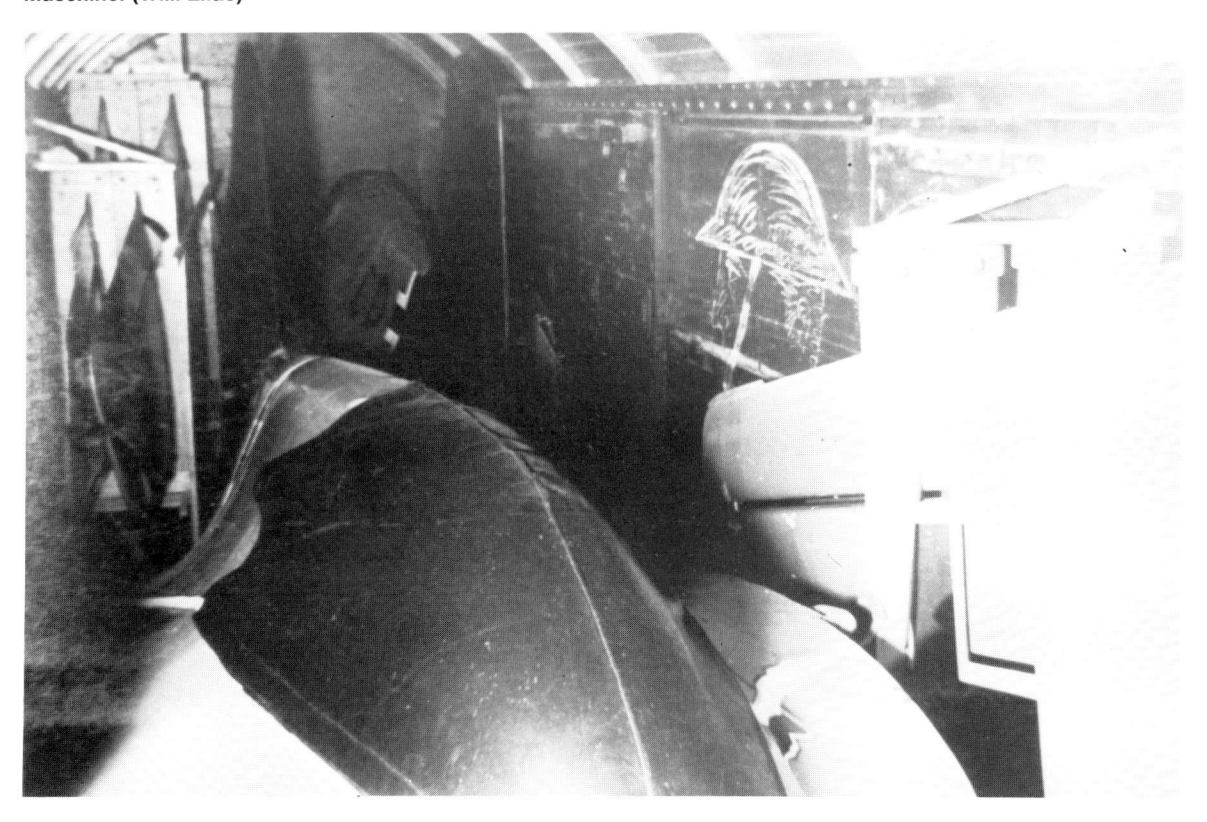

Wenn die beiden Raketentreibstoffe miteinander reagierten, setzten sie eine dem Schießpulver gleichkommende Hitzeenergie frei. Die Abbildung zeigt, was im Falle unbeabsichtigten Zusammenlaufens der Flüssigkeiten von einer Me 163 B übriggeblieben ist. (Opitz)

hatte. Das Ruder war vollständig abmontiert, nur sein Holm hing noch am Leitwerk. Rumpf- und Tragflächenverschlüsse waren aus ihren Befestigungen herausgerissen.«

Nach und nach hatte sich das Bodenpersonal mit der Me 163 B vertraut gemacht, so daß das Versuchsprogramm sich bald auf weniger abenteuerliche Weise fortführen ließ. Doch immer noch war Vorsicht geboten. Piloten und Bodenmannschaften, die mit dem Wasserstoffperoxid-Treibstoff hätten in Berührung kommen können, trugen jetzt Schutzanzüge aus Asbestfaser. Zwar schützte dieses Material vor geringeren Treibstoffmengen, bei größeren Verschüttungen aber konnte die Flüssigkeit durch die Nähte der Bekleidung dringen und so schließlich auf die menschliche Haut gelangen.

Bei einem Startgewicht der Me 163 B von insgesamt 3950 kg fiel gut die Hälfte, nämlich 2018 kg, allein auf den für das Raketentriebwerk benötigten Treibstoff. Diese Menge reichte gerade für eine Brenndauer von vier Minuten bei voller Leistung aus. Hierbei verschlang das Walter-Triebwerk 109-509 in jeder Sekunde 8,3 kg des Treibstoffgemisches. War dieses aufgebraucht, verwandelte sich die erheblich leichter gewordene Me 163 B in ein Segelflugzeug, das allerdings hervorragende Eigenschaften besaß. Rudolf Opitz erinnert sich daran, daß die Maschine sich leicht steuern ließ und im niedrigen Geschwindigkeitsbereich ausgezeichnet reagierte: Sie war, wie er sagte, »absolut trudelsicher«.

Im August 1943 war bei Messerschmitt in Obertraubling bei Regensburg die Produktion der 70 Vorserienmuster der Me 163 B schon weit fortgeschritten. Zur gleichen Zeit ging in den Klemm-Flugzeugwerken bei Stuttgart die Hauptserie im Lizenzbau auf Band. Am 17. August erlitt das gesamte Bauprogramm einen zweifachen Tiefschlag: Kampfflugzeuge der Amerikaner bombardierten die Messerschmitt-Werke bei Regensburg und vernichteten dort elf fabrikneue Me 163 B. Außerdem wurde auch die Produktion der Bf 109 stark beeinträchtigt. In der Nacht hatte das RAF Bomber Command einen schweren Angriff auf Peenemünde geflogen, wo sich auch das Erprobungskommando 16 unter Hptm. Späte befand.

Nach dem Angriff auf Regensburg konzentrierte sich zunächst alles auf das Wiederanlaufen der Produktion der Messerschmitt Bf 109, so daß allein die Klemm-Werke für den Weiterbau der Me 163 zuständig waren, ohne dabei große Hilfe vom Urheberwerk erhoffen zu können. Und Klemm, ein kleines Werk, welches bis dahin ausschließlich Leichtflugzeuge gebaut hatte, war der Situation kaum gewachsen, ein derartiges hochleistungsfähiges Frontflugzeug in großer Stückzahl herzustellen.

Das Erprobungskommando 16 verlegte nach dem britischen Bombeneinsatz gegen Peenemünde auf den nahegelegenen Platz Anklam, wo das Pilotentraining fortgeführt wurde. Das Ausbildungsprogramm begann mit einigen Flügen auf Segelflugzeugen mit Stummelflächen, um die Flugzeugführer an diese Art Baumuster zu gewöhnen. Danach erfolgten Schleppstarts auf der Me 163 A und zwar zunächst noch mit leeren Treibstofftanks. Anschließend wurden zur Erhöhung der Landegeschwindigkeit die Tanks nach und nach mit einer immer größeren Wassermenge aufgefüllt. Die Trainingsphase schloß mit drei Raketenstarts ab, bei jedem Flug dabei die Tankfüllungen erhöhend.

Jetzt waren die Piloten so weit, die Me 163 B zu fliegen, welche ein etwas größeres Gewicht aufwies als die vorhergehende Version. Das Anlassen des Walter-Triebwerks 109-509 bereitete kaum Schwierigkeiten. Der Schubhebel hatte fünf Kerbeeinstellungen: Aus, Leerlauf, 1., 2. und 3. Stufe. Die Bewegung des Hebels von »Aus« nach »Leerlauf« legte den Startknopf frei. Nach dem Drücken desselben flossen geringe Mengen Treibstoff in eine Vorbrennkammer, bei Reaktion der beiden Flüssigkeiten miteinander wurde eine Turbine in Gang gesetzt, die das Wasserstoffperoxid und das Hydrazinhydrat im Verhältnis 3,25 zu 1 in die Hauptbrennkammer förderte. Das Triebwerk erreichte dann sehr schnell einen Standschub von 100 kp. Nachdem der Pilot die beiden Instrumente für das Triebwerk – Fördermengenanzeiger und Brennkammerdruckmesser – überprüft hatte, konnte er den Hebel bis auf die 2. Stufe vorschieben und somit den Schub vergrößern. War dies alles normal verlaufen, stellte er den Hebel auf die 3. Stufe und erhielt die volle Leistung des Triebwerks. Unter leichten Erschütterungen bewegte sich die Maschine vorwärts und beschleunigte rasch.

Bei 280 km/h hob die vollbeladene Me 163 B wenige Sekunden darauf von selbst ab, in zehn Meter Höhe löste der Pilot den Startwagen, worauf das Flugzeug, nun gewichtserleichtert, noch schneller wurde. Bei 700 km/h im Horizontalflug und immer noch beschleunigend zog der Flugzeugführer leicht den Knüppel an: Im Winkel von 45° ging die Me 163 in einem rasanten Steigflug in den Himmel, ohne dabei auch nur einen Deut an Geschwindigkeit einzubüßen. So geflogen erreichte der Raketenjäger in etwa zwei Minuten und 16 Sekunden eine Höhe von 6000 Meter.

So weit so gut. Doch anfänglich besaß das Walter-Triebwerk HWK 109-509 die unangenehme Eigenschaft, seinen Dienst zu versagen, wenn der Pilot am Höhepunkt des Steigflugs wieder in die Waagerechte gehen wollte. Aus technisch bedingten Gründen ließ es sich erst nach mindestens zwei Minuten wieder anlassen. Ein erheblicher taktischer Mangel, wenn der Ausfall des Triebwerks dann einmal auftreten sollte, wenn die im Einsatz befindliche Me 163 gerade einen Gegner anzugreifen gedachte. Die Aufgabe, die Ursache dieser Beanstandung herauszufinden, beschäftigte die Walter-Ingenieure für mehrere Monate; man war außerstande, die gegen Ende des Steigfluges bei der Maschine aufgetretenen Zentrifugalkräfte auf dem Triebwerksprüfstand nachzuahmen.

Angesichts der Gefahren, die das gesamte Raketenjägerprogramm begleiteten, erscheint es bemerkenswert, daß es bis dahin zu keinem Flugunfall gekommen war. Der erste, der unter solchen Begleitumständen sein Leben verlor, war der Flugschüler Ofw. Alois Wörndl, der am 30. November 1943 mit einer raketengetriebenen Me 163 A startete. Als er mit leeren Tanks zum Platz zurücksegelte, kam er vom Landekurs ab, brachte die Maschine sehr hart herunter und überschlug sich dabei. Wie bei den meisten Flugunfällen, so hatte auch dieses Unglück nichts mit einer Art riskanten Flugmanövers zu tun.

Genau zwei Monate darauf kam am 30. Dezember Oblt. Joachim Pöhs ebenfalls in einer Me 163 A ums Leben. Kurz nach dem Abheben hatte er das Startgestell zu früh abgeworfen, es prallte vom Boden ab und schlug gegen den Rumpf der Maschine, worauf das Triebwerk aussetzte. Zur Landung einkurvend kollidierte Pöhs mit einem Flakstand und stürzte mit der Me 163 ab.

Mit Beginn des Jahres 1944 verschlechterte sich die Lage am Himmel über Deutschland immer mehr, die Verbände der Reichsluftverteidigung verzettelten sich bei der Abwehr amerikanischer Tagesangriffe, und nun tauchten auch die neuesten Langstreckenjäger P-47 und P-51 auf, welche die Kampfverbände immer tiefer ins Reich hinein begleiteten. Jetzt endlich wurde nach einem leistungsfähigen Abfangjäger wie der Me 163 verlangt, auch wenn diese in nur beschränktem Umkreis operieren konnte. Für die Bomberbekämpfung waren die beiden 20 mm Kanonen keine wirksame Waffe, und so erhielt die neue Me 163 B stattdessen zwei 30 mm Bordkanonen MK 108.

Plötzlich hatte man sich also der Me 163 wieder erinnert. Um sie schnellstmöglich zum Einsatz zu bringen, befahl das Oberkommando der Luftwaffe im Januar die Aufstellung der 20. Staffel des Jagdgeschwaders 1, welche auf dem Platz Bad Zwischenahn bei Oldenburg mit einer Stärke von zwölf Me 163 stationiert werden sollte. Einen Monat später erhielt der von Oblt. Robert Olejnik geführte Verband die neue Bezeichnung 1./JG 400. Die Einheit besaß zu diesem Zeitpunkt weder Maschinen noch ausgebildete Flugzeugführer. Mit einer der ersten gelieferten Me 163 flog Rudolf Opitz in 6000 – 8000 m Höhe eine Reihe von Angriffen auf vorgetäuschte feindliche Bomberformationen. Und jedes Mal setzte sein Triebwerk aus, wenn er sich auf dem Gipfel seines Steigflugs befand und geradauslegte: Das gleiche Problem wie zu früheren Zeiten. Anfang März verlegte die Staffel nach Wittmundhafen; sie besaß jetzt fünf Flugzeuge sowie ein Dutzend Piloten mit unterschiedlichem Ausbildungsstand.

Trotz aller Anstrengungen, die Me 163 so rasch

Rudolf Opitz bereitet sich auf dem Platz Bad Zwischenahn auf den Start mit einer Me 163 B vor. Wegen der Gefahr des Einatmens von Wasserstoffperoxiddämpfen infolge undichter Leitungen wurde von Startbeginn an eine Sauerstoffmaske angelegt. (Transit Films)

wie möglich einzusetzen, kamen die Klemm-Flugzeugwerke mit der Auslieferung nicht nach. Der kurz zuvor zum Major beförderte Wolfgang Späte unternahm schließlich am 13. Mai 1944 den ersten Jagdeinsatz mit einem Raketenjäger. Nach dem Start von Zwischenahn wurde er an zwei in der Nähe des Platzes fliegende P-47 herandirigiert. Aber gerade als er zum Angriff übergehen wollte, setzte das Raketentriebwerk aus, und Späte brach den Anflug ab. Glücklicherweise hatten ihn die Thunderbolt nicht bemerkt. Nach einigen Minuten voller Enttäuschung versuchte Späte den Motor wieder zu starten. Die gegnerischen Jäger wurden inzwischen immer kleiner und ließen ihn hinter sich zurück. Endlich sprach das Triebwerk wieder an, und sofort jagte er den Gegnern hinterher. Späte holte die beiden P-47 sehr rasch ein und kurvte in Schußposition. Als er eine von ihnen im Visier hatte und das Feuer eröffnen wollte, stellte die Me 163 sich plötzlich auf die linke Fläche: Während Späte sich auf sein Opfer konzentriert hatte, war die Messerschmitt unterdessen so schnell geworden, daß sie die Kompressibilitätsgrenze erreichte. Nachdem er den stürzenden Raketenjäger wieder unter Kontrolle bringen konnte, besaß er für einen weiteren Angriff nicht mehr genügend Treibstoff. Ohne zu wissen, wie knapp sie einer Gefahr entronnen waren, setzten die amerikanischen Jäger ihren Flug fort. Um so enttäuschter war Späte, der jetzt den restlichen Sprit verflog und zum Horst zurückkehrte.

Weitere Versuche, an den folgenden Tagen alliierte Flugzeuge abzufangen, blieben in gleicher Weise ohne Erfolg. Am 31. Mai sichtete dann bei Wilhelmshaven ein Spitfire-Aufklärer der RAF zum ersten Mal eine Me 163 in der Luft. Hierzu der offizielle Bericht:

»In knapp 11 300 m Höhe entdeckte der Pilot rund 900 Meter unter sich und etwa eine Meile von ihm entfernt zuerst einen weißen Streifen, der sich auf ihn zu bewegte und dann wieder verschwand. Der Pilot der Spitfire stieg höher und sah innerhalb der nächsten drei Minuten den Streifen in Abständen noch vier Mal, während die Feindmaschine ihm immer noch entgegenstieg. Er stellte fest, daß das Flugzeug ungefähr die dreifache Länge des Streifens hinter sich brachte, bis derselbe sich erneut zeigte. Zu diesem Zeitpunkt befand sich die Spitfire in 12 500 m Höhe, und der Pilot konnte den Gegner erkennen, den Maschinentyp aber nicht identifizieren. Er sah allenfalls, daß es nur aus einem Flügel zu bestehen schien, der vermutlich nach hinten gepfeilt war. Das unbekannte Flugzeug stand jetzt keine 900 Meter unter der Spitfire und in horizontaler Richtung ebenso weit von ihr entfernt. In der Zeit, in der die Spitfire 1100 Meter höher kletterte, war das andere Flugzeug unwiderlegbar auf 2400 Meter angestiegen und hatte die horizontale Distanz zur Spitfire um fast 900 Meter verkürzt. Dann waren keine Streifen mehr zu sehen, der Pilot verlor den Sichtkontakt zu der Maschine und kehrte bald darauf zum Einsatzhorst zurück.

Die Regelmäßigkeit des Erscheinens der beobachteten Streifen lassen den Schluß zu, daß das Triebwerk der Me 163, wie auch aus früheren Berichten hervorgeht, nur zeitweilig angelassen wird oder daß es selbständig aus- und wieder einschaltete. Andererseits konnte die in diesem Fall aufgetretene Erscheinung auch nur ein reiner Zufall gewesen sein.«*)

Endlich gelang es auch, die Hauptursache des Triebwerkaussetzens nach dem Steigflug zu ergründen. Die beiden chemischen Flüssigkeiten mußten im exakten Verhältnis in die Brennkammern eingespritzt werden, anderenfalls konnten unkontrollierbare Explosionen auftreten. Zur Sicherheit war das Walter-Triebwerk so konstruiert, daß es sich bei abweichender Zufuhr beider Flüssigkeiten sofort automatisch abschaltete. Beim Geradelegen nach dem Steigflug verursachte die veränderte Fluglage ein Hin- und Herschwappen der beiden Treibstoffe in ihren Tanks, und wenn dadurch eines der Ansaugrohre Luft bekam, zeigte die entsprechende Sicherung eine veränderte Zufuhr

---

*) Wenn der Flugzeugführer einer Me 163 zwecks Drosselung der Schubkraft den Schubhebel zurücknahm, verschwand auch die sichtbare Rauchfahne; der Raketenmotor setzte dabei nicht aus.

Eine Me 163 B des Erprobungskommandos 16 beim Start vom Platz Bad Zwischenahn. (Transit Films)

Während weißer Dampf aus dem Turbinenauslaß der Kraftstoffpumpe ausströmt, schiebt das Bodenpersonal den elektrischen Anlasser von der Maschine fort, bevor das Raketentriebwerk gezündet wird.

Der erfolgreiche Jagdflieger Oberst Gordon Gollob löste im Juni 1944 Wolfgang Späte als Leiter des Me 163-Jägerprogramms ab. Späte seinerseits übernahm eine Jagdgruppe an der Ostfront. (Gollob)

an und stoppte das Triebwerk. Der Einbau zusätzlicher Schlingerbleche in den Tanks konnte die Gefahr des Triebwerkstillstands zwar erheblich verringern, aber nicht restlos beilegen. Noch immer ohne vorzuweisenden Erfolg, wurde die Me 163 Staffel im Juni 1944 in I. Gruppe JG 400 umbenannt und erhielt in Major Wolfgang Späte einen neuen Kommandeur, der aber gleich darauf wieder versetzt wurde. Er übernahm eine normale Jagdgruppe an der Ostfront. An seine Stelle trat der erfolgreiche Jagdflieger und Verbandsführer Oberst Gordon Gollob. Spätes Plan für den Einsatz der Raketenjäger sah eine ganze Reihe eigens für diesen Zweck ausgestatteter Flugplätze vor, die in Abständen von höchstens 100 Kilometern voneinander entfernt lagen und die sich somit im Gleitbereich der Me 163 befanden. Die Plätze waren im weiten Bogen von Norddeutschland bis nach Holland verteilt, und zwar entlang der Einflugroute der amerikanischen Bomber. Aber Anfang Juni drängten wichtigere Ereignisse diesen Plan zurück.

Nach der Festigung der alliierten Brückenköpfe in der Normandie übertrug General Carl Spaatz, Befehlshaber der amerikanischen strategischen Bomberflotten, der 8. Luftflotte in England sowie der 15. Luftflotte in Italien als vordringlichstes Ziel die Zerschlagung der gegnerischen Treibstoffversorgung. Die Auswirkungen der dann folgenden großen Luftangriffe auf die deutschen Hydrierwerke und Raffinierien waren verheerend: Die Produktion von 175 000 t hochwertigem Flugbenzin im April sank im Juni auf weniger als ein Drittel herab.

Die wenigen, auf den Plätzen Norddeutschlands zur Verfügung stehenden Me 163 konnten den aus England heranfliegenden amerikanischen Kampfflugzeugen kaum Respekt einflößen, erst recht nicht den von Italien aus startenden Verbänden. Gollob ordnete deshalb die Verlegung der I./JG 400 nach Brandis bei Leipzig an. Hier sollten die Me 163 Objektschutz für die lebenswichtigen Hydrierwerke Leuna bei Merseburg, Böhlen, Zeitz und Lützkendorf fliegen. Immer wieder standen diese Werke auf der Zielliste amerikanischer Kampfverbände.

Die Verlegung nach Brandis beanspruchte etwa drei Wochen; erst gegen Ende Juli 1944 stand die I./JG 400 bereit, um endlich gegen die feind-

Zwei der insgesamt fünf Me 163 des Erprobungskommandos 16 auf dem Platz Bad Zwischenahn. Die Aufnahme wurde am 11. Mai 1944 von einem amerikanischen Aufklärer gemacht. (USAF)

liche Luftstreitmacht eingesetzt zu werden. Am Morgen des 29. Juli schickte die 8. amerikanische Luftflotte 596 Viermotorige zum Angriff auf Leuna-Merseburg. Als die Bomber zu ihren Zielanflügen ansetzten, starteten von Brandis aus in kurzen Abständen hintereinander sechs Me 163 B und stiegen auf Kampfhöhe. Colonel Avelin Tacon, der mit den P-51 seiner 359th Fighter Group den Schutz der Bomber über dem Zielgebiet übernommen hatte, berichtete später:

»Ich stieß auf zwei Me 163. Meine acht P-51 flogen direkten Begleitschutz für einen aus B-17 bestehenden Combat Wing. Wir hielten in 7600 m Höhe Südkurs, als einer meiner Piloten in 6 Uhr zwei Kondensstreifen meldete, rund acht Kilometer hinter uns und etwa 9700 Meter hoch. Ich erkannte sie sofort als Strahlflugzeuge; ihre Kondensstreifen waren eindeutig und sahen dicht und weiß aus, wie eine langgestreckte und etwa einen Kilometer lange Kumuluswolke. Mein Schwarm machte eine Wendung um 180

Messerschmitt Me 163 B

1 Luftschraube (Antrieb für Generator)
2 Generator, 2000 W
3 Preßluftflaschen
4 Batteriekasten
5 Kabinenbelüftung
6 gepanzerte Bugkappe, 15 mm
7 Druckgefäß
8 Lufteinlaß für Kabine
9 FuG 16
10 Seitensteueranlage
11 Preßluft- und Hydraulikanschlüsse
12 Steuerknüppellager
13 Steuerrelais
14 Kasten für Übertragung der Steuerknüppelausschläge
15 Ruderpedale
16 Funkfrequenzeinstellung
17 Verstellwelle
18 linker T-Stoffbehälter, 60 l
19 Steuerknüppel
20 Armaturenbrett
21 Strebe für Panzerglasscheibe
22 Zielgerät Revi 16 B
23 Panzerglasscheibe, 90 mm
24 rechte Gerätebank (Waffen- und Funkgeräteselbstschalter)
25 Flugzeugführersitz
26 Rückenpanzer, 8 mm
27 Kopf- und Schulterpanzer, 13 mm
28 Grobeinstellung (FuG 16)
29 Kopflehne
30 Kabinenabdeckung, mechanisch abwerfbar
31 Lüftungsfenster
32 Flügelspalt in der Vorderkante
33 Trimmkante
34 linkes Querruder, stoffbespannt
35 Landeklappen (Flügelunterseite)
36 rechte Trimmklappe
37 Empfangsantenne für FuG 16
38 Einfüllstutzen für T-Stoff
39 ungeschützter Hauptbehälter für T-Stoff, 1040 l
40 hintere Kabinenraumverglasung
41 Gurtkasten für linke Waffe (60 Schuß)
42 Gurtkasten für rechte Waffe (60 Schuß)
43 Gurtzuführungsschacht
44 T-Stoffbehälter für Anlasser
45 oberer Kniehebel für Leitwerksteuerung
46 Einfüllstutzen für C-Stoff
47 Gehäuse für Kraftstoffpumpe des Raketentriebwerks Walter HWK 509 A-1
48 Montagering für Raketentriebwerk
49 Rudergestänge
50 Trennstelle
51 Antennenanpassungsgerät
52 Leitwerkvorderholm, Rumpfbefestigung
53 Leitwerkstruktur
54 Ausgleichsgewicht
55 obere Seitenruderaufhängung

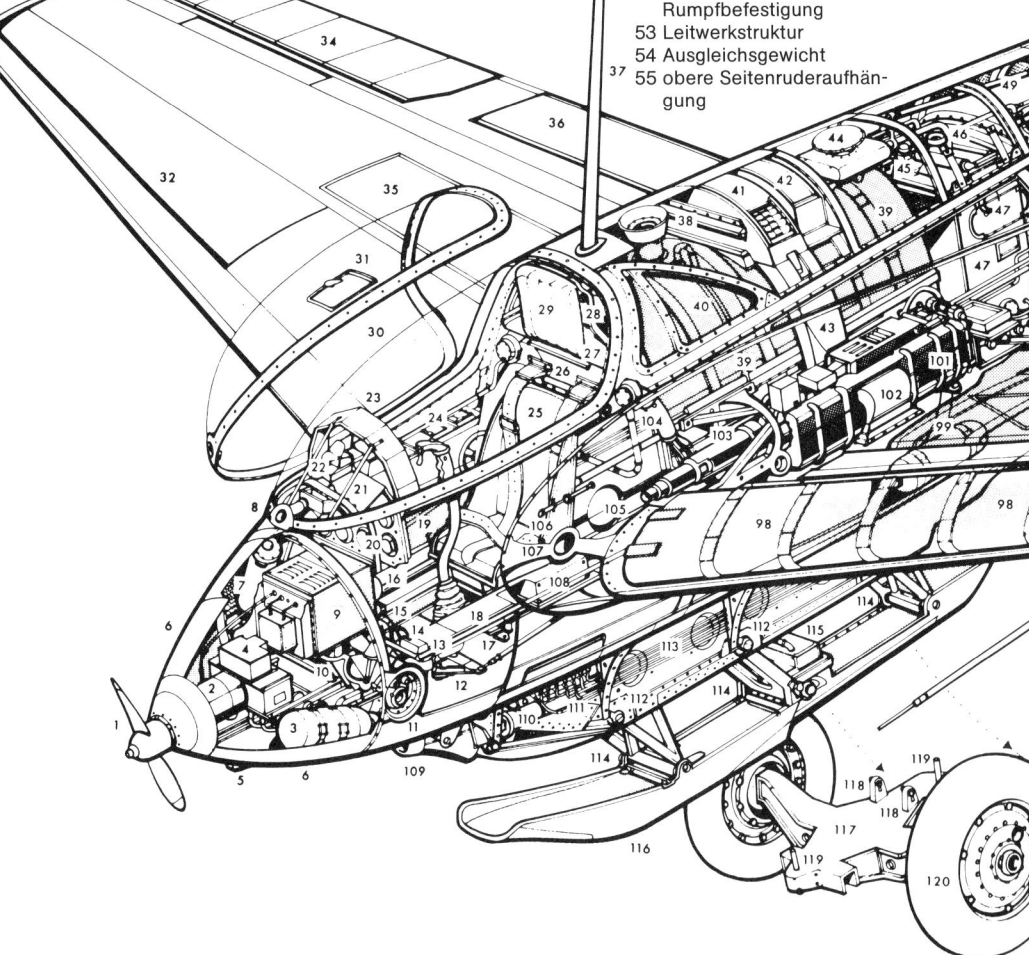

56 Seitenruder
57 Trimmkante
58 Ruderkipplenkung
59 Kupplungsverkleidung
60 Leitwerkhinterholm, Rumpfbefestigung
61 Brennkammer
62 Schubrohr
63 untere Ruderverkleidung
64 Schubrohrmündung
65 Entlüftungsrohraustritt
66 Arbeitszylinder
67 Aufbockloch
68 Spornradverkleidung
69 federndes Spornrad
70 Spornradgabel
71 Ausfahrzylinder
72 federnde Spornradverkleidung
73 Spornradsteuerung
74 Flügelwurzelverkleidung
75 Brennkammerabstrebung
76 Waffenabzugvorrichtung
77 Trimmklappensteuerung, am Brandschott befestigt
78 Schneckenrad
79 Trimmklappenaufhängung
80 linke Trimmklappe
81 Querruderanschlag
82 Kipplenkung
83 Querruderstange
84 linkes Querruder
85 Flügelhinterholm
86 Trimmkante
87 äußere Querruderaufhängung
88 Randbogenstoßkante
89 Tragflächenstruktur
90 Flügelspalt in der Vorderkante
91 Kniehebel für Querrudersteuerung
92 linke Landeklappe (Flügelunterseite)
93 Steuergestänge im Vorderholm
94 Vorderholm
95 Antenne für FuG 25
96 Staurohr
97 Verkleidung für Flächentankzuleitung
98 Flügelvordertank für C-Stoff, 73 l
99 Preßluftflaschen für Waffenauslösung
100 Flächenhauptbehälter für C-Stoff, 173 l
101 linke MK 108, Kaliber 30 mm, mit kurzem Lauf
102 Hülsenabführkanal
103 vordere Kanonenlagerung
104 Waffensteuerung
105 Schußkanal
106 Ziellinienprüfer
107 Schußkanalmündung
108 Funkgerätesatz FuG 25 a
109 Schleppkupplung
110 Arbeitszylinder
111 Preßluft- und Hydraulikleitungen
112 Schwenkblockbolzen
113 Kufenschachtseitenteil
114 Schwenkblock
115 Rollwerkverriegelung (Startgestell)
116 Landekufe
117 Rollwerkträger
118 Einhängeösen
119 Führungszapfen
120 Laufrad, Startgestell

Messerschmitt Me 163 B

Triebwerk: 1 Flüssigkeitsraketentriebwerk Walter HWK 509 mit 1700 kp Standschub.

Bewaffnung: Bei früheren Baumustern 2 Mauser-Bordkanonen MG 151/20, Kaliber 20 mm; bei späteren Baumustern 2 Rheinmetall-Borsig Maschinenkanonen MK 108, Kaliber 30 mm, mit je 60 Schuß.

Leistungen: Höchstgeschwindigkeit 955 km/h oberhalb 3000 m Höhe. Ungefährer Aktionsradius 40 km. Anfangssteiggeschwindigkeit 81 m/s, Steigzeit auf 6000 m Höhe in 2 Minuten und 16 Sekunden.

Gewichte: Ohne Zuladung 1908 kg, mit normaler Zuladung 4310 kg.

Abmessungen: Spannweite 9,33 m, Länge 5,85 m, Flügelfläche 18,5 m^2.

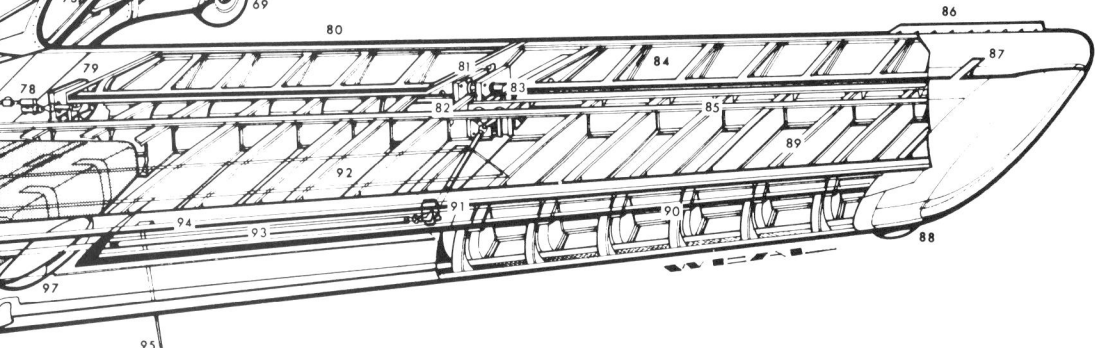

Einsatzbereite Me 163 B der I. Gruppe des Jagdgeschwaders 400 auf dem Platz Brandis bei Leipzig.

Die Me 163 B erforderte eine nur verhältnismäßig spärliche Instrumentierung. Die Behälter zu beiden Seiten des Führerraumes enthielten T-Stoff (angereichertes Wasserstoffperoxid). (Crown Copyright)

Mit dem dreirädrigen sogenannten Scheuschlepper wurden die auf dem Startgestell sitzenden Me 163 B zu den jeweils gewünschten Standpositionen gezogen.

Eine Me 163 B des Jagdgeschwaders 400 startet vom Platz Brandis. (Glogner)

Grad und flog den Feindjägern entgegen. Es waren zwei mit Kondensstreifen sowie drei weitere, die sich ohne Düsenantrieb im Gleitflug befanden.
Die beiden ersten tauchten gemeinsam nach links weg und hielten in 6 Uhr auf die Bomber zu. Beim Kurven hatten sie ihre Düsen abgestellt. Unser Schwarm setzte zum Frontalangriff an, um ihnen den Weg zum hinteren Teil des Bomberpulks abzuschneiden. Als sie etwa noch 2700 Meter von den Kampfflugzeugen entfernt waren, schwenkten sie plötzlich auf uns ein. Sie legten sich dabei etwa 80 Grad auf die Seite, während ihr Kurs sich jedoch nur um 20 Grad änderte. Der Kurvenradius war sehr groß, aber ihr Rollvermögen ausgezeichnet. Ich schätzte ihre Geschwindigkeit auf 800 bis 950 km/h.
Beide Maschinen flogen 300 Meter unter uns vorbei, immer noch in Formation. Um ihnen zu folgen, machte ich einen Abschwung. Die eine segelte im Winkel von 45° weiter nach unten, die andere stieg steil in die Sonne, so daß ich sie aus

den Augen verlor. Ich sah mich nach dem ersten Flugzeug um und entdeckte es acht Kilometer entfernt in 3000 m Höhe dahinfliegen. Andere Piloten meines Schwarms berichteten, daß die gegen die Sonne verschwundene Maschine ihr Strahltriebwerk in kurzen Abständen eingeschaltet hatte und Rauchringe hinter sich ließ. Die beiden gegnerischen Flugzeugführer schienen sehr erfahrene, wenn auch nicht angriffslustige Flieger gewesen zu sein.«

Tacons abschließende Bemerkung war scharfsinnig, denn wenn einem der deutschen Piloten nach dem Steigflug das Triebwerk wegblieb, nahm dies ihm wohl auch die »Angriffslust«. Die Flugzeugführer aber, die mit ihren Me 163 an die Bomber gelangten, mußten feststellen, daß ihre Geschwindigkeit so groß war, daß keiner von ihnen auch nur einen Treffer anzubringen vermochte. Von den Mustang bedrängt verflogen sie ihren restlichen Treibstoff und kehrten nach Brandis zurück. Dort aber erwartete sie ein weiteres Problem. Nacheinander hinuntergleitend wies man sie zur Landung ein. Sie kamen in so rascher Folge hinunter, daß dem Bodenpersonal keine Zeit blieb, sie so schnell von der Landepiste wegzubringen. Doch glücklicherweise kam es zu keinerlei Zusammenstößen zwischen den landenden und den am Boden stehenden Me 163, obwohl einige Male nicht viel dazu fehlte. Ein deutlicher Hinweis auf die Schwierigkeiten, die zu erwarten waren, wenn mehrere Me 163 von einem Flugplatz aus gleichzeitig operierten.

Nachdem Major General William Kepner, Kommandeur des 8. US Fighter Command, der Bericht Tacons vorgelegt worden war, gab er seinen Einsatzverbänden folgendes bekannt: »...Wir müssen damit rechnen, daß sofort weitere Einsätze dieser Flugzeuge stattfinden und daß unsere Bomber im Verband oder in Wellen von hinten angegriffen werden. Um dies zu verhindern und um Zeit genug zu haben, sich ihnen entgegenzustellen, werden unsere Verbände so dichten Begleitschutz fliegen, daß sie sich stets zwischen unseren Viermotorigen und dem Gegner befinden. Das wird ihn davon abhalten, wirkungsvolle, ich wiederhole wirkungsvolle Angriffe auf unsere Bomber durchzuführen...«

Die Furcht des amerikanischen Oberkommandos vor Massenangriffen der Raketenjäger sollte bis zu Kriegsschluß bestehen bleiben, obwohl ein solcher Versuch bei der I./JG 400 aus schon beschriebenen Gründen auf beträchtliche Schwierigkeiten taktischer Natur gestoßen wäre. Kepners Befehl an die amerikanischen Eskortjäger, dicht genug an den Bombern dranzubleiben, bedeutete sicherlich eine sinnvolle Entscheidung. Auf Grund des ständigen Abwehrschirms vor den Bombern wurden die deutschen Me 163 Piloten gezwungen, beim Angriff ihre Geschwindigkeit beizubehalten. Die Folge davon war äußerst ungenaues Zielen und Schießen.

Am nächsten Tag, dem 29. Juli, bombardierten 647 amerikanische Kampfflugzeuge wiederum Merseburg. Auch diesmal starteten sechs Me 163 zum Abwehreinsatz. Er verlief unentschieden: Auf beiden Seiten gab es weder Verluste noch Beschädigungen.

Am 31. Juli kam es zur Begegnung zwischen einer Me 163 und einem Lightning-Aufklärer, der ungeschoren entkommen konnte. Am 5. August sichtete man nicht weniger als zehn Raketenjäger in der Nähe einer Bomberformation, die Merseburg angriff. Auch hier schien es auf beiden Seiten keine Ausfälle gegeben zu haben.

Den ersten wirklichen Luftkampf zwischen der I./JG 400 und den Amerikanern brachte der 16. August 1944, als 1096 B-17 und B-24 von starkem Jagdschutz umgeben Ziele bei Zeitz, Rositz,

Einholen einer Me 163 B nach der Landung. Auch hier wird ein Scheuschlepper mit einem Rampenanhänger benutzt, welcher zwei Hydraulikschwenkarme besaß, mit denen die Maschine sich vom Boden heben ließ. Ein Verfahren, das erst gegen Kriegsende zur Anwendung kam.

Leuna, Böhlen, Halle, Dresden und Köthen angriffen. Fünf in Bereitschaft stehende Me 163 B stiegen im Alarmstart auf. Einer der ersten, der die Bomber erreichte, war Fw. Herbert Straznicky, der sich jetzt auf eine B-17 der 305th Bomb Group stürzte. Sergeant H. Kaysen, der Heckschütze des Bombers, eröffnete ein gutgezieltes Feuer auf den sich nähernden Raketenjäger, und als dieser den Angriff abbrach, zog er eine schwarze Rauchfahne hinter sich her. Mit Splittern im linken Arm und Schenkel mußte Straznicky aus seiner angeschossenen Maschine aussteigen. So verletzt erreichte er den Boden.

Kurz darauf griff Lt. Hartmut Ryll eine andere B-17 der 305th Bomb Group an, die von 2nd Lieutenant C. Laverdiere gesteuert wurde. Ganz dicht heran brachte Ryll etliche Treffer an. Beide Innenmotoren und die Klappen waren getroffen, der Bordschütze einer der Seitenstände sowie der Schütze des unteren Rumpfstands fielen.

Vom Bomberpulk abdrehend entdeckte Ryll dann die »Outhouse Mouse«, eine B-17 der 91st Bomb Group, welche wegen Beschußschäden, die ihr eine Fw 190 beigebracht hatte, hinter dem Hauptverband zurückgeblieben war. Als die Me 163 zum Todesstoß ausholte, wurde

Das ist die von 2nd Lieutenant C. Laverdiere geflogene B-17 der 350th BombGroup nach dem Angriff von Lt. Hartmut Ryll am 16. August 1944. Rylls Me 163 wurde anschließend von Lieutenant Colonel Murphys Mustang, 359th Fighter Group, beschossen und gleichzeitig von den Waffenkameras aufgenommen. Der deutsche Flugzeugführer fiel in diesem Gefecht. (USAF)

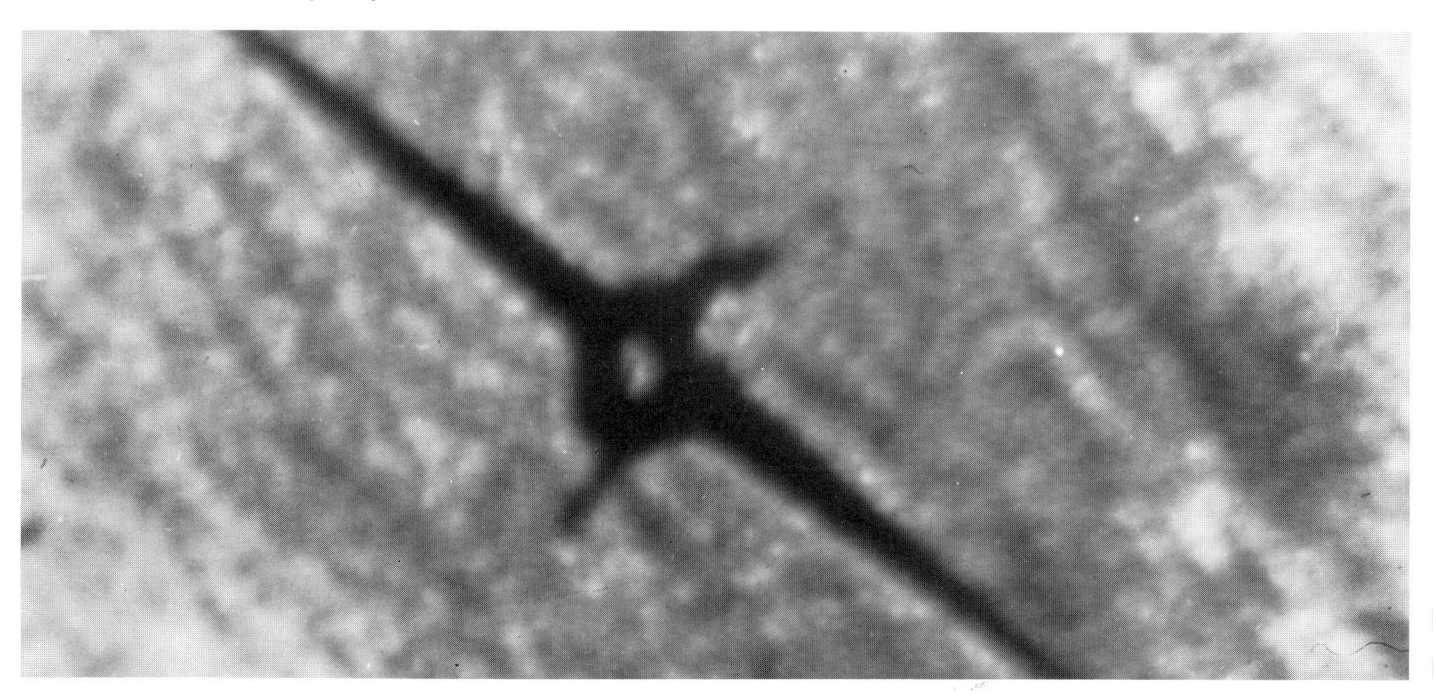

diese wiederum von Lieutenant Colonel John Murphy entdeckt, der eine Rotte Mustang der 359th Fighter Group anführte. Murphy später über diesen Einsatz:

»Ich begleitete südostwärts Leipzig in 8200 Meter Höhe unsere Bomber, als ich einen Kondensstreifen sah, der sich rasch den Bombern von links näherte. Ich erkannte auf Grund der Geschwindigkeit, daß es sich um den von einem Strahlflugzeug verursachten Kondensstreifen handelte. Wegen seiner Schnelligkeit und seines Höhenvorteils konnte ich ihn nicht einholen, aber ich bemerkte rechterhand in 7600 m Höhe eine zurückhängende einzelne B-17 mit Nordostkurs in Richtung Leipzig. Ich hielt auf sie zu, weil ich mir dachte, daß sie angegriffen werden könnte. Etwa 450 Meter vom Bomber entfernt verschwanden die Kondensstreifen des Strahlflugzeugs, und von da ab behielt ich es wie auch die anderen Flugzeuge im Auge. Er flog unter den Pulks hinweg direkt auf die einsame B-17 zu und erreichte diese lange vor mir. Allerdings war auch ich nicht mehr weit entfernt und begann, den Gegner einzuholen. Nachdem dieser an der B-17 vorbeigeflogen war und abzufangen schien, kam ich heran und eröffnete aus etwa 300 m Entfernung das Feuer, so lange bis ich ihn überholt hatte. Ich erzielte ein paar Treffer auf der linken Rumpfhälfte. Ich zog so scharf ich konnte nach links hoch, um nicht vor ihn zu kommen. Dabei verlor ich sowohl den Gegner als auch meinen Rottenflieger aus den Augen. Letzterer, Lt. Jones, sagte mir später, daß die Düsenmaschine mit einer halben Rolle auf den Rücken ging und dabei soviel Treffer in die Kanzel erhielt, daß sie abstürzte. Als Jones ihr nachjagte, verlor er die Besinnung. Als ich selbst meinen kerzengeraden Linksaufschwung beendet hatte, sah ich links von mir ein weiteres Strahlflugzeug und weiter tiefer rechts dann auch Jones. Ich hielt auf den zweiten Gegner zu, der in einer etwas flachen Linkskurve wegstürzte. Ich glaube, daß ich zwei volle Wendungen mit ihm mitkurven mußte, ehe ich ihn einholen konnte. Ich merkte, daß ich auch diesmal sehr rasch überholte und schoß aus 230 m Entfernung anhaltend, wobei die Garben die gesamte Länge seines Rumpfes erfaßten. Teile flogen davon, es folgte eine riesige Explosion, und weitere Trümmer wirbelten durch die Luft. Als ich durch die Explosionswolke hindurchflog, nahm ich den eigenartigen Geruch chemischer Dämpfe in meiner Kabine wahr. Es schien mir, daß hinter der Kabine des gegnerischen Flugzeugs ein großes Stück der Rumpfverkleidung durch die Explosion weggerissen worden war.«

Murphy folgte der abstürzenden Maschine, doch als er etwa drei Kilometer entfernt dann ein anderes Feindflugzeug entdeckte, brach er die Verfolgung ab. Außerdem mahnte der sinkende Treibstoffmesser zur Rückkehr. Murphys Bericht schließt mit der Feststellung:

»Als ich die Strahlflugzeuge sichtete, war mein erster Eindruck, daß ich mich selbst im Stillstand befand. Es erschien hoffnungslos, die Gegner einholen zu können, doch eine gewisse Neugier beeinflußte meinen Versuch, so nahe wie möglich an sie heranzukommen. Ich glaube, daß in solch einem Falle jeder andere Pilot ähnlich reagiert hätte. Eine andere bemerkenswerte Tatsache war, daß ihre Geschwindigkeit beträchtlich variierte. Aber das ist, wenn man selbst schnell genug aufholt, nur schwer zu erkennen.«

Vorhandenen deutschen Aussagen nach besteht kaum ein Zweifel, daß es sich bei der von Murphy und Jones abgeschossenen Me 163 um die Maschine von Ryll gehandelt hat. Ryll selbst fiel in diesem Einsatz. Die zweite Messerschmitt dürfte von Straznicky geflogen worden sein, der mit dem Fallschirm absprang. Seine Maschine,

Zwei Piloten des JG 400, die an den Einsätzen im August 1944 beteiligt gewesen waren: Fw. Manfred Eisenmann (links) und Fw. Rudolf Glogner. Eisenmann kam am 24. August beim Absturz seiner Me 163 ums Leben. (Glogner)

so viel ist bekannt, explodierte kurz vor dem Aufschlag am Boden. Ohne selbst einen Abschuß erzielt zu haben, verlor die Raketenjägereinheit an diesem Tag ihre ersten beiden Flugzeuge im Einsatz.

Acht Tage darauf verzeichnete die I./JG 400 am 24. August ihre ersten Erfolge. Von Brandis aus waren acht Me 163 B gegen einen auf Leuna angesetzten Fortress-Verband gestartet. Kurze Zeit später meldeten die Besatzungen der 92nd, 305th, 381th und 457th Bomb Group die Annäherung der kleinen Raketenjäger. Von der Bodenstelle aus nicht exakt geleitet stiegen Fw. Siegfried Schubert und dessen Rottenflieger auf 10 000 m Höhe, ohne dabei Feindsichtung zu haben. Beide Piloten nahmen den Schub weg, um Treibstoff zu sparen, und gingen im Gleitflug wieder nach unten. Endlich hatten sie Sichtkon-

Fw. Rudolf Zimmermann mit „Harras", dem Maskottchen der 1. Staffel des Jagdgeschwaders 400. (Zimmermann)

takt. Es waren B-17 der 92nd Bomb Group, die sich jetzt über den deutschen Maschinen befanden. Beide Me 163 drehten sofort mit voller Leistung auf sie ein. Schubert suchte sich die von Lieutenant Hochler geflogene Fortress aus und eröffnete kurz das Feuer. Seine Garbe lag in der linken Tragfläche des Bombers. Schwer beschädigt blieb die B-17 unter Höhenverlust hinter der Formation zurück und stürzte wenig später ab. Schubert flog mit voller Schubkraft unter seinem Opfer hinweg, um dem Abwehrfeuer des Heckschützen zu entgehen. Dabei war er so schnell, daß jetzt das Problem der Kompressibilitätsstöße auftrat und er plötzlich unkontrolliert zu stürzen begann. Während er noch versuchte, die Maschine unter seine Gewalt zu bekommen, hatte sein Rottenflieger die B-17 von 2nd Lieutenant Steve Nagy unter Beschuß genommen. Einer der Außenmotoren des Bombers stand in Flammen, die Fortress trudelte ab und explodierte in 5800 m Höhe.

Dann setzten Ofw. Peter Husser und Uffz. Manfred Eisenmann mit ihren Me 163 zum Angriff auf den gleichen Bomberpulk an. Keines der Kampfflugzeuge wurde jedoch bei ihrem Durchgang getroffen, aber Eisenmanns Messerschmitt erhielt durch das Abwehrfeuer der Amerikaner Treffer in das Leitwerk.

Schubert, der unterdessen die Kontrolle über seine Maschine wiedergewonnen und das Triebwerk angelassen hatte, stieg zu abermaligem Angriff auf Kampfhöhe. Diesmal gelangte er an eine B-17 der 457th Bomb Group, nahm den Schub weg und griff den Bomber aus flachem Sturz heraus fast von vorn an. Die von Lieutenant Winfred Pugh geflogene Fortress mußte etliche Garben einstecken, bevor sie sich vom Verband löste, abzutrudeln begann und in 3000 m Höhe ebenfalls explodierte.

Etwa zur gleichen Zeit griffen zwei Me 163 die B-17 der 305th Bomb Group an und schossen die von 2nd Lieutenant P. Dabney geflogene Maschine ab. In allen Fällen führten die Raketenjäger ihre Angriffe so rasch durch, daß sie die Bomber schon weit hinter sich gelassen hatten, ehe die eskortierenden Mustang überhaupt eingreifen konnten.

Technische Probleme begleiteten die Me 163 allerdings immer noch; es schien, daß nach Lösung des einen sofort wieder neue auftauchten. Beim Hochziehen zum Angriff hatte Fw. Rudolf Zimmermann seinen Raketenmotor zu früh abgestellt und konnte ihn nicht wieder in Betrieb setzen. Deshalb zog er den Handgriff zum Ablassen des gefährlichen Wasserstoffperoxids und flog einen Halbkreis, um nach Brandis zurückzukehren.*) Für eine normale Landung verfügte er nicht mehr über die erforderliche Höhe, weshalb er die Kufe ausfuhr, geradewegs den Platz anflog und windabwärts landete. Später berichtete er darüber:

»Mein Landeanflug war schnell und kurz, ich kam früh hinunter und setzte hart auf. Im gleichen Augenblick erfolgte eine gewaltige Explosion. Qualm und Flammen hüllten die Maschine ein, Wrackteile flogen an mir vorbei. Als die Maschine zum Halten kam, sah ich die Graspiste unter mir durch ein Loch im Boden des Führerraums. Um die Kufe herum war die Metallbeplankung weggerissen, und die Sperrholzabdeckung der Flächenunterseiten waren zerfetzt.«

Wegen des vermeintlich durch zu hartes Aufsetzen der Me 163 verursachten Schadens erhielt Zimmermann von seinem Staffelkapitän einen strengen Verweis. Erst nach einem weiteren, viel schwereren Unfall, bei dem die Maschine zer-

---

*) Spätere Serienmuster der Me 163 besaßen einen Schnellablaß für T-Stoff.

stört wurde und der Pilot starke Verbrennungen erlitten hatte, entdeckte man den eigentlichen Grund der Explosion. Nach dem Ablassen des Wasserstoffperoxids war ein Teil davon in die Landekufe gelaufen und hatte sich dort gesammelt. Als Zimmermann sie ausfuhr, versprühte zwar die Flüssigkeit, aber nicht restlos, so daß beim Aufsetzen sich geringe Mengen Hydraulik-öl mit dem Wasserstoffperoxid mischten, was schließlich die Explosion auslöste. Aus dieser Erkenntnis heraus wurden die Me 163 Piloten davor gewarnt, die Kufen unmittelbar nach dem Ziehen des Ablaßhandgriffs auszufahren, damit auch der letzte Tropfen Treibstoff vom Luftstrom von der Kufe fortgerissen werden konnte. Während des Einsatzes am 24. August verzeichneten die Me 163 vier Bomberabschüsse. Auf eigener Seite wurde ein Raketenjäger, Eisenmanns Me 163, im Luftkampf und eine weitere, die von Zimmermann, bei der Landung beschädigt. Nach allem, was vorangegangen war, blieb die I./JG 400 zum ersten Mal erfolgreich. Diese Abschußquote sollten die Raketenjäger jedoch nie wieder erreichen.

Im Folgemonat befand sich das JG 400 an fünf Tagen im Einsatz: Am 10., 11., 12., 13. und 28. September und zwar mit unterschiedlicher Kampfstärke. So starteten beim letztgenannten Abwehreinsatz insgesamt neun Maschinen. Und immer wieder gab es Schwierigkeiten mit der Bodenleitstelle, so daß es nur wenigen Raketenjägern gelang, anzugreifen. So war beispielsweise am 28. September Zimmermann gegen einen an Brandis vorbeifliegenden amerikan Bomberverband gestartet. Da er infolge des begrenzten Aktionsradius der Me 163 nicht lange mit seinem Angriff warten konnte, flog er nur mit halber Kraft, um eine Treibstoffreserve zu behalten. In flachem Winkel stieg er nach oben:

»Vier Minuten nach dem Start entdeckte ich in 10 Uhr die B-17, etwa 45 Maschinen in 7700 m Höhe. Ich selbst befand mich, geradeausfliegend und rund 800 km/h schnell, in 9200 m Höhe in ausgezeichneter Position. Vielleicht 1,5 Kilometer hinter den Bombern setzte das Triebwerk aus; mein Treibstoff war zu Ende. Flach stürzend kurvte ich nach links auf die hinterste B-17 des Pulks ein und gab aus 500 Meter Entfernung eine Garbe ab, allerdings ohne sichtbare Wirkung.«

Zimmermanns schublose Messerschmitt fiel langsam hinter den Bombern zurück. In einem letzten verzweifelten Versuch drückte er die Nase des Jägers nach unten, um Fahrt aufzunehmen. Dann zog er hoch und wollte die gleiche B-17 in rascher Aktion von unten her angreifen – da versagten in diesem kritischen Augenblick seine Waffen. Enttäuscht drehte der deutsche Flugzeugführer daraufhin ab und steuerte im Gleitflug den Platz Brandis an.

Stärkemeldungen weisen aus, daß das JG 400 am 24. September 1944 über 19 Me 163 verfügte, davon elf einsatzbereite. Bis zu diesem Zeitpunkt waren aber mehr als 100 Me 163 B gebaut worden. Es steht also fest, daß nur wenige davon – wie es auch bei den anderen deutschen Strahlflugzeugentwicklungen der Fall war – zur Truppe gelangten.

Ebenfalls im September erlitt das gesamte Raketenjägerprogramm einen schweren Rückschlag. Luftangriffe der Alliierten auf Leverkusen und Ludwigshafen, Werke der IG-Farbenindustrie und Hauptlieferanten des wichtigen Hydrazinhydrats, hatten die Produktion dieses Treibstoffs sehr stark absinken lassen. Der entstandene Engpaß sollte die Weiterverwendung der Me 163 für den Rest des Krieges in Frage stellen. Zu allererst wurde nämlich der Hauptkonkurrent, die »V-1«, mit dem vorhandenen,

Die Me 163 von Rudolf Zimmermann, aufgenommen von der Waffenkamera der Mustang von Willard Erkamp während des Einsatzes am 7. Oktober 1944. Der deutsche Pilot machte eine Bruchlandung und brachte sich in Deckung, bevor die amerikanischen Jäger die Messerschmitt durch Bordwaffenbeschuß am Boden zerstörten. (USAF)

geringen Nachschub versorgt. Man brauchte hier das Hydrazinhydrat für den Antrieb der Abschußrampen.

Im Oktober fanden nur sporadische Einsätze der Raketenjäger statt. Nach einem bedeutungslosen Abwehrunternehmen am 5. brachte der 7. Oktober mehr Erfolg. Zunächst stiegen fünf Me 163 auf. Noch bevor die Mustang-Begleitjäger heran waren, hatte Fw. Siegfried Schubert eine B-17 der 95th Bomb Group abgeschossen. Sofort nach der Landung auf Brandis kletterte Schubert in eine andere Me 163, bereit, den zweiten Einsatz zu fliegen. Was dann geschah, berichtet Rudolf Zimmermann als Augenzeuge:

»Er startete, wurde schneller und schneller. Kurz vor dem Ende der Graspiste kippte er nach links über; etwas mußte mit seinem Startgestell nicht in Ordnung sein. Er schlug mit Abhebegeschwindigkeit auf die Bahn, stellte sich auf, als wenn das linke Rad abgeschert war, und dann kam die Explosion. Alles war von einem riesigen Rauchpilz verdeckt. Unser alter Freund Siegfried Schubert war nicht mehr.«

Obwohl alle das so unvermittelte Ende ihres Kameraden mit Entsetzen miterlebt hatten, setzten die Piloten den Einsatz fort; sie starteten einzeln oder in Rotte und flogen den Bombern entgegen. Zimmermann berichtet weiter:

»Lt. Bock und ich hoben um 12.30 Uhr in westlicher Richtung ab, schwenkten nach links und flogen den Einsatzraum 50 Kilometer im Nordosten von Leipzig an. Im Steilflug gingen wir auseinander und suchten den Himmel ab. Im Winkel von 60° kletternd und etwa 930 km/h fliegend blickte ich aus 11 000 m Höhe hinunter. Unter meiner rechten Fläche sichtete ich eine einzelne B-17, etwa 7400 m hoch. Ich kreiste weiter nach links, die B-17 war jetzt in 1 Uhr unter mir und etwa 1,5 Kilometer von mir entfernt. Da setzte mein Motor aus und zeigte mir an, daß der Treibstoff aufgebraucht war. Ich stürzte auf Schußposition hinunter, feuerte eine Garbe ab und sah Teile des Bombers wegfliegen.«

Seine Geschwindigkeit fiel ab, Zimmermann wendete und nahm allgemeinen Kurs auf Brandis. Unter ihm eine nahezu geschlossene Wolkendecke. Gerade wollte er Verbindung mit dem Platz aufnehmen:

»In diesem Augenblick brach es über mich herein. Meine Maschine wurde an Rumpf und linker Fläche getroffen. Etwa 80 Meter links von mir überholte mich eine Mustang. Sie hatte noch ihre Zusatztanks unterhängen. Ich selbst flog etwa 240 km/h, kurvte nach links ein, um hinter sie zu gelangen. Zur gleichen Zeit überholte mich rechts eine andere Mustang. Im Weiterkurven hatte ich plötzlich eine dritte direkt vor mir. Ich drückte auf den Waffenknopf. Aber bei der scharfen Wendung hatten meine Kanonen Ladehemmung.«

Der Anführer der Mustang war Lieutenant Elmer Taylor von der 364th Fighter Group. Als er überholte, drückte Zimmermann seine kleine Jagdmaschine bis er fast senkrecht nach unten stürzte; seine Geschwindigkeit nahm sehr schnell zu. Unter ihm wieder die kaum durchbrochene Bewölkung. Nur ein einziges größeres Wolkenloch ließ den Blick nach unten frei. Zimmermann entdeckte ein verhältnismäßig großes und von Bäumen umsäumtes Feld:

»Nachdem ich den Mustang in entgegengesetzter Richtung im Sturzflug entkommen konnte, war ich für sie aus dem Spiel ausgeschieden. Mit etwa 880 km/h stieß ich hinunter und umkreiste die Wiese. Und dann, beim Landeanflug, klappte die linke Fläche nach unten, je mehr ich die Geschwindigkeit drosselte: Die Sperrholzbeplankung der Unterseite war von den Geschossen und durch den anschließenden Sturzflug zerfetzt worden. Ich streifte die Bäume und säbelte deren Spitzen ab; meine linke Tragfläche pflügte den Boden und verkürzte somit meine Landung. In der Mitte des Feldes kam ich zum Halten. Ich hörte die Mustang heranjagen und sprang so schnell ich konnte aus der Maschine. Als die erste zum Angriff hinunterstieß, rannte ich im rechten Winkel davon und warf mich hin. Nach mehrmaligem Bordwaffenbeschuß war mein Flugzeug nur noch ein Sieb.«

Für Zimmermann weit gefährlicher als die amerikanischen Kugeln war der Beschuß einer nicht weit entfernten deutschen Flakbatterie, welche die tieffliegenden Mustang eifrig aufs Korn nahm. Einige dieser Garben krepierten in seiner

Captain Fred Glover, Mustang-Pilot der 4th Fighter Group, schoß am 2. November 1944 die Me 163 von Ofw. Günther Andreas ab. Andreas rettete sich durch Fallschirmabsprung. (Glover via Hess)

unmittelbaren Nähe.

Nachdem die Mustang wieder verschwunden waren, kehrte Zimmermann zu seiner zerschossenen Maschine zurück und betrachtete sich den Schaden. Es überraschte ihn sehr, plötzlich seinen Freund, Fw. Straznicky, auf sich zukommen zu sehen, der kurz vor ihm mit einer Me 163 gestartet war. Wieso konnte Straznicky jetzt so schnell an der Bruchlandestelle sein? Der Genannte berichtete, daß auch er von den Mustang verfolgt worden war und daß er durch das gleiche Wolkenloch nach unten gegangen war. Dann aber war seine Me 163 in den Bäumen hängengeblieben. Während die Mustang sich Zimmermanns Maschine vornahmen, versteckte sich Straznicky unter den Bäumen und kehrte erst nach dem Angriff zu seiner Messerschmitt zurück: Sie war unbeschädigt geblieben! Zuerst dachte er, daß die Amerikaner miserable Schützen gewesen sein mußten, bis er Zimmermanns Bruch entdeckte. Da war ihm alles klar. Später holte man Straznickys intakten Jäger nach Brandis zurück, während Zimmermanns Me 163 abgeschrieben werden mußte.

Me 163-Piloten des Jagdgeschwaders 400 auf dem Platz Brandis, Winter 1944. V. l.: Schorsch Neher, unbekannt, Kristoph Kurz und Jupp Mühlstroh. Die beiden Flugzeugführer im Hintergrund tragen spezielle Schutzanzüge, mit denen alle Raketenjägerpiloten ausgerüstet waren. (Glogner)

Zimmermann und Straznicky kamen unversehrt davon. Dafür aber war in der Zwischenzeit auf Brandis ein weiteres Unglück geschehen. Uffz. Manfred Eisenmann kehrte offensichtlich mit Beschußschäden zurück und schmierte beim Landeanflug nach der Seite ab. Auf dem Feld wartete gerade Uffz. Rudolf Glogner in seinem vollbetankten Raketenjäger auf das Startzeichen, als er mit Schrecken die Me 163 torkelnd auf sich zukommen sah. Sie schlug mit Gewalt auf, prallte vom Boden ab, verlor dann eine Tragfläche und purzelte, dabei sich zerlegend, über die Grasfläche an Glogners und anderen am Start stehenden Maschinen vorbei. Ein Rettungstrupp fand Eisenmanns Körper noch angeschnallt in dem, was vom Führerraum noch übriggeblieben war.

Lt. Hans Bott hatte eine B-17 beschädigt, Fw. Schubert hatte einen Abschuß erzielt, bevor er zu seinem zweiten Einsatz aufsteigen wollte. Die Luftsiege des 7. Oktober aber wurden überschattet von dem gleichzeitigen Verlust von drei Me 163 und zwei getöteten Flugzeugführern.

Hauptsächlich durch das schlechte Wetter und Treibstoffmangel bedingt, befand sich das JG 400 bis Ende Oktober nur wenige Male in der Luft, doch am 2. November kam es beim Angriff der B-17 der 3rd Air Division auf Leuna zu einer heftigen Abwehrreaktion. Lt. Hans Bott, Ofw. Jakob Bollenrath, Ofw. Günther Andreas, Fw. Straznicky und Uffz. Glogner starteten und wurden einwandfrei bis in die Nähe der Bomber herangeführt. Als erster griff Andreas an, wobei ihm gezieltes Abwehrfeuer entgegenschlug. Ein Splitter drang oberhalb des rechten Auges ein, die Maschine selbst war schwer beschädigt. Andreas wollte aussteigen, aber das Kabinendach ließ sich zunächst nicht bewegen. Der deutsche Pilot löste die Sitzgurte und stemmte sich mit aller Kraft gegen die Plexiglashaube, welche schließlich nachgab und wegflog, sehr zur Erleichterung des Flugzeugführers. Inzwischen hatten sich jedoch Mustang des Begleitschutzes dem segelnden Raketenjäger genähert. Captain Fred Glover, der an diesem Tage die 4th Fighter Group anführte, gab später zu Bericht:

»Das Flugzeug machte eine Wendung um 180 Grad nach rechts und flog leicht stürzend nach Osten zurück. Ich warf meine Außentanks ab und strebte mit Nordostkurs dem Gegner zu. Als das Feindflugzeug vor mir meine Bahn kreuzte, erkannte ich es als einen Raketenjäger Me 163. Rasch wendete ich um 90° nach Osten und setzte mich hinter sie. Aus etwa 360 m Entfernung eröffnete ich das Feuer und erzielte dabei sofort Treffer an Leitwerk, Tragflächen und Kanzel. Die Unterseite der Me 163 begann zu brennen und explodierte. Trümmerteile flogen nach hinten weg. Ich war jetzt rasch heran, überholte die Maschine und legte mich auf die Seite, um sie besser beobachten zu können. Das Leitwerk war weggeschossen, die Kabinenabdeckung

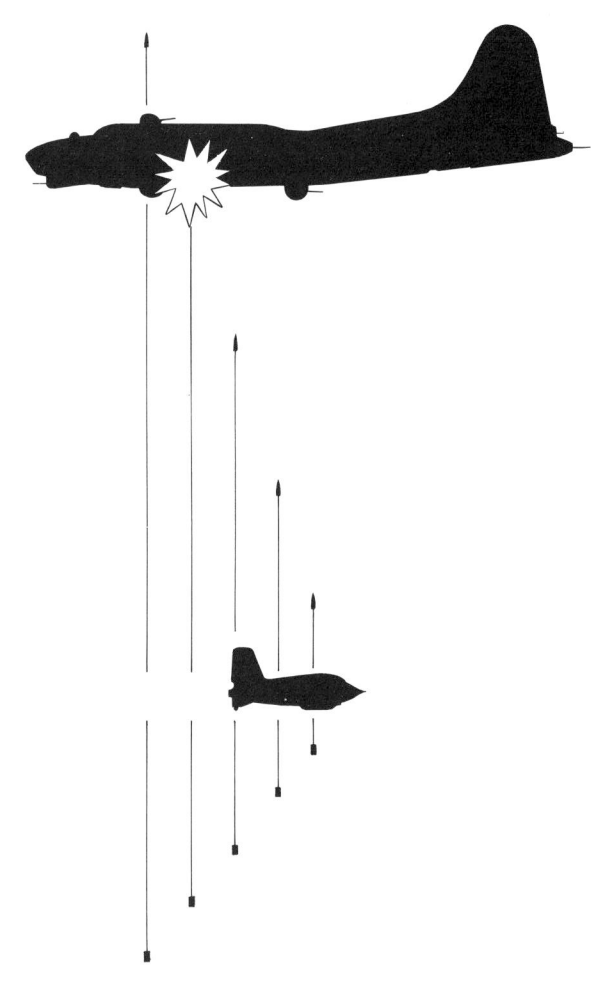

Schema eines „Jägerfaust"-Angriffes. Beim Unterfliegen eines gegnerischen Flugzeuges wurde die senkrecht nach oben feuernde Waffe mittels einer Fotozelle automatisch ausgelöst. Mit jedem 50 mm Geschoß wurde, um den Rückstoß aufzufangen, gleichzeitig ein entsprechendes Gegengewicht nach unten abgefeuert.

ebenfalls (tatsächlich hatte Andreas dieselbe gerade abgesprengt). Die Me 163 begann zu schlingern und trudelte brennend ab.«
Andreas hatte die Annäherung seines Verfolgers erst bemerkt, nachdem seine Maschine von dessen Garben getroffen worden war. Die ganze Zeit des Angriffs über saß er zusammengekauert auf seinem Sitz und wagte sich nicht zu bewegen. Schließlich sprang er aus der getroffenen Messerschmitt ab. Er blieb unverletzt.

Nicht so glimpflich kam Ofw. Jakob Bollenrath davon, der nach Andreas die Kampfflugzeuge angegriffen hatte. Beim Anflug wurde er von Captain Louis Norley, ebenfalls von der 4th Fighter Group, entdeckt:
»Wir hatten uns soeben in eine linke Kreisbahn gebracht, um die Düsenmaschinen zu erwarten und uns auf sie zu stürzen, als eine von ihnen plötzlich aus 6 Uhr vor mir hochgezogen kam. Sofort warf ich meine Zusatztanks ab und gab Vollgas. Ich stellte das Visier auf 9 m (die Spannweite des feindlichen Flugzeugs) und das Fadenkreuz auf größte Entfernung ein. Es gelang mir ohne Schwierigkeiten, den Gegner genau ins Visier zu bekommen, aber der Abstand zu ihm war noch zu groß, etwas über 900 Meter. Ich blieb hinter der Maschine und folgte ihr nach unten. Das Düsenflugzeug vergrößerte die Distanz zu mir, so daß ich ein paar kurze Garben abfeuerte in der Hoffnung, es zum Kurven zu veranlassen, damit ich ihm möglicherweise den Weg abschneiden und mich selbst in Schußposition bringen konnte. Der Gegner fing ab und leitete tatsächlich eine Linkskurve ein. Seine Geschwindigkeit ließ beträchtlich nach, während er weiterkurvte. Rasch war ich heran. Ich benutzte das Visier K-14 zum ersten Mal und weiß nicht, ob ich das Fadenkreuz richtig eingestellt hatte. Dennoch erzielte ich einige Treffer am Leitwerk, nachdem ich die Maschine aus 10° seitlicher Versetzung zwischen 260 m und 45 m Entfernung unter Beschuß genommen hatte. Meine Geschwindigkeit betrug dabei ungefähr 720 km/h. Ich nahm das Gas zurück, doch ich war immer noch zu schnell, als daß ich an dem

Lt. Fritz Kelb vom JG 400 gelang am 10. April 1945 der einzige mit einer „Jägerfaust" erzielte Abschuß. Kelb selbst fiel noch kurz vor Kriegsschluß. (Glogner)

kurvenden Jäger dranbleiben konnte. So überholte ich ihn, zog hoch und setzte mich erneut hinter ihn. Bis zu diesem Zeitpunkt hatte er sein Triebwerk nicht benutzt, denn man sah keine Abgasfahne. Als ich mich zum zweiten Mal näherte, stellte er das Triebwerk für einige Sekunden lang an und schaltete es wieder ab. Etwa 20° versetzt ging ich bis auf 450 Meter heran, schoß erneut und beobachtete wiederum Treffer am Leitwerk. Das Strahlflugzeug legte sich in eine Rolle, um aus 2400 m Höhe geradewegs nach unten zu stürzen. Dabei schlugen zeitweilig Flammen aus der linken Seite und aus dem Schubrohr hervor. Die Maschine stürzte in ein kleines Dorf und explodierte."

Bollenrath befand sich beim Aufschlag noch in der Kanzel seiner Me 163.

In der Zwischenzeit flogen die anderen Messerschmitt die Fortress-Pulks an. Die 91st, 94th,

388th, 452nd und 493rd Bomb Group meldeten allesamt Feindberührung, die Angriffe selbst blieben allerdings ohne Schwung. Keines der amerikanischen Kampfflugzeuge erhielt Treffer, und auch die Bomberbordschützen meldeten bei der Abwehr dieser Raketenjäger keinen einzigen Abschuß. Es liegen jedoch berechtigte Gründe vor, daß das Abwehrfeuer den Absturz von Fw. Straznicky zur Folge gehabt hat; seine Messerschmitt bohrte sich mit dem Piloten noch an Bord in den Boden. Auch Ofw. Horst Rolly fiel in diesem Einsatz. Erneut ein schwarzer Tag für die I./JG 400 also: Vier Me 163 waren zerstört, drei Flugzeugführer gefallen. Und nicht ein Luftsieg war erzielt worden.

Das nur verhältnismäßig kurze Gefecht des 2. November sollte in diesem Umfang für mehr als vier Monate lang der letzte Einsatz der I./JG 400 gewesen sein. Fortgesetzter Mangel an Raketentreibstoff und das Fehlen ausgebildeter Piloten sowie die schlechten Wetterverhältnisse des letzten Kriegswinters trugen dazu bei, daß der Abwehreinsatz mit der Me 163 keine Bedeutung mehr erlangen konnte. Unter solch schlechten Voraussetzungen durfte man auch durch die Aufstellung einer zweiten mit Me 163 ausgerüsteten Gruppe in Stargard/Pommern, der II./JG 400, keine Verbesserung der operativen Wirksamkeit dieses Baumusters erhoffen. Am 10. Januar 1945 verfügte die I./JG 400 als einziger fronttauglicher Verband über 46 Raketenjäger, von denen 16 einsatzbereit gemeldet waren. Die II./JG 400 besaß etwa die gleiche Anzahl an Flugzeugen. Nachdem insgesamt 364 Maschinen gebaut worden waren, kam im Februar die Produktion der Me 163 zum Erliegen.

Im März 1945 lebte die Einsatzaktivität des JG 400 wieder auf; sie gipfelte am 15. mit dem Start von fünf Maschinen. Keiner der Raketenjäger kam an diesem Tag an die Bomber heran, wogegen eine der Mustang des Begleitschutzes den Abschuß einer Me 163 verbuchte.

Ein Faktor, weshalb der Me 163 eine wirkungsvolle Bomberbekämpfung versagt blieb, war deren unzulängliche Bewaffnung, die nur dem erfahrensten und besonnensten Flugzeugführer eine Möglichkeit bot, während der kurzen Angriffsphase gezielte und vernichtende Garben abzugeben. Bei einem Zielanflug mit der Geschwindigkeit von 150 Meter pro Sekunde waren die meisten Piloten, wenn sie gerade den Bomber im Visier hatten, zum Abdrehen gezwungen, um nicht mit ihm zu kollidieren. Um diesem Problem abzuhelfen, hatte die Firma Hapag in Hamburg eine automatisch abzufeuernde Waffe, die »Jägerfaust«, entwickelt. Für die Me 163 war ein System vorgesehen, welches aus zehn senkrecht angeordneten 50 mm Rohren bestand, die je zu fünft in den Flügelwurzeln eingebaut werden sollten. Jedes Rohr war mit einer einzigen Sprenggranate von 1 kg Gewicht geladen. Um die Rückschlagkräfte bei senkrecht nach oben gerichtetem Beschuß gegnerischer Flugzeuge auszugleichen, feuerte die Waffe gleichzeitig ein Gegengewicht nach unten ab, welches genau so viel wog wie das Geschoß. Wenn der Schatten eines Feindflugzeugs über der Me 163 stand, löste eine Fotozelle die Schüsse in kurzer Folge hintereinander aus. Der Pilot brauchte nichts weiter zu tun, als die »Jägerfaust« scharf zu machen und von vorn oder von hinten etwa 100 Meter unter den Bomber zu fliegen. Beide Seiten ließen sich getrennt abfeuern, so daß der Flugzeugführer zwei Angriffe durchführen konnte, bevor er zum Aufladen wieder landete.

Mit der »Jägerfaust« hätten auch die unerfahrenen Piloten einen zielsicheren Angriff auf die Bomber fliegen können. Man setzte also große

Hoffnungen in diese neue Abwehrwaffe. Erfolgreich erprobt wurde sie gegen ein Stoffziel, welches zwischen zwei Fesselballons befestigt worden war und die Spannweite eines viermotorigen Bombers umfaßte. Noch vor Kriegsschluß baute man etwa ein Dutzend Me 163 zur Aufnahme der »Jägerfaust« um, aber nur ein einziges Mal gelangte diese Waffe zum Einsatz. Am 10. Januar 1945 startete Lt. Fritz Kelb mit der »Jägerfaust«, um sie unter Gefechtsbedingungen auszuprobieren. Bei Leipzig stieß er auf eine einzelne, vom Verband abgeplatzte B-17, flog einen schnellen Angriff – und der Bomber ging in Teilen nach unten.

Mit Kelbs sensationellem Angriff fand die Einsatzzeit der Me 163 ihren endgültigen Abschluß. Durch unangefochtene Schnelligkeit und Steigleistung bestechend, bewegte sich die Maschine hart an der Grenze dessen, was im Krieg noch zu erreichen möglich gewesen war. Es erscheint zweifelhaft, ob innerhalb eines knappen Jahres mehr als 16 Flugzeuge des Gegners auf das Konto des Raketenjägereinsatzes gegangen sind. Auch die Raketentreibstoffe erwiesen sich für den allgemeinen Gebrauch als zu fremdartig; die Bombardierung der beiden einzigen Herstellerwerke sowie das während der letzten sechs Monate des Krieges herrschende Durcheinander legte die Produktion einer der benötigten Flüssigkeiten, des Hydrazinhydrats, nahezu lahm. Ohne das Startgestell war die Me 163 am Boden nur schwer zu drehen, und auch nach der Landung blieb sie so lange unbeweglich, bis speziell konstruierte Hebeschlitten herangebracht worden waren. War der Treibstoff aufgebraucht, blieb dem Piloten nur ein einziger Landeversuch – der T-Stoff mußte bereits vorher abgelassen sein, da es anderenfalls bei unglücklich verlaufender Landung mit einiger Sicherheit zu einer Explosion kam. Bei jeder Luftwaffe der Welt mußte im letzten Krieg ein Einsatzflugzeug, welches mehr oder weniger nur Erprobungsstatus besaß, weit unter den Stand friedensmäßigen Trainings zurückfallen. Die Me 163 vergab nur wenige Fehler, und die Einbußen durch Unfälle lagen weit über den Verlusten, die sie dem Gegner zuzufügen vermochte.

Obwohl allen Großmächten der Alliierten nach dem Kriege zahlreiche Me 163 in die Hände gefallen sind und die USA, die Sowjetunion, Großbritannien und Frankreich später eigene hochleistungsfähige Raketenflugzeuge entwickelten, ist es bezeichnend, daß indessen keine dieser Mächte ein solches in Dienst gestellt hat. Zurückblickend muß man also davon ausgehen, daß der Raketenjäger trotz aller seiner außergewöhnlichen Leistungseigenschaften tatsächlich eine Sackgasse auf dem Wege der Jagdflugzeugentwicklung bedeutet.

Anhang

ORGANISATION DER LUFTWAFFE

Ausgangsformation für die Jäger, Jagdbomber, Aufklärer und Kampfflugzeuge der deutschen Luftwaffe war die Gruppe. Diese bestand aus drei bis vier Staffeln mit einer Stärke von jeweils neun bis sechzehn Flugzeugen sowie einer Stabsstaffel mit drei bis sechs Maschinen. Eine Gruppe konnte demnach über 30 bis 80 Flugzeuge verfügen. Zu Kriegsende lag die Kampfstärke der Verbände jedoch sehr oft weit unter deren Sollbestand.

Strahlflugzeuge wurden hingegen in vielen Fällen von Einsatzkommandos geflogen, deren Stärke im Bereich von einer kleinen Staffel bis zu einer Gruppe umfassen konnte.

Ein Geschwader setzte sich nominell aus drei oder vier Gruppen zusammen. Aufgrund unterschiedlicher Aufgaben erfolgte die Einteilung beispielsweise in Jagdgeschwader (JG), Nachtjagdgeschwader (NJG) und Kampfgeschwader (KG). Aufklärerverbände bestanden gewöhnlich aus selbständigen Gruppen (Aufkl. Gr.). Es soll jedoch erwähnt werden, daß kein einziges, mit Düsenflugzeugen ausgerüstetes Geschwader jemals nur die eigentliche Geschwaderstärke erreichte.

Die Gruppen innerhalb eines Geschwaders unterschieden sich durch römische Ziffern; so war die Dritte Gruppe des Jagdgeschwaders 7 die III./JG 7. Die Staffeln des Geschwaders trugen durchlaufende arabische Ziffern. Bei einer Einheit mit drei Gruppen zu je drei Staffeln gehörten die 1., 2. und 3. Staffel der I. Gruppe, die 4., 5. und 6. Staffel der II. Gruppe und die 7., 8. und 9. Staffel der III. Gruppe an. Die neunte Staffel des Kampfgeschwaders 76, also die 9./KG 76, war demnach ein Teil der III./KG 76.

Die kleinste Kampfformation eines Jagdverbandes der Luftwaffe war die aus zwei Maschinen bestehende Rotte. Zwei Rotten bildeten einen Schwarm, drei oder vier Schwärme ergaben eine Staffel. Manchmal wurde auch als Grundformation die Kette, drei Flugzeuge, angewendet, wie zum Beispiel gegen Kriegsende bei den Me 262 des Jagdverbands 44.

Die Dienstgradbezeichnungen der Luftstreitkräfte im Vergleich

Luftwaffe	Royal Air Force	USAAF
Generalfeldmarschall	Marshal of the RAF	General (five star)
Generaloberst	Air Chief Marshal	General (four star)
General	Air Marshal	Lieutenant General
Generalleutnant	Air Vice Marshal	Major General
Generalmajor	Air Commodore	Brigadier General
Oberst	Group Captain	Colonel
Oberstleutnant	Wing Commander	Lieutenant Colonel
Major	Squadron Leader	Major
Hauptmann	Flight Lieutenant	Captain
Oberleutnant	Flying Officer	First Lieutenant
Leutnant	Pilot Officer	Second Lieutenant
Oberfähnrich	Officer Cadet	Officer Cadet
Feldwebel	Sergeant	Sergeant
Unteroffizier	Corporal	Corporal
Flieger	Aircraftman	Private

J. L. Ethell und Alfred Price –
2 erfolgreiche Autoren und ihre Bücher
DIE LUFTWAFFE IM ZWEITEN WELTKRIEG

Bomber im Zweiten Weltkrieg
Entwicklung · Einsatz · Taktik
Von Alfred Price
Dieses Buch untersucht, aufgeteilt in 3 Abschnitte, die Entwicklung des Bombers während des Zweiten Weltkrieges. Es beschreibt den technischen Entwicklungsstand bei Kriegsausbruch und enthält Auszüge aus erst jetzt freigegebenen Geheimberichten der Kriegszeit. Ein hochinteressantes Dokumentar- und Nachschlagewerk!
176 Seiten, 132 Abbildungen, gebunden, DM 32,–

Sie flogen die FW 190
Der Kriegseinsatz eines berühmten Flugzeuges
Von Alfred Price
Die FW 190 schockierte ihre Gegner. Als dieses Flugzeug an die Front kam, war es dem damals besten Jagdflugzeug, der Spitfire V, teilweise weit überlegen. So ist auch Sir Sholto Douglas, der Befehlshaber der Jagdverbände der Royal Air Force, zu verstehen, der »einige Staffeln von FW 190-Jägern« wünschte. Hier liegt die sachlich neutrale Dokumentation voll echter Dramatik vor!
200 Seiten, 202 Abbildungen, gebunden, DM 39,–

Sie flogen die Spitfire
Der Kriegseinsatz eines berühmten Flugzeugs
Von Alfred Price
Für die RAF bedeutete das Vorhandensein der Spitfire zur rechten Zeit – nämlich 1940 – den wohl kriegsentscheidenden Punkt. Sie ist das berühmteste Flugzeug, das je in ihren Reihen flog. Sie wurde 12 Jahre lang in Serie produziert, in einer Zeitspanne, die den härtesten Krieg und die erfindungsreichste Periode der Rüstung umfaßt.
224 Seiten, 240 Abbildungen, gebunden, DM 42,–

Luftschlacht über Deutschland
Von Alfred Price
Hier geht es um die detaillierte Schilderung der taktischen und strategischen Bomberangriffe auf das Reichsgebiet und um deren Abwehr. Dort Angreifer – da Verteidigung. Dort Bomberpulks – da Gegenwaffen. Ein Wechselbild, das eine tragische Eskalation aufzeigt. Am Ende standen Ereignisse von ungeheurem Ausmaß.
216 Seiten, 187 Abbildungen, gebunden, DM 36,–

Blitz über England
Die Luftangriffe auf die Britischen Inseln 1939–1945
Von Alfred Price
Dieses Buch ist der erste nichtoffizielle Bericht, der sich auf die vom Kriegsarchiv in London freigegebenen Dokumente stützt. Er hat außerdem eine Fülle von Informationen aus der Vielzahl seiner persönlichen Kontakte zu ehemaligen Angehörigen der RAF wie der Deutschen Luftwaffe verwerten können. Also ein beiden Seiten gerecht werdender Bericht.
264 Seiten, 152 Abbildungen, gebunden, DM 36,–

Messerschmitt KOMET
Entwicklung und Einsatz des ersten Raketenjägers
von J. L. Ethell

Mit der Me 163 „Komet" wurde die Idee des Nurflügel-Flugzeugs verwirklicht. Das gedrungene kleine Jagdflugzeug war schneller als irgend etwas, was die Alliierten je zuvor gesehen hatten.
Dieses Buch verfolgt den Aufstieg der Komet vom Stadium der ME 163A ohne Triebwerk bis zur Reife der vollen Einsatzbereitschaft. Es wird hier das Problem der Flugzeugführerausbildung behandelt, das nicht nur darin bestand, ein kniffliges Flugzeug zu handhaben, sondern im Luftkampf fast über Schall zu fliegen. Das Buch zeigt aber auch die Organisation der ME-163-Geschwader auf; ebenso die Schwierigkeiten in der Produktion, die die Zahl auf einige Dutzende begrenzte.
Faszinierende Einzelheiten werden durch Augenzeugenberichte, offizielle Dokumente und über 200 sorgfältig ausgesuchte Fotos lebendig.
Aus dem Inhalt: Reichsverteidigung / Nurflügel-Segelflugzeuge / Erste Raketenversuche / Vom Storch zum Delta IV / Startraketen und Raketenstarts / Vom Projekt X zur ME 163 / Erprobungskommando 16 und Komet / JG 400 – Objektschutz / Einsatz und Ende.
240 Seiten, 217 Abb., davon 9 in Farbe, gebunden, DM 36,–

Motorbuch Verlag

Selbstverständlich aus dem
MOTORBUCH VERLAG · POSTFACH 1370 · 7 STUTTGART 1

FLUG REVUE
flugwelt International

Die FLUG REVUE ist Europas größte deutschsprachige Zeitschrift für Luft- und Raumfahrttechnik.

Diese Tatsache ist Verpflichtung und Ansporn zugleich, den vielen begeisterten Lesern der FLUG REVUE gleichbleibend höchste Qualität in Wort und Bild zu bieten. Ausgabe für Ausgabe. Monat für Monat.

Ob Militärluftfahrt, Zivilluftfahrt, Fragen und Themen der Flugsicherung, General Aviation, Flugsport, Raumfahrt, Technik, Tests, Trends – in packenden Reportagen und in brillanten Farbfotos birgt die FLUG REVUE Faszination für jeden, der sich – beruflich oder hobbymäßig – mit der Fliegerei verbunden fühlt.

Überzeugen Sie sich. Ihr Zeitschriftenhändler hält die FLUG REVUE gerne für Sie bereit.